S. W. ERDNASE
DER EXPERTE AM KARTENTISCH

S. W. ERDNASE

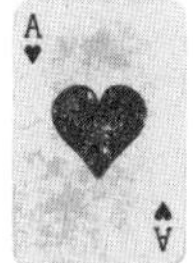
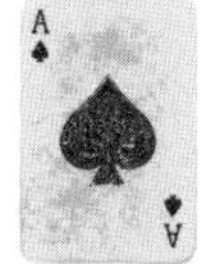
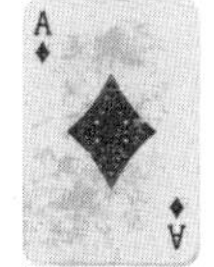
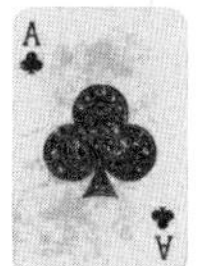

DER EXPERTE AM KARTENTISCH

WIE SIE ERFOLGREICH MANIPULIEREN UND MEISTERHAFT ZAUBERN

AUS DEM ENGLISCHEN VON
RAINER VOLLMAR

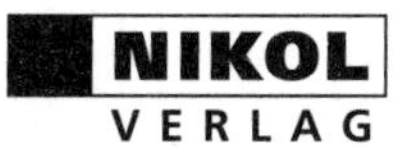

Die amerikanische Originalausgabe erschien erstmals 1902 unter dem Titel »The Expert at the Card Table«.

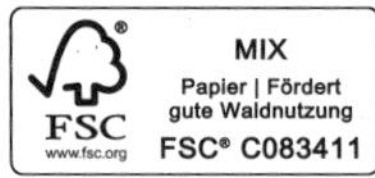

4. Auflage 2026

Satz und Layout: Röser MEDIA GmbH & Co. KG, Karlsruhe
Umschlaggestaltung: Nele Schütz Design unter Verwendung von Shutterstock/Valery Lebedev (Hintergrund), angelinast (Spielkarten), Nimaxs (Rahmen), polygraphus (Typo)
Druck und Bindung: CPI Moravia Books s.r.o.
Printed in the Czech Republic

ISBN: 978-3-86820-499-5

info@nikol-verlag.de
www.nikol-verlag.de

Inhalt

Vorbemerkung

Um dieses Buch der Leserschaft anzubieten, braucht es keine spitzfindige Rechtfertigung des Autors. Deshalb wird für das darin enthaltene Wissen auch keine scheinheilige Heuchelei geläuterter Spieler oder gar verlogene Frömmelei vorgeschoben. Vielmehr soll es allen Liebhabern von Kartenspielen interessante Informationen liefern und als unerschöpfliche Quelle für die Unterhaltung mit Spielkarten dienen. Es kann den Arglosen als Warnung dienen und die Schlauen zu neuen Tricks inspirieren. Und es kann dem Anfänger zeigen, dass er keinen Gegner in dessen ureigener Disziplin schlagen kann, und dem in der Täuschung Erfahrenen noch mehr und noch ausgebufftere Tricks an die Hand geben. Es wird aber weder aus dem Unschuldigen einen Bösewicht oder aus einem Dummkopf ein Genie machen, noch den Freizeitspieler in einen Profi verwandeln oder gar dafür sorgen, dass es weniger Einfaltspinsel gibt. Wie das Ergebnis auch ausfällt, durch den Verkauf wird auf jeden Fall das primäre Motiv des Autors erfüllt: das notwendige Geld zu verdienen.

Einführung

Die Spielleidenschaft ist vermutlich so alt wie die Menschheit und wird erst aussterben, wenn auch der Mensch von diesem Planeten verschwunden ist. Einige Leute sind zu ängstlich, einen Dollar zu riskieren, aber die Anzahl der Personen, die nicht gern einen gewinnen würden, ist sehr gering. Beim Profi erreicht die Leidenschaft ihren Höhepunkt. Er spielt lieber, als er isst. Gewinnen ist aber nicht sein einziges Vergnügen, denn wie schon oft zu Recht festgestellt wurde, erfreut er sich an etwas anderem noch mehr: am Risiko.

Erfolg ist beim Spiel genauso schwer zu erreichen wie in jeder anderen Disziplin. Die Gesetze der Wahrscheinlichkeit sind so unveränderlich wie die Gesetze der Natur. Wären alle Spieler vom Glück abhängig, würden sie am Ende mehr oder weniger gleich abschneiden. Der professionelle Kartenspieler hat so viel Glück wie jeder andere, doch gibt es kaum einen, der das auch glaubt. Tatsächlich passiert es gelegentlich, dass pures Glück die stärkste Kombination aus Scharfsinn und Können in die Knie zwingt. Es ist fast ein Axiom, dass ein Anfänger bei seinem ersten Einsatz gewinnt. Dazu passt die Geschichte von einem Diener, der in einem „Kartenclub" eine Diskussion über den Verlauf zweier Pokerhände verfolgte und folgenden Schluss zog: „Machen Sie sich keine Gedanken über die beiden Blätter, Chef. Besorgen Sie sich ihr eigenes. Der Glücksritter, der bekommt sein Blatt eh, aber sicher!" Viele ältere Spieler denken genauso. Die Launen des Glücks und des Zufalls haben den Profi aber dazu gebracht, sich ein bestimmtes Wissen anzueignen, das sein angesehenerer Bruder im Geiste, der Börsenmakler, längst besitzt: Manipulation ist profitabler als Spekulation. Um nicht nur über die Runden zu kommen, sondern sogar gutes Geld zu verdienen, wetzt er die Schere, wenn die Lämmer auf dem Markt angeboten werden.

Der Zufall sorgt beim Spiel für Überraschungen, die man nie mehr vergisst. Die Gewinne werden als „nettes Geld“ wahrgenommen und in der Regel großzügig ausgegeben. Der Durchschnittsprofi, der erfolgreich ist, wenn er selbst austeilt, wird sein Geld völlig unbekümmert setzen, wenn ein anderer die Karten gibt, obwohl er sich völlig im Klaren ist, dass er im Nachteil ist. Er kennt den wahren Wert des Geldes so gut wie gar nicht und ist in der Regel großzügig, unvorsichtig und sorglos. Er liebt das Risiko mehr als seine Einsätze. Der prinzipielle Unterschied zwischen einem Berufsspieler und einem Gelegenheitsspieler liegt darin, dass der Profi von seiner Liebe zum Spiel getrieben wird und Letzterer von seiner Habgier. Ein Profi jammert selten, wenn er Pech hat, wogegen derjenige, der seinen Lebensunterhalt anders verdient, oft ein schlechter Verlierer ist.

Die Vorteile, mit denen er die Gewinnwahrscheinlichkeit zusätzlich zu seinen Gunsten erhöht, sind für den Berufsspieler absolut existenziell.. In diesem Buch werden die Methoden, die er am Kartentisch anwendet, um dies zu erreichen, ausführlich besprochen. Uns treibt weder die Qual eines schlechten Gewissens noch die Hoffnung, die Welt zu verbessern. Der Mensch kann sein Temperament nicht verändern, und nur wenige versuchen, es überhaupt im Griff zu haben. Solange die Spielleidenschaft existiert, will sie auch befriedigt werden. Wir hegen weder Groll gegen die Spieler, noch empfinden wir Mitgefühl mit den sogenannten „Opfern“. Diverse Erfahrungen haben in uns den Glauben verfestigt, dass alle, die um relevante Einsätze spielen, auch das Optimum herausholen wollen. Wir liefern die Fakten und Bedingungen zu diesem Thema, obwohl wir betrübt zugeben müssen, dass wir unsere eigenen Kenntnisse zu dem üblich hohen Preis erworben haben, den die Uneingeweihten bezahlen.

Ist von professionellen Kartenspielern die Rede, meinen wir weder die Besitzer noch Betreiber von Casinos. Die Höhe ihres Hausvorteils ist bekannt oder kann ausgerechnet werden, und ihre Gewinne entsprechen denen normaler Unternehmen. Sind diese Häuser von der Obrigkeit geduldet, werden sie in der Regel von Männern geführt, die einen guten Ruf besitzen. An den Kartentischen wird eine prozentuale Gebühr, das sogenannte „Rake“, erhoben, und das Management bietet seinen Gästen dafür einen gewissen „Schutz“. Müssen die Casinos dagegen im Untergrund betrieben werden, ist es deutlich wahrscheinlicher, dass die Gewinnchancen der Spieler sinken. Unser Ziel ist aber, diese Variable so zu berücksichtigen, dass für den Berufsspieler auf jeden Fall genug übrig bleibt, um seinen Lebensunterhalt zu sichern.

Zwischen den Methoden, die ein Kartenkünstler zur Verblüffung bzw. Unterhaltung des Publikums anwendet, und denen, die ein Berufsspieler am Kartentisch praktiziert, besteht ein großer Unterschied, denn Letzterer muss sein Vorgehen vollständig mit dem normalen Spielablauf in Einklang bringen. Die kleinste Aktion, die auffällig wirkt, die leiseste Anstrengung, um den anderen abzulenken, und die geringste unnatürliche Bewegung würden Argwohn erregen; und schon Argwohn reicht, um die Kundschaft zu vertreiben, denn nur ein echter Idiot spielt wissentlich mit unterdurchschnittlichen Gewinnchancen. Der einzige Weg, sich hundertprozentig vor unbekannten Vorteilen anderer zu schützen, besteht darin, nicht um Geld zu spielen. Ein tiefes Verständnis der Risiken hilft jedoch schon beträchtlich, die Fälle zu reduzieren, in denen man betrogen wird. Eine genaue Kenntnis der Tricks am Kartentisch bringt einen nicht zwangsläufig in die Lage, den Betrug zu erkennen, aber sie verdeutlicht, wogegen man sich schützen sollte und dass man sich beim leisesten Verdacht aus dem Staub machen sollte. Dieses Wissen und das tiefe Verständnis der Möglichkeiten, die beim professionellen Kartenspiel existieren, können nur durch anschauliche praktische Beispiele vermittelt werden. Jeder Leser, der die Tricks komplett verstehen will, sollte daher ein Kartenspiel in die Hand nehmen und alle beschriebenen Techniken selbst nachvollziehen.

Um die beiden Bereiche der Kartenkunst klar unterscheiden zu können, widmen wir uns im ersten Teil dieses Buchs ausgiebig allen Vorteilen, die man sich am Kartentisch dauerhaft verschaffen kann, und den konkreten Methoden, wie man dabei möglichst wenig Aufsehen erregt. Die genaue Art und Weise, wie ein Kunststück vollzogen wird, wird dabei jeweils minutiös beschrieben. In Teil 2 werden dann die Kartenkunststücke, die beim Zaubern gezeigt werden können, und viele weitere Tricks beschrieben.

Tricks am Kartentisch

Professionelle Geheimnisse: Die Geheimnisse professioneller Kartenspieler sind bisher gut gehütet worden. In Büchern über die Zauberei wird der Kartenkunst stets viel Platz eingeräumt, und viele wurden nur zu diesem Zweck geschrieben, doch Hinweise auf konkrete Tricks am Kartentisch haben wir darin allenfalls zufällig gefunden. Selbst dann werden die grundlegenden Techniken aber nicht erwähnt. Selbst ernannte „Ex-Profis" liefern der Öffentlichkeit erstaunliche Einblicke in ihre frühere Niederträchtigkeit und Arglist und beweisen dabei eine erstaunliche Sachkenntnis, indem sie einige aus der Mode gekommene Kniffe wie alt bekannte Kinderreime ausgraben. Selbst diese außergewöhnlichen Enthüllungen erschöpfen sich aber damit, dass dies oder jenes Kunststück angewendet werde, ohne auch nur den Ablauf oder gar die technischen Details anzugeben. Sind der Verrat ehemaliger Kollegen und die scharfe Kritik an den schrecklichen Konsequenzen des Glücksspiels ein Indiz für ihr Können, müssen diese Gesellen sehr gefährliche Mitspieler gewesen sein.

Natürlich ist allgemein bekannt, dass beim Kartenspiel viel betrogen wird, doch ist es eine Sache, Bescheid zu wissen, und eine ganz andere, die Methoden und ihre exakte Ausführung genau zu kennen. Aus diesem Grund nimmt dieses Buch eine einzigartige Stellung in der Kartenspielliteratur ein. In aller Bescheidenheit beanspruchen wir die Urheberrechte an vielen der hier beschriebenen Tricks und glauben, dass sie besser als die meisten sind, die uns schon untergekommen sind. Wir behaupten aber nicht, dass wir alle kennen. Viele Profis haben ihren Erfolg der Verbesserung alter Methoden zu verdanken, und obwohl bestimmte Kunststücke in diesem Buch erstmals enthüllt werden, bleiben andere so lange verborgen, bis der Erfinder sein Geheimnis preisgibt.

Wir begehen mit der Veröffentlichung dieses Buchs keinerlei Indiskretion, da wir unser Wissen nur uns selbst zu verdanken haben. Unser Lehrmeister sind unsere Erfahrungen. Wir begannen unsere Studien mit der Unverdorbenheit eines Grünschnabels und dem maßlosen Vertrauen in unsere Fähigkeiten. Wir stellten uns dem Raubtier freiwillig in den Weg und kritisieren keinen anderen für das unvermeidliche Resultat als uns selbst. Ein selbstzufriedener Anfänger mit einem Batzen Geld ist stets einfach eine zu günstige Gelegenheit, die wir nicht auslassen können. Natürlich haben wir für unser Wissen das übliche Lehrgeld bezahlt, doch die Löcher in unseren Portemonnaies verursachten dabei deutlich weniger Kummer als die heftige Erschütterung unserer Arroganz. Nach jedem bösen Erwachen setzten wir unsere Ausbildung mit permanentem Studium stetig fort, sodass wir die Summe unseres aktuellen Wissens hier in diesem Buch jedem Interessierten präsentieren können: den Freunden und den Feinden, den Klugen und den Dummen, den Guten und den Schlechten, schlicht allen, doch mit der Einschränkung, dass jeder selbst den Preis dafür bezahlen muss.

Holdouts: Es gibt viele mechanische Hilfsmittel für Kartenspieler, die mit dem Fachbegriff „Holdout" bezeichnet werden. Die einfachste Version ist eine Stahlfeder mit einer ahlenartigen Vorrichtung an einem Ende, die in Sekundenschnelle an der Unterseite fast jeder Tischplatte angebracht werden kann. Die Feder drückt von unten gegen die Tischplatte, und ihr Ende ist leicht nach unten gebogen, damit man gut an die Karten kommt. Mit dem Daumen jeder Hand kann man die Karten leicht hineinstecken oder herausziehen, ohne dabei die Hände vom Tisch nehmen zu müssen.

Mit einer komplizierteren Vorrichtung werden die Karten über die Tischkante geschoben, sodass sie mit den Händen, die ganz normal auf dem Tisch aufliegen, entgegengenommen oder abgelegt werden können.

„Holdouts", die am Körper getragen werden können, sind geniale Konstruktionen, aber sehr teuer. Eine im Ärmel befindliche Vorrichtung, die durch Spreizen der Knie die Karten in die Handfläche oder aus ihr heraus transportiert, kann zwischen 75 und mehreren Hundert Dollar kosten. (Anm. d. Ü.: Diese Angabe bezieht sich natürlich auf den Beginn des 20. Jahrhundert, als das Buch geschrieben wurde.) Manche Apparate funktionieren auch durch Armdruck oder transportieren die Karten durch eine Öffnung in der Weste dorthin, wo sich normal die Hände befinden. Bei einer der originellsten und besten Vorrichtungen reicht es sogar aus, die Brust ein wenig zu dehnen oder einen tieferen Atemzug als gewöhnlich zu nehmen.

Bei fast allen „Holdouts" kommt es für den Spieler darauf an, den Apparat einwandfrei bedienen zu können und die zusätzlichen Karten gut zu verstecken, während er sie in den Händen hält. Der Erfolg hängt dabei stark von der Geschicklichkeit und Nervenstärke ab. Allerdings haben wir nicht vor, die Ausstattung dieser Geräte und deren Gebrauch ausführlich zu beschreiben. Sie können in einem Spezialgeschäft für Casino-Artikel gekauft werden, doch der wahre Profi lehnt ihre Benutzung ab. Sie sind beschwerlich, überflüssig und eine ständige Gefahr für seinen guten Ruf.

Präparierte Karten: Das Thema „Präparierte Karten" hat fast genauso wenig mit dem eigentlichen Zweck dieses Buches zu tun wie das vorherige, doch kann eine kurze Besprechung der bekanntesten Formen und deren Anwendung nicht schaden.

Markierte Karten, in der Fachsprache kurz „Reader" genannt, können sowohl auf der Vorder- als auch der Rückseite voneinander unterschieden werden, wenn man die Markierung kennt. Gezinkte Karten werden von bestimmten Firmen eigens hergestellt, aber Profis benutzen sie nur selten. Sie sehen anders aus als die normalen Karten, daher wäre ihre Verwendung auffällig. Die übliche Vorgehensweise ist deshalb, normale Kartenspiele von Hand mit Markierungen zu versehen. Im Sinne des uneingeweihten und interessierten Lesers beschreiben wir den Vorgang hier. Er ist nicht schwierig und dauert bei einem ganzen Kartenspiel nur rund eine Stunde.

Beinahe alle handelsüblichen Kartenspiele sind auf der Rückseite rot oder blau. In fast jedem Laden kann man Tinte kaufen, die sich von der Druckfarbe nicht unterscheiden lässt. Ideal sind Karten, die ein aufwendiges Rückenmuster aufweisen. Jede Karte wird an beiden Schmalseiten markiert, damit sie in jeder Position erkennbar ist. Der erste Schritt besteht darin, sich genau die Besonderheiten des Musters anzuschauen und zwölf recht gut unterscheidbare Punkte oder Striche im unteren Bereich anzubringen. Danach werden die vier Asse ausgelegt, worauf mit einer Feder der erste kleine Punkt so verkleinert wird, dass er kaum zu erkennen ist. Der Punkt ist weiß und die Rückseite ist blau oder rot, und entsprechend wird auch die Tinte verwendet. Schon die kleinste Verkürzung eines Strichs oder die Übermalung eines Punktes kann nur derjenige erkennen, der von ihr weiß.

Die Schmalseiten der vier Asse werden auf diese Weise jeweils bearbeitet, wonach die Könige an der Reihe sind und der zweite Strich oder Punkt verkleinert wird. So geht es mit den Damen mit dem dritten Punkt und allen anderen Karten weiter, bis alle Karten fertig sind, wobei die Zweien sich daran erkennen lassen, dass sie keine Markierung haben. Nun werden die einzelnen Farben markiert. Drei weitere Punkte werden möglichst in der Nähe einer Ecke angebracht. Der erste Punkt steht für Karo, der zweite für Kreuz, der dritte für Herz und Pik bekommt keine Markierung. Auf diese Weise kann der Spieler mit einem Blick auf die beiden Markierungen sofort erkennen, welche Karte gerade ausgeteilt wird.

Mit einem Kombinationssystem kann man die Anzahl der Punkte reduzieren, die angebracht werden müssen. Ob ein Punkt, ein Strich oder eine andere Markierung am schwersten zu erkennen ist, hängt vom konkreten Kartenspiel ab. Es kommt selten vor, dass zwei Spieler nach derselben Methode vorgehen. Wer geschickt vorgeht und keinen Verdacht erregt, wird fast nie erwischt. Die meisten Spielkartenproduzenten beschäftigen einen Mitarbeiter, der für etwa einen Dollar jedes Kartenspiel komplett markiert.

Manche Spieler markieren die Karten auch während des Spiels. Die wichtigsten Karten werden an bestimmten Stellen mit den Fingern geknickt oder mit dem Daumennagel zerkratzt, wenn der Spieler sie ausgeteilt bekommt. Auf diese Weise können die entscheidenden Karten innerhalb einer Stunde gut voneinander unterschieden werden.

Eine andere Möglichkeit ist, die Kanten der Karten mit unterschiedlichen Tinten zu färben, die bequem mit Tupfern aufgebracht werden können. Auch wenn solche Methoden nicht immer einen sicheren Gewinn einbringen, verschaffen sie dem Spieler auf Dauer einen stabilen Vorteil.

Manche Spieler benutzen auch gern präparierte Karten, die man als „Strippers“ bezeichnet. Dabei werden die erwünschten Karten zunächst beiseitegelegt, und die restlichen Karten werden an den langen Seiten beschnitten. Anschließend werden die zuvor aussortierten Karten so beschnitten, dass sie an den Enden gleich breit sind wie die anderen Karten, in der Mitte aber die ursprüngliche Breite behalten. Auf diese Weise sind die erwünschten Karten in der Mitte etwas breiter und können im Bedarfsfall herausgezogen bzw. nach oben oder unten gelegt werden. Der Beschnitt erfolgt mit Maschinen, die eigens zu diesem Zweck hergestellt werden und die Ecken und Kanten völlig glatt lassen.

Es gibt noch viele weitere Methoden, wie man Karten auf Basis der Erfordernisse eines bestimmten Spiels oder der Wünsche und Qualitäten des Spielers manipulieren kann. Werden die Vorderseiten bestimmter Karten aufgeraut, haften sie aneinander und können beim Mischen leichter zurückbehalten werden. Bei Pharaokarten wendet man diese Methode in Verbindung mit einem bestimmten Behälter an. Da die Behälter mit größter Raffinesse und höchstem technischem Standard produziert werden, kosten die unschuldig aussehenden kleinen silberfarbenen Artikel eine Menge Geld. „Strippers" lassen sich beim Pharao ohne große Angst vor Entdeckung gut verwenden, da die Spieler nie die Karten mischen oder abheben. Ein manipulierter Behälter und ein geschickter Dealer können einem Casino einen Vorteil einbringen, der selbst einen betuchten Prinzen ruinieren würde. In unserem Land werden jährlich Millionen Dollars beim Pharao eingesetzt, da es als das faszinierendste Auslegespiel gilt. Wir haben aber Grund zu der Annahme, dass es in öffentlichen Casinos in der Regel ehrlich zugeht, da der Hausvorteil den Betreibern völlig ausreicht.

Das „Cold Deck" ist ein vorbereitetes Kartenspiel, das in einem günstigen Moment eingesetzt wird. Die Karten sind nicht markiert, aber ein oder zwei Blätter sind fürs Austeilen vorbereitet worden. Der Name rührt wahrscheinlich daher, dass das Kartenspiel so lange auf seinen Einsatz warten muss, dass es sich dabei verkühlt (Engl.: cold = Erkältung, Anm. d. Ü.). Für den Austausch braucht es keine sonderlichen Fähigkeiten. Der Vorgang wird meist ganz unverhohlen in Häusern durchgeführt, in denen Spieler und Personal zusammenarbeiten. In den meisten Casinos werden die Kartenspiele nach einer Stunde oder sogar noch weniger ausgetauscht. Manchmal verlangen die Spieler neue Karten, aber meist geschieht der Austausch auf Anweisung des Betreibers. Sobald das „Cold Deck" im Einsatz ist, tut der Dealer so, als würde er die Karten mischen, und ein Mitstreiter tut so, als würde er abheben, worauf die Blätter in der erwünschten Reihenfolge ausgeteilt werden können. Natürlich kann der Austausch auch mit einer besonderen Fingerfertigkeit vollzogen werden, doch ein Spieler, der darin bewandert ist, beherrscht in der Regel noch deutlich mehr Kartentricks und hat es nicht nötig, „Cold Decks" oder andere Formen von präparierten Karten einzusetzen.

Kooperation: Arbeiten zwei Kartenprofis zusammen, geht alles deutlich leichter. Die Chancen, sich die erwünschten Karten von vornherein, also vor dem Mischen, zu sichern, sind doppelt so hoch, und das ist schon die halbe Miete. Kennen Sie einander sehr gut, können sie ein oder zwei Blätter fürs spätere Austeilen vorbereiten und haben danach meist kaum Probleme, die erwünschten Karten zusammenzubringen und dabei unschuldig zu tun. Sitzen sie so am Tisch, dass der eine gibt und der andere abhebt, ergeben sich so viele Möglichkeiten, dass in neunzehn von zwanzig Spielen nicht mehr die normalen Wahrscheinlichkeiten gelten. Schon zwei oder drei Streiche am Abend erfüllen den finanziellen Zweck und erregen keinerlei Verdacht.

Bei fast allen Kartenspielen ist es auch ohne besondere Fingerfertigkeit möglich, sich einen Vorteil zu verschaffen, wenn zwei oder mehr Spieler zusammenarbeiten, etwa mit einem geheimen Zeichencode, der allen Kooperationspartnern das jeweils eigene Blatt mitteilt. Beim Poker kann zum Beispiel nur der Mitstreiter, der die beste Hand hält, bis zum Ende mitspielen. So tritt die Gruppe, die zusammenarbeitet, immer mit der stärksten Hand gegen die anderen Spieler an. Das reicht aus, dass die Kooperationspartner zusammen einen klaren mathematischen Vorteil haben. Eine andere Möglichkeit besteht darin, die Einsätze gegenseitig so lange hochzutreiben, bis die anderen Spieler aussteigen. Auf diese Weise können Hunderte kleiner, aber sicherer Vorteile erzielt werden, sofern keine geheime Absprache vermutet wird. Ein einzelner Spieler hat gegen ein Bündnis von Spielern selbst dann keine Chance, wenn die Karten nicht manipuliert sind.

Zwei Mischmethoden: Sobald der Leser sich in die Kunst, sich beim Spiel einen Vorteil zu verschaffen, eingearbeitet hat, wird er erkennen, dass das altmodische Mischen (der sogenannte Shuffle) deutlich mehr Möglichkeiten bietet, die Abfolge von Karten zu bestimmen, erwünschte Karten auszusondern oder zu palmieren (Karten versteckt in der Hand halten). Viele Spieler wenden beim Mischen nie den „Riffle" (Riffeln) an, bei dem die Karten zunächst in zwei Päckchen aufgeteilt werden. Anschließend werden sie an den kurzen Seiten gehalten und ineinander gemischt, indem man die Karten mit den Daumen hochbiegt und dann so herunterschnappen lässt, dass beide Stapel sich vermischen. Diese Methode wird eigentlich fast immer verwendet, wenn um Geld gespielt wird. Zwar kann man beim Riffeln die Karten nur in sehr begrenztem Ausmaß in einer bestimmten Reihenfolge anordnen, doch ist diese Methode genauso wie das normale Mischen (Shuffle) sehr gut dafür geeignet, die oberen oder unteren Karten oder sogar das gesamte Kartenspiel in der vorbereiteten Reihenfolge zu belassen. Der „falsche Riffle" kann demnach genauso perfekt ausgeführt werden wie der „falsche Shuffle". Ein kluger „Bottom-Dealer" (ein Geber, der statt der obersten die unterste Karte austeilt, Anm. d. Ü.) etwa wird meist riffeln, da er sich selten die Mühe macht, die Abfolge der Karten zu manipulieren. Ihm reicht es völlig aus, die erwünschten Karten unten zu haben. Hat er dann noch einen Mitstreiter, der falsch abhebt, läuft alles problemlos, doch wenn er allein ist, muss er entweder die unteren Karten vor dem Abheben palmieren oder hinterher eine Korrektur vornehmen. Letzteres wird nur selten versucht, und es ist auch heikel, beim Riffeln zu palmieren. Das Kartenspiel muss dabei zur Seite geneigt werden, und das entspricht selbst dann nicht ganz den Regeln, wenn dies als ausgleichende Bewegung verstanden wird. Beim normalen Mischen mit den Händen wird dieses Problem vermieden, da das Kartenspiel so gehalten wird, dass man gut palmieren kann und keine Zeit verloren geht. Der Shuffle ist fast ideal, um erwünschte Karten an einer bestimmten Stelle zu deponieren oder herauszuholen, und der geneigte Leser wird in der Folge erfahren, wie dies funktioniert. Außerdem lernt er, wie er seine Tricks so durchführt, dass niemand etwas bemerkt.

Erste Ziele: Als Erstes muss sich der Profispieler das „Falschmischen" und das „Falschabheben" aneignen. Beherrscht jemand das „Falschmischen" (entweder beim „Shuffle" oder beim „Riffle" unterstützt durch eine große Gewandtheit im „Falschabheben") perfekt, kann selbst der erfahrenste Kartenspieler nicht erkennen, ob falsch oder richtig gespielt wird. Hat der Profi sich diese Fähigkeiten erst einmal angeeignet, geht ihm alles so leicht und sicher von der Hand, dass selbst ansonsten argwöhnische Spieler keinerlei Verdacht hegen. Nichts beruhigt den Durchschnittsspieler mehr als der Glaube, es wäre gründlich gemischt und sauber abgehoben worden.

„Falschmischen": Selbst unter erfahrenen Spielern hat sich der allgemeine Glaube durchgesetzt, dass nur schlichte Gemüter durch „Falschmischen" betrogen werden könnten. Diese Herren müssten selbst erleben, wie sie betrogen werden, aber das wird wohl nie passieren. Ein Spieler, der glaubt, er könnte nicht betrogen werden, schwebt in großer Gefahr, denn der größte Schutz besteht darin zu wissen, dass niemand sicher ist. Wer in der Kartenkunst bewandert ist, ist sich bewusst, dass er nicht unterscheiden kann, ob richtig gemischt oder abgehoben wurde, wenn ein anderer Könner Karten gibt. Was man sieht, entspricht nicht unbedingt der Realität, zumal der Profi seine Künste auch mit verbundenen Augen durchführen könnte. Trotzdem zählen „Falschmischen" und „Falschabheben", so wie sie in diesem Buch beschrieben sind, zu den einfachsten Übungen eines Profispielers. Hat man den Ablauf erst einmal verstanden, lassen sich die notwendigen Fertigkeiten recht schnell und mit geringem Aufwand aneignen. Ein normaler Kartenspieler, der recht gut mischen und geben kann, kann in fünf Minuten einen Trick lernen, den nicht einmal seine scharfsinnigsten Kumpels durchschauen. Es gibt aber auch viele Spieler, die nicht in der Lage sind zu mischen, ohne dass Karten verbogen, geknickt oder gezeigt werden, und damit das halbe Spiel ruinieren. Solche Stümper müssen erst einmal lernen, wie man mit einem Kartenspiel richtig umgeht, ehe sie sich an den höheren Weihen der Kartenkunst versuchen.

Einheitlicher Ablauf: Die unumstößliche Regel des Profis lautet, immer gleich zu agieren. Jede Abweichung vom normalen Verhalten beim Halten der Karten, Mischen, Abheben oder Geben könnte bemerkt werden und sollte daher vermieden werden. Ein Spieler, der normal mit dem „Shuffle" mischt, sollte in derselben Runde niemals zum „Riffle" wechseln, und umgekehrt. Ob eine Aktion tatsächlich ausgeführt oder nur vorgetäuscht wird, der Kartenstapel wird immer gleich gehalten. Beim Austeilen sollte man die Position der Finger der linken Hand immer beibehalten, und die Art und Geschwindigkeit des Austeilens mit der rechten Hand sollten ebenfalls so einheitlich wie möglich bleiben. Die gleiche Regel gilt auch für das Abheben – die Bewegung ist beim richtigen und beim „Falschabheben" immer dieselbe.

Verhalten: Das Verhalten des erfolgreichen Kartenspielers muss genauso perfekt sein wie seine sonstigen Fähigkeiten. Ein ruhiges, dezentes Benehmen und vornehme Zurückhaltung sind ideal. Besonders wichtig ist, seine Emotionen bei Gewinnen und Verlusten komplett zu verdrängen. Hat er seine Gefühle nicht unter Kontrolle, verliert der Profi seinen Vorteil. Auch Mut und Nervenstärke sind von entscheidender Bedeutung. Wer gut mit den Karten umgehen kann, ist nicht zwangsläufig erfolgreich, denn auch ein Tontaubenschütze muss mehr können, als beim Training die Ziele zu treffen. Viele erfahrene Schützen, die im Schießstand das Schwarze treffen, würden in einem Duell nicht einmal ein Scheunentor erwischen. Je größer die Not oder je höher die Einsätze, desto bessere Nerven braucht man.

Demonstration des Könnens: Übermäßige Eitelkeit hat schon viele Profis ins Verderben geführt. Die Verlockung, ein wenig anzugeben, ist groß. Ein Meister seines Fachs lacht, wenn er Pech hat, und trotzt den Gesetzen der Wahrscheinlichkeit. Sein Erfolg liegt buchstäblich in seinen Händen, doch darf er seine Fingerfertigkeit nie zugeben oder sich etwas auf sie einbilden. Er braucht die Haltung eines Stoikers, trotz völliger Überlegenheit weder vor Freund noch Feind damit zu prahlen, und muss damit zufrieden sein, sich auf eine Stufe mit den anderen zu begeben. Kurzum, der Profi darf nie überdrehen. Wenn er auch nur ein einziges Mal seine Geschicklichkeit demonstriert, bringt sie ihm in seiner angestammten Runde nichts mehr ein und sein schlechter Ruf eilt ihm auch andernorts voraus.

Wichtigster Einzeltrick: Müssten wir sagen, welche Fertigkeit des Kartenkünstlers den größten Profit einbringt, würden wir uns ohne Zögern für den „Bottom Deal" (Austeilen der untersten statt der obersten Karte) entscheiden. Die Beherrschung dieser Technik wäre ohne Kenntnis der untersten Karte aber nutzlos, weshalb man auch das „Falschmischen" können muss. Zudem kann die unterste Karte beim Abheben ihren Ort verändern, wodurch das „Falschabheben" erforderlich wird. Wer gut palmieren kann, braucht keinen Mitstreiter, doch diese Fertigkeit ist deutlich schwerer zu erlernen als das „Falschabheben" und wird nur angewendet, wenn der Spieler allein ist und sich andere weniger riskante Tricks als unbrauchbar erwiesen haben. Daran sieht man, dass es für einen Profi nicht ausreicht, sich einen Trick anzueignen. Vielmehr hängt fast jeder Trick von einem anderen ab.

Auswirkungen eines Verdachts: Gerät ein Profi unter Verdacht, ist dies ein sehr schwerer Schlag. Seine Möglichkeiten beruhen auf dem Glauben der Mitspieler, dass alle die gleichen Chancen haben. Sofern die anderen Spieler aufmerksam sind, wie dies in Spielen um Geld durchaus normal ist, stört das den Profi nicht im Geringsten. Ist aber bekannt oder besteht nur der leiseste Verdacht, dass er manipulative Fähigkeiten hat, ist es vermutlich besser, sich aus der Runde zurückzuziehen, als ständig beobachtet und am Ende womöglich vom Spiel ausgeschlossen zu werden. Selbst wenn ein Kartenkünstler unter Verdacht gerät, ist es aber fast unmöglich, einen bestimmten Trick zu erkennen oder gar zu beweisen. Aus diesem Grund reicht vielen erfahrenen Spielern schon der bloße Verdacht, um sich sofort einen weniger zwielichtigen Ort für ihr Hobby zu suchen.

Erwerb der Fertigkeiten: Um die höchste Stufe der Kartenkunst zu erreichen, ist viel Training und Übung erforderlich. Will man jedoch nur andere unterhalten, lassen sich die dafür notwendigen Fertigkeiten recht leicht erlernen, wenn man erst einmal ein grundlegendes Verständnis erworben hat, was die besten und einfachsten Methoden sind, um die Tricks auszuführen. Die einzige Übungsmethode besteht darin, sich ganz normal an einen Kartentisch zu setzen und vor sich einen Spiegel aufzustellen; auf diese Weise spart man viel Zeit und Mühe. Die richtigen Haltungen und Bewegungen können so genau erlernt werden, und man selbst ist sein eigener Kritiker.

Alle Anfänger sind der Meinung, ihre Hände wären entweder zu groß oder zu klein, aber die Größe sagt wenig aus. Ideal sind weiche, leicht feuchte Hände. Ist die Haut spröde oder trocken bzw. extrem feucht, wird es schwierig. Eine entsprechende Pflege der Hände und allgemeine Gesundheit sorgen für ideale Voraussetzungen. Natürlich können trockene Finger auch befeuchtet werden und feuchte getrocknet, doch beides ist nicht erwünscht.

Im Idealfall sollten die Karten neu, dünn, biegsam und von bester Qualität sein. Billige Karten sind schlecht verarbeitet und halten nicht lange. Nach zwei oder drei Stunden Benutzung werden sie meist klebrig, und schon die kleinste Reibung ist für den perfekten Trick ungünstig.

Bedeutung von Details: Der perfekte Kartenkünstler ist sich für kein Detail zu schade, das zu seinem Erfolg beiträgt. Das betrifft nicht nur seine Anstrengungen, jegliches Aufkommen eines Verdachts zu verhindern oder einen solchen zu zerstreuen, sondern auch die Vorbereitung und Ausführung jedes Tricks. Aus diesem Grund hat der Autor eine Menge Zeit darauf verwendet, viele Handgriffe zu erläutern, die zunächst unwichtig erscheinen können, für die perfekte Umsetzung der Kartenkunst aber unerlässlich sind.

Glossar der Fachbegriffe

Viele Methoden der Kartenmanipulation, die in diesem Buch erklärt werden, wurden von uns entwickelt. Für die Beschreibung der verschiedenen Verfahren und Umstände haben wir einige Fachbegriffe entwickelt, die in der Folge immer wiederkehren. Jeder Leser, der den Beschreibungen mit Sachverstand folgen will, muss zuerst die Bedeutung dieser Begriffe verstanden haben. Wer sich die folgenden Definitionen aufmerksam durchliest, spart viel Zeit und vermeidet jegliches Missverständnis.

Stock: Der Teil des Kartenspiels, der die Karten enthält, die vorsortiert wurden, bzw. die Karten, die oben (Top-Stock) oder unten (Bottom-Stock) platziert wurden.

Run: Beim normalen Mischen wird immer nur eine Karte vom Stapel abgezogen und damit die Reihenfolge nicht verändert. Es ist nicht sonderlich schwer zu erlernen, dies mit einem kompletten Kartenspiel in höchster Geschwindigkeit durchzuführen. Der linke Daumen drückt leicht auf die oberste Karte, die rechte Hand führt die Mischbewegung durch.

Jog: Eine Karte, die etwa einen halben Zentimeter aus dem Stapel herausragt und damit anzeigt, wo sich eine bestimmte Karte oder mehrere bestimmte Karten befinden. Soll mit der obersten Karte der linken Hand ein Jog ausgeführt werden, wird diese beim Mischen mit dem linken Daumen über die Schmalseite beim kleinen Finger gezogen, wobei der kleine Finger verhindert, dass mehr als eine Karte bewegt wird. Soll mit der obersten Karte der rechten Hand ein Jog durchgeführt werden, wird die rechte Hand beim Mischen leicht zum Stapel in der linken Hand bewegt, damit die vom linken Daumen gezogene Karte leicht über die Schmalseite des Stapels in der Linken hinausragt.

Injog: Die betreffende Karte steht am kleinen Finger der linken Hand über.

Outjog: Die betreffende Karte steht am Zeigefinger der linken Hand über.

Break/Spalt: Das Kartenspiel wird mit dem rechten Daumen am unteren Ende so gehalten, dass ein Spalt oder eine Lücke entsteht. Der Spalt wird unter dem Injog gehalten, wenn ein Uppercut (siehe unten) geplant ist. Die innen überstehende Karte wird dabei leicht mit dem rechten Daumen angehoben, sodass ein Abstand von drei bis fünf Millimetern entsteht, wobei die Schmalseite zwischen Daumen und Mittel- und Ringfinger festgehalten wird. Mithilfe eines Spalts kann man beim Mischen eine bestimmte Anzahl von Karten in einem Päckchen in die linke Hand befördern, ohne dass deren Reihenfolge verändert wird. Der Spalt wird nicht nur beim Mischen verwendet, sondern auch sonst, um eine bestimmte Karte oder Stelle zu markieren. Dies ist deutlich besser als die übliche Methode, bei der der kleine Finger ins Päckchen gesteckt wird. Ein Spalt kann mit jedem Finger einer Hand gehalten und von den anderen Fingern verdeckt werden. Er ist auch die wichtigste Hilfe beim Falschmischen und Falschabheben.

Throw/Wurf: Beim Mischen wird eine bestimmte Anzahl von Karten in die andere Hand befördert, ohne die Reihenfolge zu ändern. Ein Throw kann am Anfang, während des Mischens oder am Ende durchgeführt werden. Dabei kann das Päckchen, das verschoben werden soll, durch einen Jog, einen Spalt oder beides markiert werden.

Cull: Die erwünschten Karten. Die Auswahl („das Cullen") einer oder mehrerer Karten kann darin bestehen, diese während der Vorbereitungen zum Mischen möglichst unauffällig zusammenzustellen. Es kann sich aber auch um einen wesentlich komplizierteren Vorgang handeln, etwa wenn die Karten während eines scheinbar völlig normalen Mischvorgangs schnell und mühelos von verschiedenen Stellen im Stapel nach unten befördert werden.

Falschmischen oder Falschabheben: Jede Methode des Shuffles, Riffles und Abhebens, die regulär aussieht, in Wirklichkeit aber dafür sorgt, dass eine bestimmte Reihenfolge der Karten bestehen bleibt oder hergestellt wird.

Undercut: Beim Abheben werden die Karten unten weggenommen.

Uppercut: Beim Abheben werden die Karten oben weggenommen.

Runcut: Mehrere kleine Stapel werden von oben abgehoben.

Shuffle: Die altmodische Form des Mischens, bei der die Karten von einer Hand in die andere befördert werden.

Riffle: Die moderne Form des Mischens, bei der die schmalen Seiten mit dem Daumen festgehalten und dann beim Loslassen ineinander gemischt werden.

Volte: Die beiden abgehobenen Hälften des Kartenspiels werden wieder in die ursprüngliche Reihenfolge gebracht.

Crimp: Eine oder mehrere Karten werden verbogen, damit man sie erkennen kann.

Erdnases System für falsche Shuffles

Haltung beim Shuffle

Das Kartenspiel wird ganz normal in der linken Hand gehalten, aber etwas schräger, damit das zweite Glied des linken Zeigefingers an der vorderen Schmalseite und das erste Glied des gekrümmten kleinen Fingers an der unteren Schmalseite zum Liegen kommt. Mittel- und Ringfinger werden leicht gekrümmt an die Unterseite gehalten, während der Daumen auf der Oberseite etwa in der Mitte zur vorderen Schmalseite zeigt. Zum Mischen legt man Daumen, Mittelfinger und Ringfinger der rechten Hand an die Schmalseiten der unteren Hälfte des Kartenspiels, der Zeigefinger liegt dabei auf der oberen Längsseite (siehe Abbildung 1). Diese Haltung, vor allem die des Zeige- und kleinen Fingers der linken Hand, ist für das Falschmischen und das Stocking von entscheidender Bedeutung. Der Zeige- und der kleine Finger halten die Jogs, die in Verbindung mit dem Break, dem Run und dem Throw diese neue Art des Stockings und Cullens ermöglichen. Die Haltung ist einfach und wirkt sehr natürlich. Die Finger bleiben locker, die Längsseite des Kartenspiels liegt gut in der Handfläche und die Finger der linken Hand befinden sich in derselben Position, wie wenn die Hand halb geschlossen ist. Da diese Haltung auch ideal ist, um richtig zu mischen, sollte sie immer beibehalten werden.

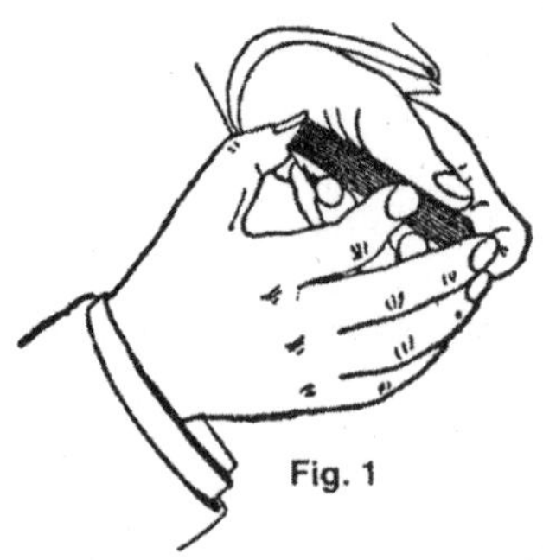

Fig. 1

Falscher Shuffle

Ziel des falschen Shuffles kann sein:

1. Ein Top-Stock, d. h. der obere Teil des Kartenspiels, der entsprechend vorbereitet wurde, soll in einer bestimmten Reihenfolge bleiben.

2. Ein Bottom-Stock, der in der Regel aus bestimmten Karten besteht, die unter dem restlichen Kartenstapel zusammenliegen und die beim Geben durch einen Bottom Deal an die erwünschte Stelle gebracht werden können.

3. Das gesamte Kartenspiel soll in einer bestimmten Reihenfolge belassen werden, was zwar selten vorkommt, aber durchaus möglich ist.

Unter den Überschriften „Stock-Mischen" und „Cullen" wird gezeigt, wie man Karten durch Falschmischen in eine bestimmte Reihenfolge bringt und bestimmte Karten von jeder beliebigen Stelle nach unten bringt. Die verschiedenen Methoden, wie man vorgeht, dass der Top-Stock oder der Bottom-Stock gleich bleibt, werden separat besprochen.

I. Der Top-Stock bleibt gleich

Heben Sie die untere Hälfte des Kartenspiels ab, führen Sie mit der ersten Karte einen Injog aus und mischen Sie. Heben Sie die Karten unter dem Injog ab und werfen Sie diese nach oben.

Dies ist die einfachste Form des Falschmischens, bei der der obere Teil des Kartenspiels in derselben Reihenfolge bleibt. Es kann beliebig oft gemischt werden.

Jeder Leser, der sich die richtige Haltung beim Shuffle angeeignet hat und sich das Glossar mit den Fachbegriffen durchgelesen hat, wird die eben beschriebenen Anweisungen problemlos verstehen und den Trick beim ersten Versuch korrekt ausführen. Da es sich hierbei aber um die erste Lektion des Kartentrick-ABCs handelt, beschreiben wir den Vorgang hier noch einmal ausführlich:

Halten Sie den Kartenstapel wie beim Shuffle in der Linken. Nehmen Sie mit der rechten Hand etwa die Hälfte des Kartenspiels von unten weg (Undercut) und ziehen Sie das Päckchen in der Rechten so nach innen über das Päckchen in der Linken, dass die erste vom linken Daumen abgezogene Karten leicht über den linken kleinen Finger übersteht (Injog). Mischen Sie dann die restlichen Karten in der Rechten auf das Päckchen in der Linken (siehe Abbildung 2). Nehmen Sie dann mit der Rechten alle Karten unter dem Injog, also der über dem linken kleinen Finger nach innen überstehenden Karte, und werfen Sie sie komplett nach oben. Die Karten unter dem Injog und deren Position werden ausschließlich durch die Berührung mit dem rechten Daumen ertastet und ohne Zögern an die richtige Stelle gebracht. Die Injog-Karte wird vom kleinen Finger an der richtigen Stelle gehalten und durch die Karten darüber verdeckt.

Der Schwachpunkt dieses Falschmischens ist, dass die letzte Bewegung aus einem Wurf oder einem Undercut besteht. Dadurch kann auffallen, dass nur ein Teil des Kartenspiels gemischt wurde. Dieses Problem lässt sich durch einen Spalt komplett lösen, wie wir gleich sehen werden.

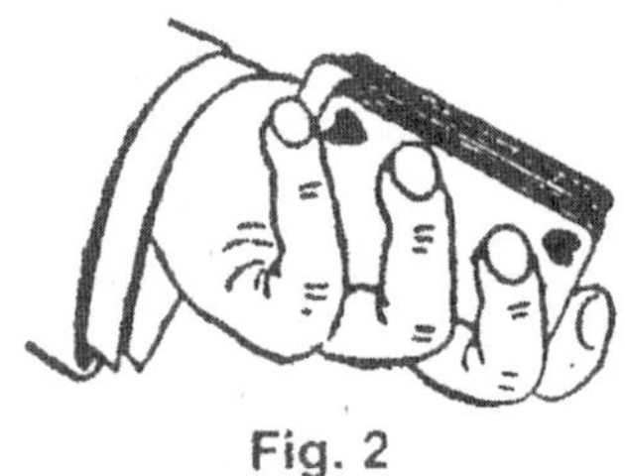

Fig. 2

II. Der Top-Stock bleibt gleich und das gesamte Kartenspiel wird gemischt

Nehmen Sie mit der Rechten etwa drei Viertel des Kartenspiels von unten weg, führen Sie mit der ersten Karte einen Injog aus und mischen Sie die restlichen Karten nach oben. Nehmen Sie mit der Rechten erneut etwa drei Viertel des Kartenspiels von unten weg, bilden Sie am Injog einen Spalt (siehe Abbildung 3), mischen Sie die Karten über dem Spalt und werfen den Rest nach oben. Bei diesem Falschmischen wird scheinbar das gesamte Kartenspiel gemischt, doch in Wirklichkeit bleibt der obere Teil (der Top-Stock) in der ursprünglichen Reihenfolge.

Einen Spalt zu bilden dürfte kein Problem darstellen. Der rechte Daumen drückt leicht aufwärts gegen die herausstehende Karte (den Injog), wenn die unteren Karten genommen werden, und der entstandene Spalt wird durch Druck gegen die Schmalseiten aufrechterhalten. Die gesamte Ausführung sollte ausschließlich auf Fingerspitzengefühl basieren, obwohl die Lage des Kartenspiels es dem Ausführenden ermöglichen würde, unbemerkt einen Blick

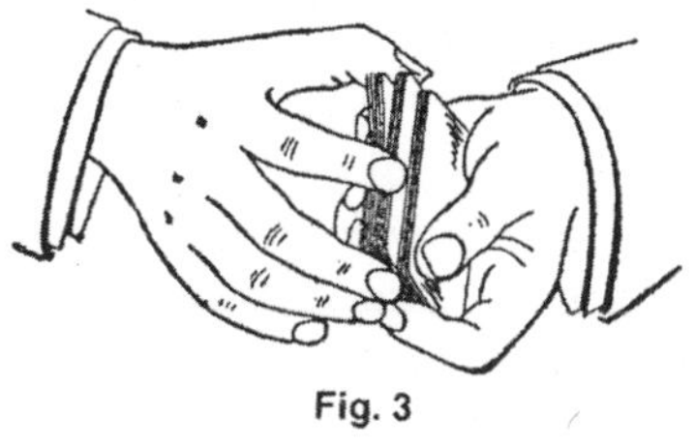

Fig. 3

darauf zu werfen. Für den Betrachter ist es praktisch unmöglich, den Vorgang zu erkennen, sofern er nicht direkt hinter dem Ausführenden steht. Wenn über dem Spalt gemischt wird, hält man die Karten fest in der rechten Hand und mit dem rechten Daumen ertastet man, wann man am Spalt angekommen ist. Wenn dies erwünscht ist, kann man mit der rechten Hand recht lässig mehrere Karten gleichzeitig mischen und das letzte Päckchen auf den Spalt werfen, indem man den Druck an den Schmalseiten leicht verringert. Vor allem geht es darum, die Bewegungen gleichmäßig auszuführen, da es überhaupt nicht auf Schnelligkeit ankommt.

III. Der Bottom-Stock bleibt gleich und das gesamte Kartenspiel wird gemischt

Nehmen Sie mit der Rechten etwa drei Viertel des Kartenspiels von unten weg und mischen Sie davon etwa zwei Drittel, danach führen Sie einen Injog aus und werfen den Rest nach oben. Heben Sie alle Karten bis einschließlich zum Injog ab (siehe Abbildung 4) und mischen Sie die Karten auf das Päckchen in der Linken. Bei

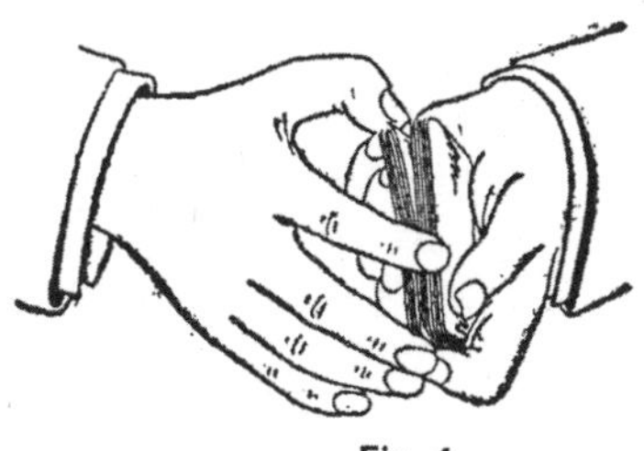

Fig. 4

diesem Falschmischen bleiben die unteren Karten an ihrem Ort (Bottom-Stock) und es sieht so aus, als würde das gesamte Kartenspiel gemischt. Die einzige Schwierigkeit besteht darin, den Injog in den zweiten Undercut zu integrieren. Die überstehende Karte (der Jog) wird mit dem Daumen nach unten gezogen, wodurch darüber ein Spalt entsteht; bei der Ausführung des Undercut wird dann die Daumenspitze in die Öffnung gedrückt, indem die Schmalseiten des unteren Päckchens zusammengepresst werden, und das obere Päckchen bleibt, wie es ist, da der Daumennagel über die Vorderseite der darüber liegenden Karte gleitet, wenn das untere Päckchen wegzogen wird.

Wird während des Mischens ein Jog ausgeführt, und die rechte Hand wird ein wenig nach innen oder nach außen bewegt, damit die überstehende Karte an der richtigen Stelle landet, sollte sie (die rechte Hand) nicht sofort an ihre ursprüngliche Stelle zurückgezogen werden, sondern schrittweise während des Mischvorgangs. Auf diese Weise landen die Karten in der linken Hand etwas unregelmäßig, was wirkungsvoll verbirgt, dass eine Karte übersteht. Selbst der beste Mischer schafft es nicht, die Karten völlig gleichmäßig zu halten, und Unregelmäßigkeit wirkt natürlicher als eine perfekte Anordnung.

Da das Falschmischen, mit dem die ursprüngliche Reihenfolge des gesamten Kartenspiels beibehalten wird, am Kartentisch nie vorkommt und ausschließlich den Zauberkünstlern vorbehalten ist, werden die entsprechenden Methoden im zweiten Teil dieses Buches besprochen.

Die bisher besprochenen Mischmethoden sind einfach umzusetzen und bei einer perfekten Ausführung nicht vom echten Mischen zu unterscheiden.

Erdnases System für falsche Riffles und Falschabheben

Der Riffle, also das Mischen der Karten, bei dem die schmalen Seiten mit dem Daumen festgehalten und dann beim Loslassen ineinander gemischt werden, ist die mit Abstand am meisten verbreitete Methode unter Kartenspielern. Die Möglichkeiten beim Riffle sind beschränkt, denn es ist nur möglich, oben oder unten einen Stock unverändert zu lassen. In dieser Beziehung ist er aber mit dem Shuffle gleichwertig, denn das scheinbar gründliche Mischen der Karten kann unendlich wiederholt werden, ohne dass die Reihenfolge des oberen oder unteren Stocks verändert würde. Zwar kann nur eine begrenzte Anzahl von Karten in einer bestimmten Reihenfolge angeordnet werden, aber der Profi, der den Riffle anwendet, hat mit dem Stocking wenig am Hut. Seine normale Vorgehensweise besteht darin, die erwünschten Karten unten zu platzieren und dort zu belassen. Bietet sich jedoch die Gelegenheit, einen Top-Stock anzuordnen, ist dies während des Riffles genauso leicht möglich. Spätestens nach jedem Riffle sollte auch falsch abgehoben werden.

Falsche Riffles

I. Der Top-Stock bleibt gleich

Heben Sie mit der rechten Hand etwa das halbe Kartenspiel ab und platzieren Sie wie beim normalen Riffle die beiden Enden der Päckchen gegenüber auf dem Tisch. Nehmen Sie die beiden Päckchen an den Enden der gegenüberliegenden Schmalseiten zwischen Daumen und Ringfinger und legen Sie den Rest der Hände auf die äußeren Schmalseiten. Heben Sie mit den Daumen die Ecken an und führen Sie im selben Moment einen Injog mit der obersten Karte des linken Päckchens durch, indem Sie diese mit dem Zeigefinger der linken Hand leicht über den linken Daumen ziehen. Zeigefinger und Mittelfinger der linken Hand verdecken den Jog und den Vorgang (siehe Abbildung 5). Lassen Sie die Karten anschließend los und mischen Sie die Schmalseiten der unteren Karten mit beiden Daumen ineinander, wobei dies mit dem linken Daumen etwas schneller geschieht, damit das linke

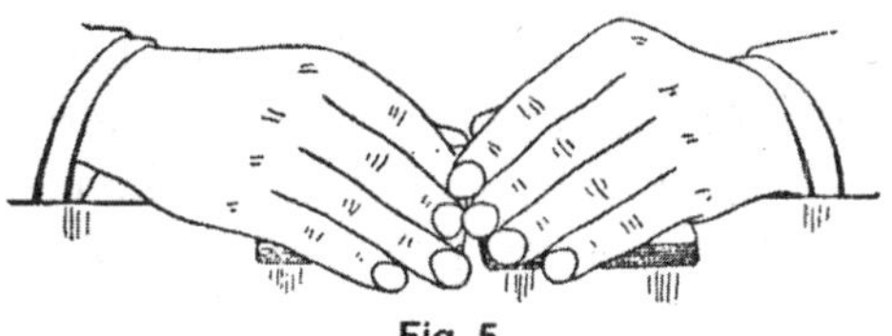

Fig. 5

Päckchen mit Ausnahme der obersten Karte (die Sie mit dem linken Daumen oben halten) geriffelt ist, bevor Sie mit dem rechten Daumen die ursprünglich oben liegenden Karten losgelassen haben. Fahren Sie mit dem rechten Daumen fort, bis Sie alle Karten losgelassen haben, und lassen Sie dann die letzte Karte los, die Sie mit dem linken Daumen festgehalten haben (siehe Abbildung 6).

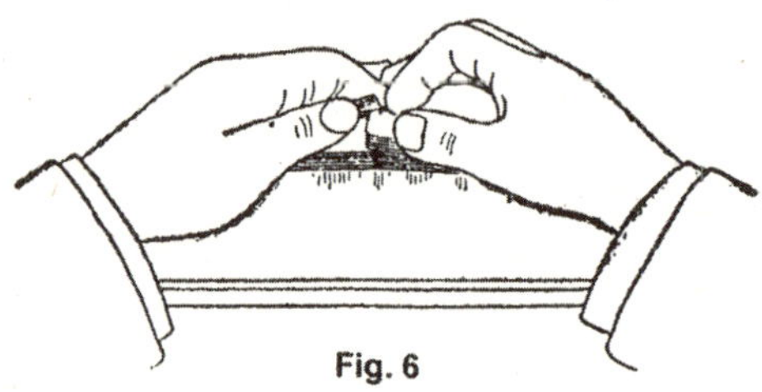

Fig. 6

Mit diesem Verfahren platzieren Sie eine zusätzliche Karte auf dem ursprünglichen Top-Stock, während bei normalem Glattstreichen der Karten auffallen würde, dass das obere Päckchen nicht geriffelt wurde. Legen Sie deshalb den linken Daumen auf die oberste Karte, um das Päckchen festzuhalten, und verschieben Sie die linke Hand so, dass die Außenseite der Handfläche und der Mittel- und Ringfinger am Ende des linken Päckchens auf dem Tisch liegen. Schieben Sie anschließend das rechte Päckchen mit der rechten Hand, die ganz ähnlich, aber etwas offener gehalten wird, in das linke und streichen Sie die Karten glatt (siehe Abbildung 7). Bei jedem Riffle, der auf diese Art ausgeführt wird, landet oben eine zusätzliche Karte, und der Top-Stock wird meist so angeordnet, dass zwei oder drei zusätzliche Karten erforderlich sind. Wird keine zusätzliche Karte benötigt, wird man sie durch „Falschabheben Nr. 1" los. Führen Sie nach jedem oder jedem zweiten Riffle „Falschabheben Nr. 3 zum Erhalt des Top-Stock" aus.

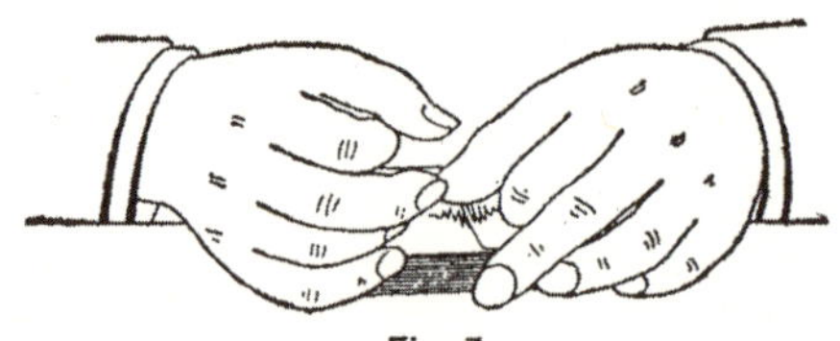

Fig. 7

Obwohl dieser falsche Riffle eine ausführliche Erklärung erforderte, ist er recht einfach und genauso problemlos durchzuführen wie das richtige Mischen. Beim Ablauf der Daumen gibt es keine Verzögerung, obwohl der eine schneller bewegt wird als der andere. Die Bewegungen sind natürlich, die Haltung der Hände ist normal und selbst die Art, wie die Karten hineingesteckt werden, entspricht der gängigen Vorgehensweise vieler Spieler.

Wie bereits erwähnt, ist es aber eher die Ausnahme, beim Riffeln den Top-Stock im ursprünglichen Zustand zu belassen. In den meisten Fällen geht es beim falschen Riffle um den Bottom-Stock, was wir gleich im Anschluss beschreiben. Dieses Verfahren ist noch einfacher auszuführen und wirkt noch täuschend echter.

II. Der Bottom-Stock bleibt gleich

Heben Sie mit der rechten Hand etwa das halbe Kartenspiel ab und platzieren Sie wie beim normalen Riffle die beiden Enden der Päckchen gegenüber auf dem Tisch. Nehmen Sie die beiden Päckchen an den Enden der gegenüberliegenden Schmalseiten zwischen Daumen und Mittelfinger und knicken Sie die Ring- und kleinen Finger so um, dass das erste Glied jeweils auf dem Päckchen zu liegen kommt. Heben Sie mit den Daumen die beiden Ecken an und lassen Sie mit dem linken Daumen erst den Bottom-Stock des linken Stapels herunterfallen, ehe Sie mit beiden Daumen alle Karten riffeln (siehe Abbildung 8). Schieben Sie beide Päckchen ganz normal zusammen und streichen Sie sie glatt.

Beim Bottom-Stock ist es im Gegensatz zum Top-Stock nicht notwendig, diesen beim Glattstreichen zu verdecken, da er nur sichtbar ist, wenn er sehr groß ist, und mehr als sechs Karten nur selten vorkommen. Wenn erwünscht, kann aber der gleiche Plan wie beim Top-Stock angewendet werden.

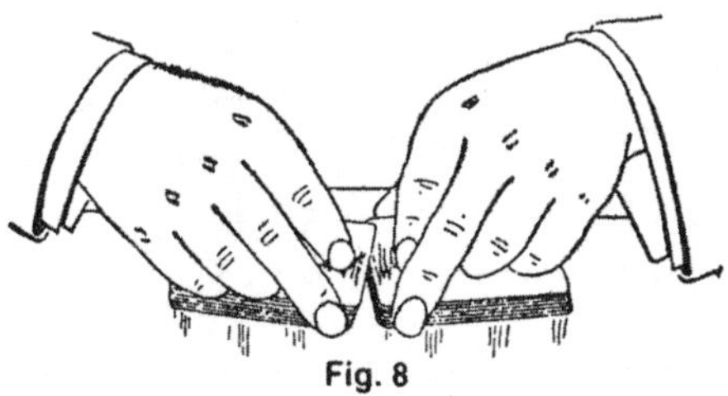

Fig. 8

Die vermutlich einfachere Methode besteht darin, den Bottom-Stock auf dem Tisch liegen zu lassen und ihn gar nicht erst mitzuriffeln. Dann werden mit dem linken Daumen nur die Karten darüber verwendet, während mit dem rechten Daumen natürlich wieder sämtliche Karten gegriffen werden. Auf diese Weise werden sämtliche akustische Unterschiede vermieden, wobei zu sagen ist, dass bei sauberer Ausführung nichts wahrnehmbar ist.

Dieser Riffle lässt sich variieren, indem die untere Hälfte des Päckchens mit dem rechten Daumen herausgezogen wird und dann der Bottom-Stock mit dem rechten Daumen zuerst losgelassen wird. Alle falschen Riffles sollten sich aber gelegentlich mit Falschabheben abwechseln, und wenn der Trick sauber und ohne Hast oder Zögern ausgeführt wird, ist er mit bloßem Auge nicht zu erkennen. Führen Sie hierbei „Falschabheben Nr. 4 zum Erhalt des Bottom-Stock" aus.

Beim Top-Stock-Riffle sind die Benutzung der Ringfinger und die Haltung der Hände sehr wichtig, da die Karten gut verdeckt sein müssen. Beim Bottom-Stock jedoch lässt sich vor allem bei wenigen Karten im Stock nicht erkennen, dass die untersten Karten nicht gemischt werden, und der Stapel sollte so offen und kunstvoll wie möglich bearbeitet werden. Aus diesem Grund werden die Mittelfinger benutzt und die Ring- und kleinen Finger gekrümmt.

Das erinnert uns daran, dass nur recht wenige Spieler in der Lage sind, einen normalen Riffle ästhetisch und geschmeidig auszuführen, vor allem beim Glattstreichen haben viele Probleme. Das ganze Verfahren ist aber total einfach und erfordert keinerlei Kraftaufwand, wenn die richtige Methode angewandt wird.

Die Haltung beim Bottom-Stock-Riffle ist auch bei allen anderen normalen Tricks richtig (siehe Abbildung 8). Die gesamte Arbeit sollte mit den Mittelfingern und Daumen geleistet werden. Damit die Karten ineinander springen, ist nur ein geringer Druck erforderlich, durch den sie kaum merklich gebogen werden. Wenn die Ecken ineinander gemischt sind, verschieben Sie die Hände zu den äußeren Schmalseiten, nehmen die beiden Päckchen an den Ecken der Längsseiten und schieben sie etwa zwei Drittel zusammen (siehe Abbildung 9). Verschieben Sie die Hände danach erneut, indem Sie die Daumen an die hintere Längsseite und die Mittelfinger an die beiden Schmalseiten legen. Der Stapel wird perfekt glatt gestrichen, indem die Daumen nach außen und die Mittelfinger an der Schmalseite nach unten gezogen werden (siehe Abbildung 10), bis sie sich an den Ecken treffen.

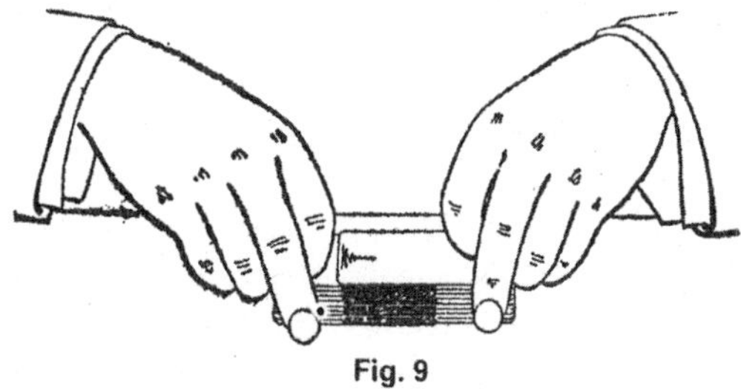

Fig. 9

Das Falschmischen, bei dem zwei Päckchen tatsächlich geriffelt, anschließend leicht diagonal glatt gestrichen und dann wieder getrennt werden, wobei das ursprünglich oberste Päckchen wieder oben landet, ist zwar möglich, aber sehr schwer perfekt auszuführen. Genauso schwierig ist es, die beiden Päckchen diagonal durchzuarbeiten und dabei die Reihenfolge der Karten zu erhalten. In der Realität ist es aber nur selten erwünscht, geschweige denn notwendig, die Reihenfolge vollständig zu erhalten. Zudem sind die eben beschriebenen Methoden deutlich einfacher und unauffälliger auszuführen, und völlig ausreichend.

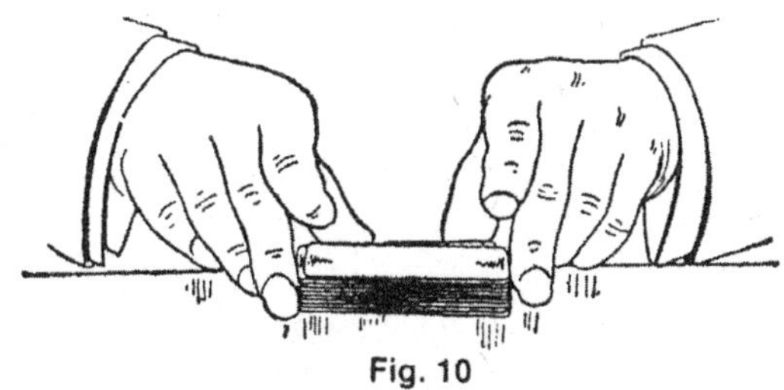

Fig. 10

Falschabheben

Das Falschabheben ist die natürliche Konsequenz des falschen Shuffles oder Riffles. Da die Karten bei fast jedem Spiel abgehoben werden, würde es wenig bringen, sich beim Mischen einen Vorteil zu verschaffen, wenn die Reihenfolge hinterher wieder durcheinanderkäme. Ein geschickter Geber, der einen Mitstreiter zur Rechten zum Falschabheben hat, hat alles im Griff. Obwohl die

Vorteile mit einem solchen Verbündeten extrem ansteigen, wird der Leser dennoch erfahren, wie man als Einzelkämpfer deutlich verbesserte Gewinnchancen bekommen kann. Zum Falschabheben benötigt man stets beide Hände. Der erste Trick ist ausgezeichnet dafür geeignet, den Top-Stock oder Bottom-Stock beizubehalten, und wird von vielen Profis angewendet.

I. Bottom-Stock bleibt gleich, die oberste Karte des Top-Stock gelangt ins Spiel

Halten Sie das Kartenspiel an den Schmalseiten mit dem Mittelfinger und Daumen der linken Hand, die Spitze des Zeigefingers drückt von oben gegen den Stapel. Nehmen Sie nun mit dem Mittelfinger und Daumen der rechten Hand am Ende der Schmalseiten die obere Hälfte des Kartenspiels. Heben Sie das Kartenspiel leicht mit beiden Händen an und ziehen Sie die obere Hälfte mit der Rechten weg, lassen dabei aber die oberste Karte in der linken Hand, indem Sie mit der Spitze des linken Zeigefingers auf sie drücken (siehe Abbildung 11). Legen Sie das Päckchen in der linken Hand direkt auf dem Tisch ab, befördern Sie das Päckchen in der rechten Hand mit einem kleinen Schwung darauf und streichen Sie die Karten glatt.

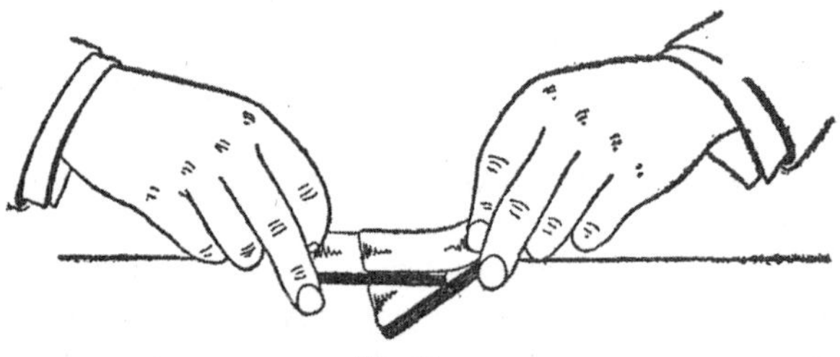

Fig. 11

Dieser Vorgang ist sehr leicht auszuführen, die Bewegungen sind absolut natürlich und bei eleganter Ausführung täuschend echt. Die oberste Karte wird dabei in die Mitte des Stapels gebracht. Soll bei diesem Trick der Top-Stock beibehalten werden, wird dort während des Mischens eine zusätzliche Karte platziert.

II. Das gesamte Kartenspiel bleibt gleich

Der folgende Trick ist ziemlich kühn und frech, wirkt bei sauberer Ausführung aber sehr natürlich.

Halten Sie das Kartenspiel an den Schmalseiten mit dem Mittelfinger und Daumen beider Hände, aber dieses Mal nehmen Sie mit der linken Hand die untere Hälfte und mit der rechten die obere. Ziehen Sie die untere Hälfte mit links rasch heraus und legen Sie sie vor den Spieler, der austeilt. Die rechte Hand folgt langsam nach, und mit einem Aufwärtsschwung legen Sie die obere Hälfte wieder nach oben.

Die Bewegungen sind natürlich, daher kann dieses Falschabheben sehr sauber ausgeführt werden. Schaut man sich den Ablauf beim normalen Abheben an, bei dem man mit der linken Hand die obere Hälfte nimmt und dann langsam mit der Rechten nachfolgt, stellt man fest, dass die Bewegungen identisch sind. Durch die Bewegung in die Richtung des Gebers wird dieser Trick möglich.

III. Der Top-Stock bleibt gleich

Die beiden nächsten Methoden des Falschabhebens gehören zu den subtilsten und unauffälligsten Kartentricks. Die Idee dazu und die Verwendung des Breaks stammen von uns. Mithilfe des Breaks können Runcuts mit Riffles abgewechselt werden, bis selbst der größte Skeptiker überzeugt ist, dass die Karten in diesem Durcheinander nicht mehr vorsortiert oder sonst bekannt sein können.

Nehmen Sie das Kartenspiel mit beiden Händen am Ende der Schmalseiten zwischen Daumen und Mittelfinger, heben Sie es ein wenig vom Tisch hoch und ziehen Sie mit dem Daumen und Mittelfinger der linken Hand den Top-Stock weg. Legen Sie dieses Päckchen auf den Tisch und deponieren Sie das Päckchen in der Rechten obenauf, halten Sie dieses weiter fest und bilden Sie während des Glattstreichens einen Spalt (siehe Abbildung 12). Der linke Daumen hilft dabei, indem er den Spalt zwischen den beiden Päckchen festhält, während der rechte Daumen wieder nach dem gesamten Kartenspiel greift. Heben Sie danach das gesamte Kartenspiel wieder mit der rechten Hand an und nehmen Sie mit Daumen und Mittelfinger der Linken nacheinander kleine Päckchen herunter, bis Sie beim Spalt angekommen sind; legen Sie die Päckchen eins nach dem anderen auf den Tisch (siehe Abbildung 13) und legen Sie dann die restlichen Karten mit der Rechten oben drauf. Auf diese Weise bleibt der Top-Stock unverändert.

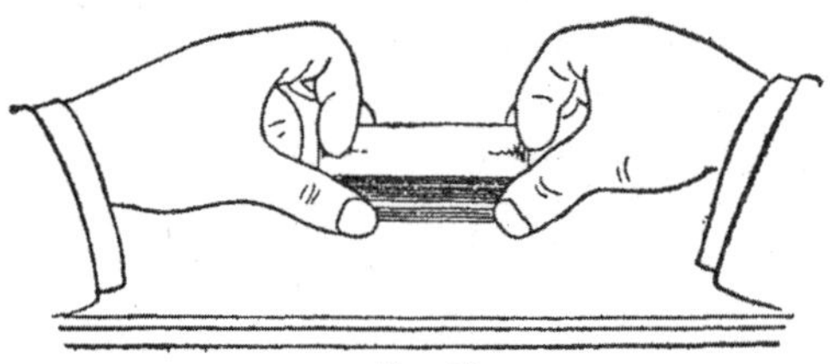

Fig. 12

Wird dieser Trick sauber ausgeführt, kann er nicht durchschaut werden. Der Spalt wird nur an der inneren Längsseite gehalten und von der rechten Hand perfekt verdeckt. Um den Spalt erkennen zu können, müsste der Zuschauer genau hinter dem Ausführenden stehen. Selbst der Ausführende kann den Spalt nicht sehen, sofern seine Hände nicht weit vor ihm auf dem Tisch liegen. Beim Abnehmen der kleinen Päckchen wird der Spalt ausschließlich mit dem linken Daumen ertastet. Der ganze Trick sollte nicht zu hastig ausgeführt werden. Viele Spieler heben mit genau dieser Methode ab, um die Karten besonders gut zu mischen.

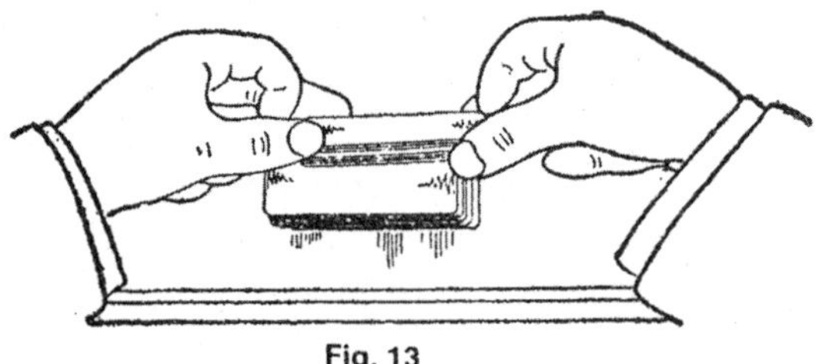

Fig. 13

IV. Der Bottom-Stock bleibt gleich

Nehmen Sie das Kartenspiel in der Nähe der Schmalseiten zwischen Daumen und Zeigefinger in beide Händen, heben Sie es ein wenig vom Tisch hoch, ziehen Sie mit der rechten Hand den unteren Stock heraus und lassen Sie das Päckchen in der Linken auf den Tisch fallen. Legen Sie das Päckchen in der Rechten obenauf und halten Sie es so lange fest, bis der linke Daumen an der Oberkante des unteren Päckchens einen Spalt geformt hat. Streichen Sie das Kartenspiel glatt und heben Sie es erneut mit beiden Händen vom Tisch hoch. Nehmen Sie mit der linken Hand das Päckchen über dem Spalt weg und lassen Sie es auf den Tisch fallen. Wiederholen Sie diese Aktion, indem Sie weitere Päckchen mit der Linken wegnehmen und sie nacheinander fallen lassen, bis Sie das letzte Päckchen mit der rechten Hand obenauf werfen. Auf diese Weise bleibt der Bottom-Stock gleich. Die Vorgehensweise ähnelt stark dem vorigen Trick, aber der Spalt befindet sich woanders.

Bei diesem Abheben ist es sehr wichtig, dass die Finger an den richtigen Stellen sind. Das Kartenspiel sollte so ungeschützt wie möglich gehalten werden, da der gesamte Vorgang so am überzeugendsten wirkt. Die Karten werden nur mit den Mittelfingern und Daumen angefasst. Die Ringfinger liegen gekrümmt an den Schmalseiten und helfen dabei, die Karten glatt zu streichen und zu halten. Die Zeigefinger liegen gekrümmt obenauf, damit sie nicht im Weg sind und nicht die Sicht versperren.

Um den Spalt zu errichten, belassen Sie die Linke in der Haltung, die Sie beim Fallenlassen des Päckchens hatte. Daumen und Mittelfinger sind geöffnet, als würden Sie das Kartenspiel wieder in die Hand nehmen, wenn das Päckchen aus der Rechten obenauf gelegt wird. Auf diese Weise kann der linke Daumen dabei helfen, den Spalt in dem Moment zu halten, in dem die beiden Päckchen vereint werden. Das Päckchen in der Rechten wird anstatt mit einer direkten Bewegung schleichend obenauf gelegt, wodurch einerseits das Bilden des Spalts erleichtert wird und andererseits kein verdächtiges Geräusch entsteht. Bei der Ausführung dieses Tricks gibt es keinerlei Schwierigkeiten. Hat man ihn verstanden, kann er schon beim ersten Versuch recht sauber ausgeführt werden.

Die hier beschriebene Methode des Falschmischens lässt sich besonders gut mit dem falschen Riffle kombinieren. Es sieht so aus, als würden die Karten durch sie gut gemischt, was sich positiv auf das Vertrauen der Mitspieler auswirkt.

Die folgende Kombination aus Riffle und Abheben verdeutlicht das eben Gesagte:

V. Der Bottom-Stock bleibt gleich, Kombination aus Riffle II und Abheben IV

Führen Sie Riffle II aus, anschließend Abheben IV und dann noch einmal Riffle II. Nehmen Sie dann mit der Linken etwa das halbe Kartenspiel in kleinen Päckchen herunter, legen Sie die restlichen Karten mit der Rechten obenauf und errichten Sie beim Glattstreichen einen Spalt. Ziehen Sie dann mit der Rechten das untere Päckchen heraus und führen Sie erneut Riffle II aus. Ziehen Sie dann mit der rechten Hand aus der Mitte ein kleines Päckchen heraus und werfen Sie es obenauf. Danach nehmen Sie mit der Rechten etwa die Hälfte der Karten von unten und errichten einen Spalt. Streichen Sie die Karten glatt, ziehen Sie die untere Hälfte mit der rechten Hand heraus und führen Sie Riffle II durch. Wiederholen Sie den Vorgang so oft, wie Sie wollen.

Kunstvolle Varianten

Der nächste Trick wird von vielen Spielern angewandt, die sich einen Vorteil verschaffen wollen, ist aber, obwohl er bei Uneingeweihten einen guten Eindruck hinterlässt, unserer Meinung deutlich minderwertiger als Abheben III und IV. Das Hauptproblem besteht darin, dass der Trick nie wieder ausgeführt werden kann, wenn er als solcher bekannt ist, da er auffällig und leicht zu erkennen ist.

I. Das gesamte Spiel bleibt gleich

Nehmen Sie das Spiel am Ende der Schmalseiten zwischen Mittelfinger und Daumen beider Hände. Ziehen Sie von unten mit dem rechten Mittelfinger und Daumen etwa ein Drittel des Kartenspiels heraus und legen Sie es obenauf, ohne loszulassen. Lüpfen oder Heben Sie nun mit dem Ringfinger und Daumen der rechten Hand die halbe untere Hälfte an und heben Sie das gesamte Kartenspiel vom Tisch hoch. Ziehen Sie dann mit einer schnellen Bewegung das mittlere Päckchen mit dem rechten Mittelfinger und dem Daumen heraus und lassen Sie das obere Päckchen mit dem rechten Mittelfinger los, wodurch es auf den Tisch fällt (siehe

Abbildung 14). Legen Sie erst das Päckchen in der Linken obenauf und dann das aus der Rechten.

Die Hände müssen hierbei schnell und mit einer gewissen Geschicklichkeit auseinandergenommen werden, damit das Päckchen sauber auf den Tisch fällt, aber dies ist die einzige hastige Bewegung bei diesem Trick. Die beiden anderen Päckchen werden lässig und ohne Eile obenauf geworfen. Damit dieser Trick elegant aussieht, braucht man ein wenig Übung, doch lohnt sich der Aufwand allemal. Wir haben ihn sogar ein wenig erweitert, und das Folgende ist dabei herausgekommen:

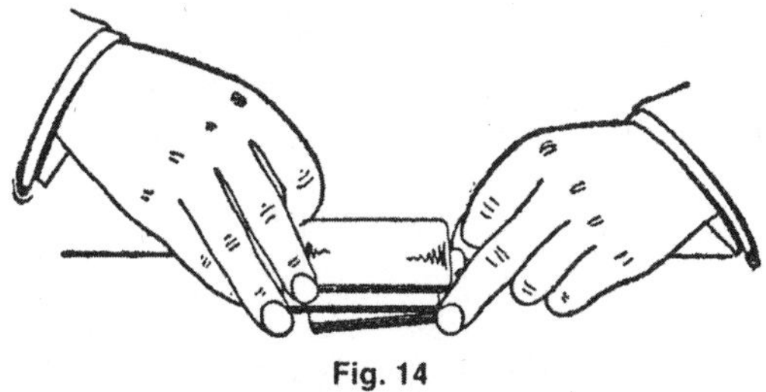

Fig. 14

II. Das gesamte Spiel bleibt gleich

Nehmen Sie das Spiel am Ende der Schmalseiten zwischen Mittelfinger und Daumen der rechten Hand und Mittelfinger, Ringfinger und Daumen der linken Hand. Ziehen Sie von unten mit der rechten Hand etwa ein Viertel des Kartenspiels heraus und legen Sie es obenauf, ohne loszulassen. Heben Sie nun mit dem Mittelfinger der linken Hand etwa ein Drittel des unteren Päckchens an und nehmen Sie mit dem Ringfinger der rechten Hand etwa die Hälfte des Rests des unteren Päckchens, wobei Sie das untere Päckchen mit dem linken Ringfinger festhalten. Heben Sie das gesamte Kartenspiel vom Tisch hoch und nehmen Sie die Hände schnell auseinander (siehe Abbildung 15), sodass das obere Päckchen, das vom rechten Mittelfinger losgelassen wird, auf den Tisch fällt. Anschließend lassen Sie nacheinander das untere Päckchen in der Linken, das in der Rechten und schließlich das letzte Päckchen in der Linken fallen und streichen alles glatt.

Um die einzelnen Päckchen schnell zu greifen, ist einige Übung notwendig, zumal die Finger rasch zupacken müssen. Dagegen sollte das Ablegen der Päckchen eher langsam erfolgen. Dieser

Trick sieht brillant aus, und es wird nicht nur den Uneingeweihten überraschen, dass die Reihenfolge des gesamten Kartenspiels erhalten bleibt.

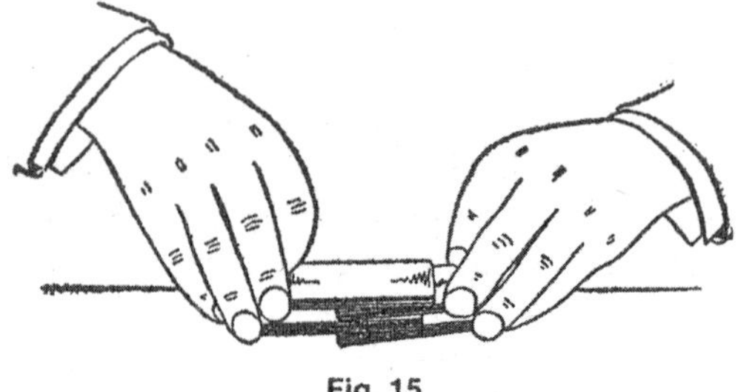

Fig. 15

Korrektes Abheben mit einer Hand

Eine wirklich hübsche Methode, korrekt abzuheben, funktioniert so: Nehmen Sie das Kartenspiel in der Nähe der Schmalseiten in die Fingerspitzen des rechten Daumens, Mittel- und Ringfingers. Die Finger liegen eng beieinander, die Spitze des Mittelfingers liegt etwa in der Mitte der Längsseite. Heben Sie mit der Spitze des Mittelfingers die obere Hälfte des Kartenspiels so an, dass sich die Ecke vom Ringfinger löst und das Spiel in zwei Hälften geteilt wird (siehe Abbildung 16). Bewegen Sie die Hand ruckartig nach unten und innen und lassen Sie dabei die obere Hälfte los, wodurch sie auf den Tisch fällt. Lassen Sie anschließend die untere Hälfte obenauf fallen. Sie können das Kartenspiel besser mit Daumen und Fingern greifen, wenn es gegen die Tischkante

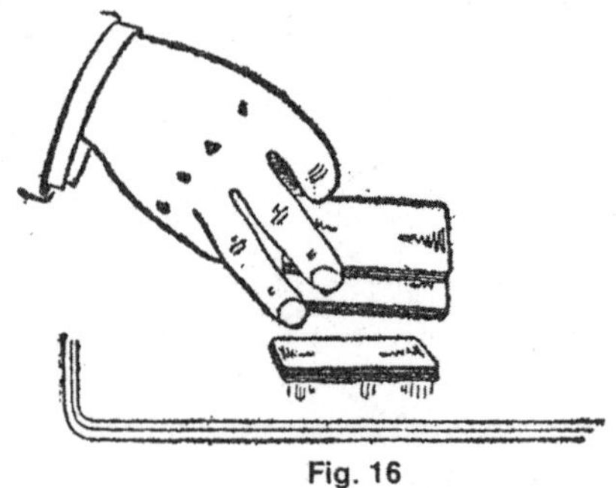

Fig. 16

geschoben und leicht nach vorn gekippt wird, außerdem können Sie dann sicher sein, dass Sie alle Karten anheben.

Das Kartenspiel wird hierbei nur wenige Zentimeter über dem Tisch gehalten, und die Bewegungen müssen sehr harmonisch sein, damit die Karten flach herunterfallen. Ein Runcut kann in derselben Weise durchgeführt werden, indem man die Päckchen eins nach dem anderen aufeinander fallen lässt. Man kann auch so abheben, wenn man das Kartenspiel an den Schmalseiten hält, aber dies ist ein wenig schwieriger. Übereilen Sie nichts. Die Bewegungen sollten bedächtig sein, damit offensichtlich wird, dass alles mit rechten Dingen zugeht. Der einzige Vorteil dabei, so abzuheben, besteht in der Schönheit des Vorgangs, außerdem liefert er einen Grund, das Spiel mit beiden Händen glatt zu streichen. Nach mehrfachem Abheben liegen die Karten unregelmäßig aufeinander, und dies kann dafür genutzt werden, in der Linken palmierte Karten wieder ins Spiel zu bringen. Der einzige Nachteil besteht darin, dass man damit sein Können demonstriert.

Wie man anzeigt, wo abgehoben werden soll

Beim Thema Abheben wollen wir auch verschiedene Methoden vorstellen, wie ein Mitstreiter tatsächlich abheben kann und das gesamte Spiel dennoch in derselben Reihenfolge bleibt. Der Geber bereitet dies vor, indem er nach dem Mischen selbst abhebt und dabei durch eine der folgenden Methoden anzeigt, wo sein Partner die letzte Aktion rückgängig machen soll.

I. Mit einem Crimp: Machen Sie beim Shuffle einen Undercut mit ungefähr dem halben Kartenspiel und errichten Sie mit einer

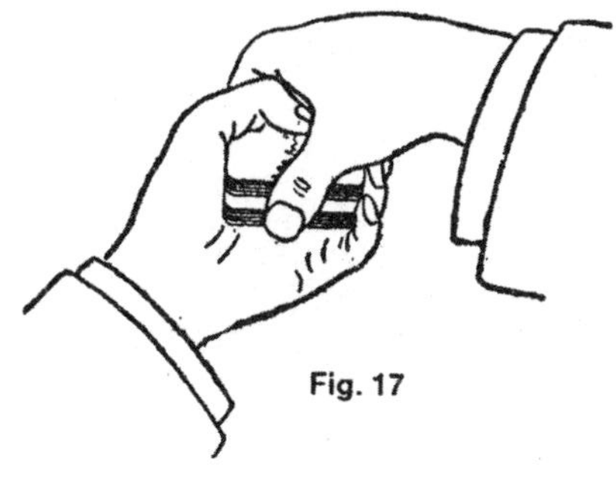

Fig. 17

leichten Drehung der rechten Hand nach innen einen Injog, während Sie das untere Päckchen nach oben bringen. Der linke kleine Finger hilft dabei, den Abstand zwischen den beiden Päckchen zu halten. Drehen Sie anschließend die linke Hand leicht nach unten, führen Sie die rechte Hand nach oben und nehmen Sie die Schmalseiten zwischen Daumen, Mittel- und Ringfinger, als ob Sie das Spiel glatt streichen wollten. Wenn der rechte Daumen an der inneren Schmalseite angekommen ist, heben Sie mit ihm den Injog leicht an und bilden einen Spalt (siehe Abbildung 17). Biegen Sie dann mit der linken Hand das untere Päckchen so gegen die Handfläche, dass es leicht konkav gekrümmt wird (siehe Abbildung 18). Die rechte Hand verbirgt dabei, was die linke Hand

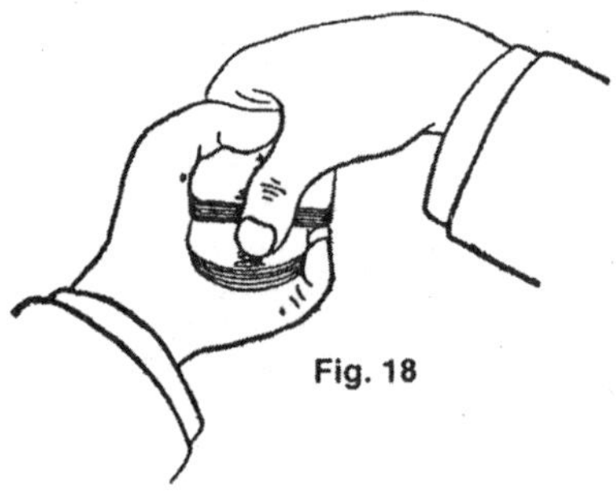
Fig. 18

tut. Legen Sie das Spiel glatt gestrichen zum Abheben auf den Tisch. Der Mitstreiter nimmt das Kartenspiel zum Abheben in die Hand und ertastet den Crimp. Es ist überhaupt nicht schwer, diesen zu lokalisieren. Er befindet sich fast immer dort, wo man auch zufällig abheben würde. Vielmehr ist es sogar so, dass schon viele unerfahrene Spieler unbewusst beim Crimp abgehoben haben und so ohne ihr Wissen zu ihrem eigenen Verderben beigetragen haben. Wird das Kartenspiel vor einem arglosen Spieler so hingelegt, dass seine Hand ganz natürlich nach der Schmalseite greift, ist die Chance groß, dass er beim Crimp abhebt (siehe Abbildung 19). Ein Profi kalkuliert diese Möglichkeit ein, wenn zu seiner

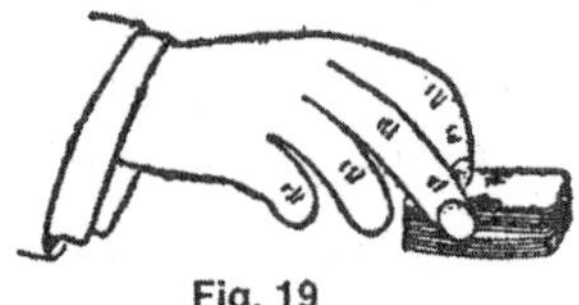
Fig. 19

Rechten kein Mitstreiter sitzt. Der größte Nachteil des Crimps ist, dass die gebogenen Karten auffallen können. Der Geber biegt die Karten deshalb sofort in die andere Richtung, wenn er sie nach dem Abheben glatt streicht.

Das gleiche Ergebnis erzielt man, wenn man das untere Päckchen mit einem konvexen Crimp versieht. In diesem Fall wird der linke Zeigefinger gekrümmt und gegen das untere Päckchen gedrückt, damit es sich nach oben biegt. Der Mitstreiter hebt dieses Mal an den Längsseiten ab und erkennt den Crimp, indem er mit der Fingerspitze des Mittel- oder Ringfingers in der Nähe der äußeren Schmalseite dagegen drückt. Dadurch wird das obere Päckchen ein wenig angehoben, und der Daumen kann den Crimp ohne jegliche Verzögerung ertasten (siehe Abbildung 20).

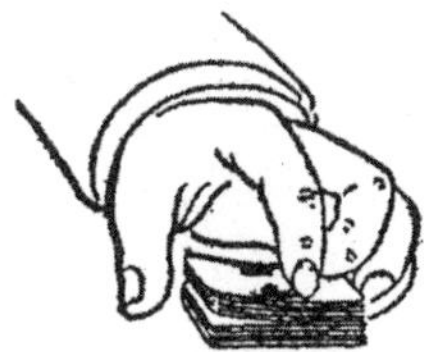

Fig. 20

II. Mit einem Jog: Verändern Sie beim Shuffle die Haltung der Hände so, dass die vier Finger der linken Hand flach auf der Unterseite des Kartenspiels aufliegen. Heben Sie die untere Hälfte ab und legen Sie die Spitzen des linken Mittel- und Ringfingers auf das weiterhin in der Linken befindliche Päckchen. Werfen Sie dann das Päckchen in der rechten Hand obenauf und lassen es dabei so über die beiden Fingerspitzen gleiten, dass die unterste Karte (oder mehrere Karten) gehalten werden kann und ein Jog entsteht (siehe Abbildung 21). Der ganze Vorgang wird von der rechten Hand komplett verdeckt. Streichen Sie das Kartenspiel nur an den Schmalseiten glatt und legen Sie es zum Abheben auf den Tisch, ohne den Jog zu verrücken. Ihr Mitstreiter hebt mit der

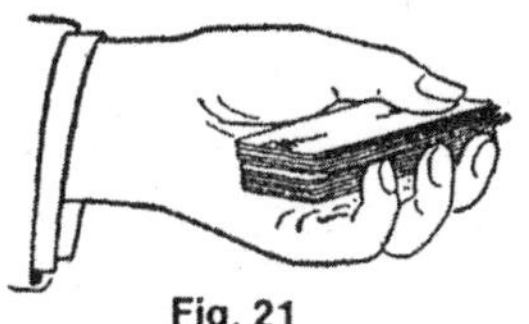

Fig. 21

linken Hand ab, indem er das obere Päckchen an den Längsseiten nimmt, und dabei kann er mit dem Daumen leicht und schnell den Jog ertasten.

Die Bewegungen beider Spieler müssen schnell und scheinbar unbedacht ausgeführt werden, aber ohne übertriebene Eile. Die durch den Jog entstandene Unregelmäßigkeit der Längsseite erregt keine Aufmerksamkeit oder verrät gar den Trick, da das Kartenspiel auch sonst nie absolut glatt ist, wenn es zum Abheben hingelegt wird.

III. Mit einem Crimp: Wird mit einem Riffle gemischt, wird zunächst das gesamte Kartenspiel konkav durchgebogen. Dieser Vorgang wirkt natürlich, da die Karten zu einer konvexen Form neigen und es durchaus üblich ist, dass sie von den Spielern gerade gebogen werden. Wenn das Kartenspiel zur Tischkante gezogen wird, kann es zunächst komplett konkav durchgebogen werden, und beim Abheben kann das untere Päckchen während des Herausziehens mit dem rechten Daumen gegen die Tischkante gedrückt und in konvexe Form gebracht werden. Der Mitstreiter hebt an den Schmalseiten ab.

IV. Mit einem Jog: Die vermutlich beste Methode, bei einem Riffle die Stelle zum Abheben zu markieren, besteht darin, die oberste Karte mit dem linken Zeigefinger leicht über die rechte Schmalseite zu schieben. Danach heben Sie einmal mit der rechten Hand ab, werfen das untere Päckchen nach oben und streichen nur die Längsseiten und die linke Schmalseite glatt. Anschließend wird das Kartenspiel mit der Rechten an den Schmalseiten genommen und dem Mitstreiter vorgelegt, womit der Jog verdeckt wird. Wenn der Mitstreiter danach an den Schmalseiten abhebt, kann er den Jog leicht erkennen und problemlos die darüber liegenden Karten nehmen.

Die konkrete Art und Weise, wie der Geber einen Crimp oder Jog einsetzt, um an der richtigen Stelle abzuheben, spielt kaum eine Rolle, wenn der Vorgang auf natürliche Weise und ohne Aufmerksamkeit zu erregen vonstattengeht. Schon eine einzige unnormale Bewegung oder ein kurzes Zögern können aber alles zerstören. So einfach die Ausführung auch sein mag, sie muss nicht nur ausgiebig durchdacht und geübt werden, sondern fast mechanisch erfolgen. Aus diesem Grund haben wir vielen scheinbar unwichtigen Details eine Menge Platz eingeräumt.

Austeilen der untersten Karte

Das Austeilen der untersten Karte gehört zwar nicht zu den schwierigsten Tricks, ist aber vermutlich die lukrativste Fähigkeit im Repertoire eines Profis. Die Unterseite des Kartenspiels ist der praktischste Ort, um die Position erwünschter Karten während des Shuffles oder Riffles nicht zu verändern. Beherrscht man diese Art des Gebens perfekt, wird das Stocking weitgehend überflüssig, da die Karten nach Belieben verteilt werden können und daher nicht in eine bestimmte Reihenfolge gebracht werden müssen. Wie bei vielen anderen Tricks sorgt ein genaues Verständnis der Vorgehensweise dafür, dass man grundsätzliche Schwierigkeiten vermeiden kann, und der Rest kommt durch Übung.

Halten Sie das Kartenspiel in der linken Hand, die rechte vordere Ecke liegt am ersten Glied des Mittelfingers und die linke vordere Ecke zwischen dem zweiten und dritten Glied des Zeigefingers, die beiden vorderen Glieder des Zeigefingers ruhen untätig an der vorderen Schmalseite. Drücken Sie das Kartenspiel so kräftig wie möglich nach außen und legen Sie dabei die linke innere Ecke auf den Daumenballen. Legen Sie den Daumen auf dem Kartenspiel so ab, dass er in die Richtung der Spitze des Mittelfingers zeigt, der leicht über die vordere rechte Ecke herauslugt. Legen Sie den kleinen Finger unten an die Längsseite, der Ringfinger kommt genau in die Mitte zwischen Mittel- und kleinem Finger. Das Kartenspiel wird vor allem an den Ecken mit dem Mittelfinger und der Handfläche unter dem Daumenballen festgehalten. Der kleine Finger kann beim Halten zur Unterstützung eingesetzt werden, er muss jedoch loslassen, wenn die unterste Karte herausgeschoben wird (siehe Abbildung 22).

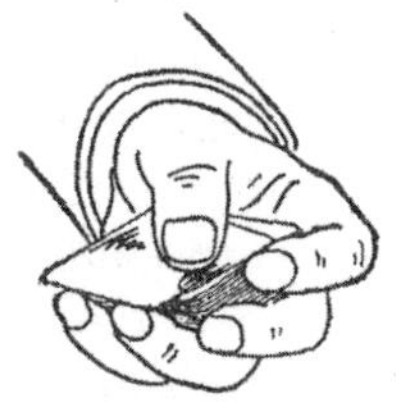

Fig. 22

Mittelfinger und Daumen machen die Arbeit. Ziehen Sie den Daumen ein wenig zurück und schieben Sie die oberste Karte in die übliche Position, um mit der rechten Hand auszuteilen. Ziehen Sie dann den Ringfinger zurück, bis seine Spitze die Kante der untersten Karte berührt (siehe Abbildung 23) – der ganze Vorgang

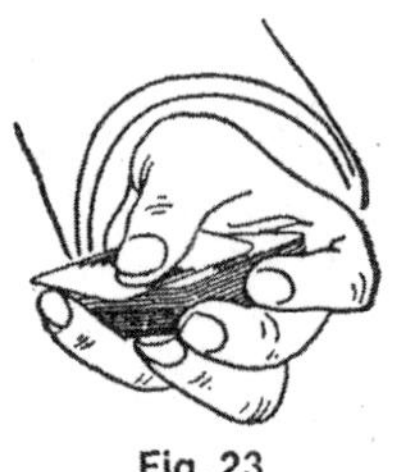
Fig. 23

wird dabei von der überstehenden Karte verdeckt. Drücken Sie die unterste Karte leicht nach innen, lösen Sie den kleinen Finger und halten Sie das Kartenspiel fest zwischen Mittelfinger und Handfläche. Führen Sie das sauber aus, bleiben die oberste und unterste Karte in derselben Position, wobei die oberste die untere verdeckt. Führen Sie die rechte Hand zum Päckchen, als ob Sie die oberste Karte wegnehmen wollten (siehe Abbildung 24). Ziehen

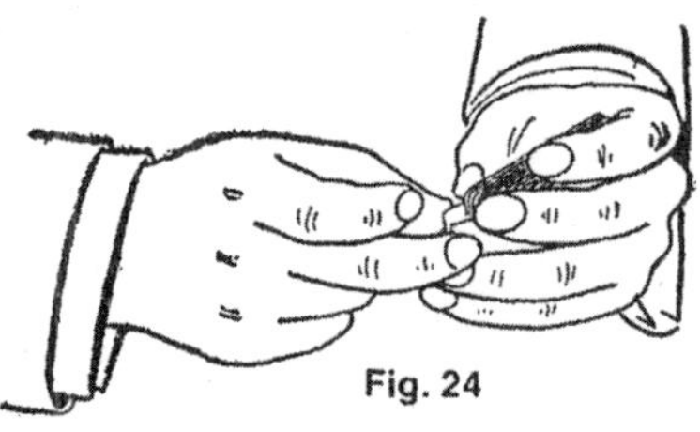
Fig. 24

Sie die oberste Karte mit dem linken Daumen zurück, nehmen Sie aber statt ihrer im selben Moment mit rechtem Daumen und Mittelfinger die unterste Karte und teilen Sie wie gewöhnlich aus (siehe Abbildung 25). Wenn Sie diesen Trick perfekt ausführen, kann selbst das schnellste Auge nichts erkennen. Das erfordert einige Übung. Am wichtigsten ist, dass Sie alle Aktionen richtig verstanden haben und das Kartenspiel richtig halten.

Die Haltung ist für normales Austeilen bestens geeignet und sollte nie verändert werden. Die Ecke, die gegen die Daumenfläche gedrückt wird, sollte so weit wie möglich vom Handgelenk entfernt sein. Jedes Mal, wenn eine Karte von unten herausgedrückt wird, bewegt sich das Kartenspiel tendenziell in Richtung

Handgelenk und muss festgehalten bzw. an die alte Stelle zurückbefördert werden.

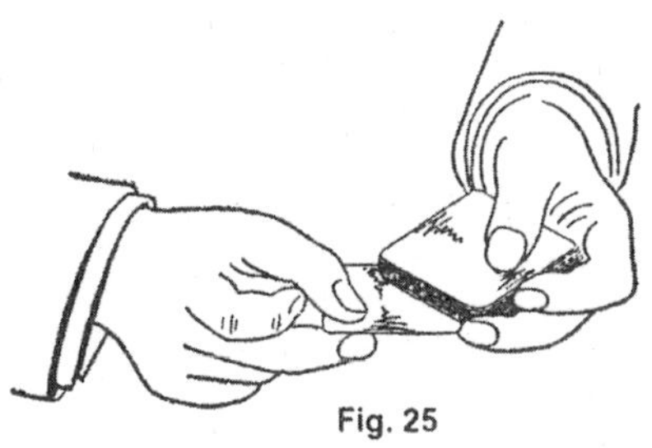

Fig. 25

Die linke Hand verrichtet 90 Prozent der Arbeit. Sobald Sie sich die richtige Haltung angewöhnt haben, besteht die Hauptaufgabe darin zu lernen, wie man die untere Karte mit der Spitze des Ringfingers elegant herausschiebt. Es kann sein, dass mehrere Karten herauskommen oder dass die Karten festkleben, aber der ganze Vorgang ist absolut simpel, wenn man den Dreh erst einmal heraus hat. Die Spitze des Mittelfingers liegt genau so an der Ecke der Längsseite, dass er das Kartenspiel gerade noch festhalten kann, und wenn die unterste Karte mit der Spitze des Ringfingers vom Griff des Mittelfingers gelöst wird, rutscht sie recht leicht heraus. Der linke Daumen spielt bei diesem Trick eine sehr wichtige Rolle, weil Sie mit ihm die oberste Karte im richtigen Moment zurückziehen müssen. Genau deswegen sieht der ganze Vorgang so natürlich und echt aus. Die Daumenbewegung ist beim korrekten Austeilen identisch, und das Zurückziehen der obersten Karte ist nicht zu erkennen, wenn es sauber und schnell ausgeführt wird. Eine leichte Auf-und-Ab-Bewegung der linken Hand ist hilfreich, damit niemand etwas merkt. Hoyle weist darauf hin, dass ein Geber die Karten immer am äußeren Ende halten sollte und sie beim Austeilen immer zum Tisch geneigt sein sollten. Wenn Sie diese Regel befolgen, sorgen Sie dafür, dass die anderen nicht sehen können, was Sie mit dem Ringfinger tun.

Dieser Trick, bei dem die unterste Karte ausgeteilt wird (der Bottom-Deal), wird selten mit einem kompletten Kartenspiel ausgeführt. Mit weniger Karten ist er deutlich einfacher, daher wartet der Geber damit, bis die letzten Hände gespielt werden. Es ist außerdem einfacher, abwechselnd eine Karte von oben und von unten auszuteilen, als mehrere hintereinander von unten. Die

Bewegung des Ringfingers muss nicht so schnell sein und ist damit unauffälliger; zudem kann das Kartenspiel beim Abnehmen der obersten Karte wieder korrekt ausgerichtet werden, falls es verrutscht ist. Müssen sukzessive die untersten Karten ausgeteilt werden, ist es hilfreich, sie ganz leicht zu biegen oder einen Jog zu errichten, durch den sie an der rechten Längsseite einige Millimeter vorstehen. Keines dieser Manöver ist aber wünschenswert, und ein guter Spieler braucht sie auch nicht.

Einhändiges Austeilen der obersten und untersten Karte

Dies ist eine nette Variante, die zudem einige Vorteile mit sich bringt. Das Kartenspiel wird genauso gehalten wie beim beidhändigen Austeilen der untersten Karte. Beim einhändigen Austeilen der obersten Karte wird diese in der üblichen Weise mit dem Daumen nach rechts verschoben und dann mit einem Schwung zum Körper in der erwünschten Richtung auf den Tisch geworfen. Beim einhändigen Austeilen der untersten Karte wird ebenfalls zunächst die oberste Karte nach rechts verschoben, doch dann wird die unterste Karte nicht herausgeschoben wie beim beidhändigen Austeilen, sondern mit der Spitze des Ringfingers ein wenig zurückgebogen und dann mit einem plötzlichen Schwung in Richtung des Spielers nach vorne geworfen.

Der Trick wirkt so noch echter als mit zwei Händen, da alles normal wirkt und die entscheidenden Aktionen komplett durch den natürlichen Schwung in Richtung des Spielers verdeckt werden. Die Bewegung des Handgelenks unterscheidet sich ein wenig, je nachdem, ob die Karten nach vorne, geradeaus oder nach rechts ausgeteilt werden. Damit es gut aussieht, muss zudem der Flug und die Richtung jeder Karte genau berechnet werden. Wenn die Karten nicht ziemlich genau vor jedem Spieler landen, sieht das Ganze ziemlich plump aus. Der Schwung und die Bewegung des Handgelenks sind beim Austeilen der untersten und obersten Karte praktisch identisch. Das Austeilen der obersten und untersten Karte mit einer Hand oder zwei Händen lässt sich gut kombinieren, und das weist gegenüber einer bevorzugten Methode einige Vorteile auf. Sind zum Beispiel die unteren Karten für den dritten Spieler bestimmt, kann der Geber die ersten beiden Karten von oben mit einer Hand austeilen und den Rest mit beiden. Auf diese Weise erhält der dritte Spieler die unterste Karte, wenn die Hände erstmals zusammenarbeiten. Jede Runde sollte aber in der gleichen Weise ablaufen. Der Vorteil dieser Methode besteht darin, dass die Hände des Gebers etwa 20 bis 25 Zentimeter auseinander sind, wenn die unterste Karte gebraucht wird, und die Bewegung zur Zusammenführung nicht nur die Aktionen kaschiert, die mit der linken Hand gemacht werden, sondern einem zusätzliche Zeit verschafft. Der erfahrene Profi kann die unterste Karte in jeder Situation austeilen, ohne dabei ertappt zu werden, doch wollen wir die idealen Bedingungen für diesen Trick dennoch kurz vorstellen. Viele Spieler, die keine Ahnung von diesen Tricks haben, geben gern abwechselnd mit einer oder zwei Händen. Es sieht schön aus, die Bewegungen sind natürlich und der Tempowechsel erregt keinen Verdacht.

Beim Stud-Poker oder beim Wechsel der Trumpffarbe gehen die meisten Spieler mit den Karten, die umgedreht werden sollen, so vor, dass die rechte Handfläche nach unten zeigt und die Karte mit den Fingern oben und dem Daumen unten festgehalten wird. Beim Verlassen der Hand ist die Karte schon vollständig umgedreht. Diese Methode kann nicht angewendet werden, wenn die unterste Karte ausgeteilt werden soll, da sie bei dieser Haltung der Hand kaum geräuschlos herausgeholt werden kann. Es ist daher besser, die Karten normal in die rechte Hand zu nehmen und sie sofort umzudrehen, wenn sie vom restlichen Stapel gelöst wurden.

Austeilen der zweiten Karte

Wie die Überschrift es schon andeutet, geht es nun darum, wie man die zweite Karte von oben austeilt. Dieser Trick kommt fast ausschließlich in Verbindung mit markierten Karten vor. Natürlich hat der Geber einen enormen Vorteil, wenn er in der Lage ist, sich oder einem Mitstreiter bestimmte Karten zuzuteilen, die nach oben gelangt sind. Dann braucht er keinen falschen Riffle, kein Falschabheben und keinen anderen der hundert Tricks, die Profis noch so anwenden.

Das Kartenspiel wird mit der linken Hand etwa so gehalten, wie beim Austeilen der untersten Karte beschrieben, die Daumenspitze ragt ein wenig über die Schmalseite der obersten Karte heraus. Mit dieser Haltung ist es möglich, mit dem Daumen Kontakt zur zweiten Karte herzustellen, indem die oberste Karte ein wenig heruntergeschoben wird. Vor dem Austeilen schieben Sie mit dem Daumen die beiden obersten Karten über die Längsseite, wobei die oberste ein wenig weiter nach rechts verschoben ist. Greifen Sie mit der rechten Hand an der herausstehenden Ecke nach der zweitobersten Karte, wobei der Daumen kaum die Kante berührt, aber der Mittelfinger direkt unter der zweiten Karte liegt und dabei mithilft, diese durch Druck nach oben herauszubefördern, während Sie mit dem linken Daumen die oberste Karte zurückziehen (siehe Abbildung 26). Anschließend stellen Sie mit dem linken Daumen erneut an der oberen Schmalseite Kontakt mit der zweiten Karte her. Die Spitze des Mittelfingers verhindert, dass mehr als zwei Karten über den rechten Rand geschoben werden. Die oberste Karte bewegt sich weiter vor und zurück, während die jeweils zweite Karte ausgeteilt wird, aber das Tempo beim Zurückziehen verhindert, dass die Bewegung bemerkt wird. Bei richtiger Ausführung sieht alles regulär aus. Ein Profi ist in der Lage, das gesamte Kartenspiel mit rasender Geschwindigkeit auszuteilen und die oberste Karte immer zurückzuhalten.

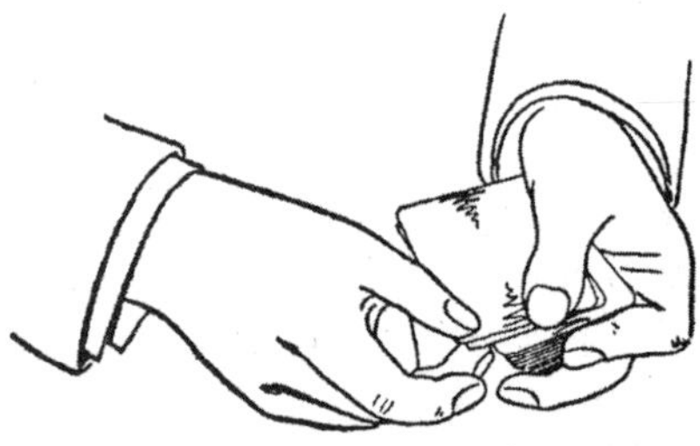

Fig. 26

Eine andere Methode, die zweite Karte auszuteilen, besteht darin, die Karten locker in der linken Hand zu halten und mit dem Daumen mehrere Karten leicht versetzt nach rechts zu verschieben. Während sich die Rechte nähert, wird die oberste Karte zurückgezogen und die zweite ausgeteilt. Der linke Daumen übt beim Vorschieben der Karten ein wenig Druck aus, zieht die oberste Karte aber nur leicht zurück, dass die zweite hervorlugt (siehe Abbildung 27). Die erste Methode ist entschieden besser, da die Karten besser kontrolliert werden können und es seltener passiert, dass die Rechte mehr als eine Karte nimmt. Der besondere Kniff besteht darin, mit dem Mittelfinger der rechten Hand schon Kontakt mit der zweiten Karte herzustellen, bevor die oberste Karte zurückgezogen wurde, und mit ihm leicht nach oben zu drücken, um zu verhindern, dass sie zusammen mit der obersten Karte an den alten Ort zurückkehrt. Der rechte Daumen kann die oberste Karte berühren, während sie zurückgezogen und die zweite Karte ausgeteilt wird. Die gesamte Aktion, bei der die oberste Karte zurückgezogen und die zweite Karte ausgeteilt wird, findet im selben Moment statt.

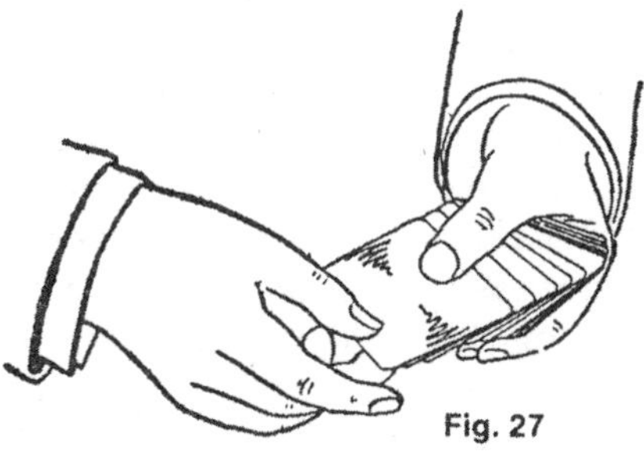
Fig. 27

Experte im Austeilen der zweiten Karte zu werden ist eine der schwierigsten Herausforderungen in der Kartenkunst, doch wenn man es erst einmal beherrscht, wird es wie viele Fertigkeiten zur Selbstverständlichkeit. Alle Spieler, die markierte Karten benutzen, müssen sonst keinen Trick beherrschen, aber ohne „Reader“ ist es völlig sinnlos, ihn zu erlernen, falls man sich einen Vorteil verschaffen will. Die Gelegenheiten, bei denen man präparierte Karten einsetzen kann, sind selten, und der Vorgang, dies während des Spiels mit Knicken oder farblichen Markierungen zu tun, dauert lang und ist auffällig. Ein kluger Profi, der etwas auf seinen Ruf hält, wird aber ohnehin nichts mit Readern, Strippern und Ähnlichem zu tun haben wollen.

Gebräuchliche Methoden für das Zusammenstellen eines Stocks

Die gebräuchlichste Methode, Karten in einem Stock zusammenzustellen, besteht darin, sie beim Ablegen oder Einsammeln möglichst unauffällig in eine bestimmte Reihenfolge zu bringen. Dazu braucht man keine Fingerfertigkeit. Ein Spieler, der gute Nerven hat, findet viele Gelegenheiten, die Karten bis zu einem gewissen Grad vor dem Austeilen zu sortieren. Hat man einen Mitstreiter, sind die Chancen natürlich doppelt so groß. Grundsätzlich gilt aber, dass das Kartenspiel manipuliert sein muss, bevor gemischt wird. Sind Spielereien mit dem Stapel erlaubt – und es ist erstaunlich, was in diesem Kontext in vielen Runden möglich ist – kann sich ein geübter Profi blitzartig ein oder zwei Blätter zusammenstellen, ohne dass irgendetwas auffällt.

Halten Sie das Kartenspiel in der linken Hand, mit der Rückseite in der Handfläche, dabei liegt der Daumen auf der einen Längsseite und Mittel-, Ring und kleiner Finger auf der anderen. Der Zeigefinger liegt gekrümmt auf der Rückseite. Die rechte Hand verdeckt nun die Vorderseite, der Daumen liegt auf der vorderen Schmalseite, die anderen Finger auf der hinteren. Lassen Sie die Karten mit dem Daumen so federn, dass man die Zahlen und Buchstaben erkennen kann (siehe Abbildung 28). Hat man

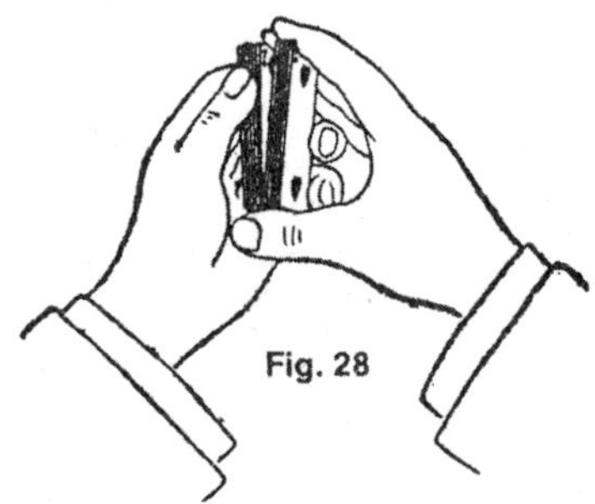
Fig. 28

die erwünschte Karte entdeckt, wird die untere Seite des Kartenspiels an dieser Stelle geöffnet und linker Mittel-, Ring- und kleiner Finger werden in den Spalt geschoben. Anschließend wird die Karte herausgeschoben oder -gezogen und auf die Rückseite befördert (siehe Abbildung 29). Danach kann eine bestimmte Anzahl unwichtiger Karten auf dieselbe Weise nach oben befördert werden, ehe die nächste erwünschte Karte an der Reihe ist. So geht es immer weiter, bis der Stock vollständig ist. Hierfür ist keine besondere Geschicklichkeit notwendig, und ein geübter Spieler schafft es, die erwünschten Karten völlig geräuschlos in wenigen Augenblicken zu erkennen und auf die Rückseite zu befördern.

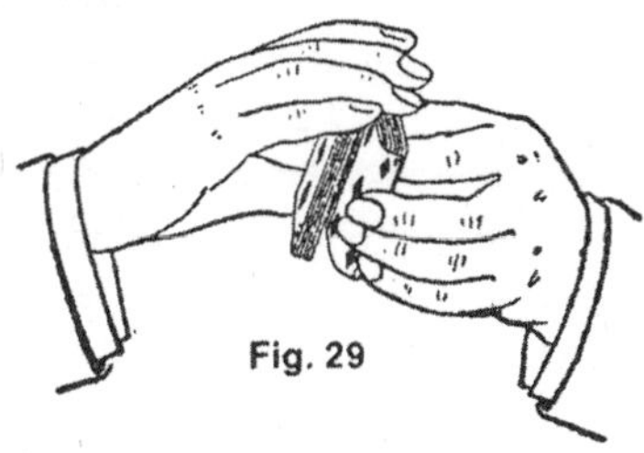
Fig. 29

Beim Poker lassen sich auf diese Weise mit nur vier Handgriffen zwei Drillinge zusammenstellen, wenn die Karten im Spiel verstreut sind. Nehmen wir an, fünf Spieler sitzen am Tisch. Der Geber schaut sich die obersten fünf Karten an oder legt vor Beginn fünf Karten nach oben, zum Beispiel eine Sechs, eine Vier, eine Dame, eine Neun und eine Acht. Er entschließt sich das Spiel so zu stecken, dass der zweite Spieler drei Vieren und er selbst drei Achten bekommt. Er lässt die Karten nach unten schnappen, bis er eine Acht entdeckt, schiebt Mittel- und Ringfinger hinein, lässt dann die beiden nächsten unwichtigen Karten nach unten schnappen und schiebt den kleinen Finger hinein, ehe er diese drei Karten schließlich nach oben befördert. Dann entdeckt er eine Vier und bringt diese mit der beliebigen nächsten Karte nach oben. Danach geht es mit der Acht und zwei Karten und der Vier und einer Karte weiter, bis der Stock komplett ist. Ein ungeübter Spieler würde selbst dann zehnmal so lange brauchen, um die Blätter zusammenstellen, wenn er ganz allein wäre und alle Zeit der Welt hätte.

Sind Spielereien am Tisch erlaubt, gibt es zudem eine kunstvollere Methode, Karten an einen bestimmten Ort zu bringen. Bei ihr werden die erwünschten Karten mit einem Jog versehen und vor dem Riffle mit einem Handgriff nach unten gebracht.

Nehmen Sie das Kartenspiel (die Rückseite liegt auf der Handfläche) zwischen dem Daumen und den Fingern in die linke Hand, wie eben beschrieben, und verdecken Sie die Vorderseite mit der rechten Hand. Zeige-, Mittel- und Ringfinger werden ausgestreckt an die vordere Schmalseite, der kleine Finger an die untere Längsseite und der Daumen in der Nähe des rechten Zeigefingers auf die obere Längsseite gelegt. Lassen Sie die Karten vom linken zum rechten Daumen schnellen. Sobald die gewünschte Karte auftaucht, kippen Sie das Päckchen, das zwischen rechtem Daumen und kleinem Finger gehalten wird, um etwa einen Zentimeter so nach außen, dass der rechte Daumen über der oberen Ecke des linken Päckchens zu liegen kommt (siehe Abbildung 30). Lassen Sie die gesuchte Karte mit dem linken Daumen los,

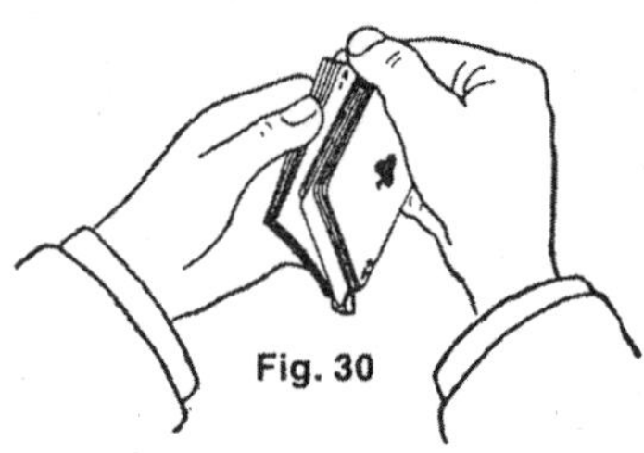
Fig. 30

drücken Sie mit dem rechten Daumen auf ihre Ecke und bringen Sie das rechte Päckchen in seine ursprüngliche Position zurück. Auf diese Weise wird die erwünschte Karte nach unten gegen die Finger der linken Hand gedrückt. Lockern Sie diese Finger ein wenig, wenn die beiden Päckchen wieder zusammen sind, und drücken Sie die erwünschte Karte erneut mit dem linken kleinen Finger nach oben. Das führt dazu, dass sie an der Schmalseite etwa einen Zentimeter herauslugt, dies aber komplett von den Händen verdeckt wird. Danach lässt der linke Daumen das Päckchen erneut schnappen, um die nächste Karte herauszusuchen, wobei die herausstehende Karte nicht verändert wird. Dieser Vorgang wird so lange wiederholt, bis alle erwünschten Karten überstehen. Sind Spielereien mit den Karten erlaubt, gibt es kaum ein Verfahren, das so unverdächtig wirkt. Die Handgriffe, mit denen die Karten herausgeschoben werden, sind bei geschickter Ausführung kaum wahrnehmbar, und für den Betrachter scheinen die Karten ihre relative Position nicht verändert zu haben. Da Sie die Karten mit dem linken Daumen erneut schnellen lassen, nachdem der Jog durchgeführt wurde, und die Längsseiten vor dem Mischen sauber glatt gestrichen werden, denkt selbst der argwöhnischste Betrachter, dass es unmöglich ist, die Position der Karten zu kennen.

Nachdem die erwünschten Karten verschoben wurden, schieben Sie an derselben Stelle weitere Karten heraus und verdecken die gegenüberliegende Seite mit den Fingern der rechten Hand. Anschließend nehmen Sie das Kartenspiel bei den inneren Ecken der Längsseite mit linkem Daumen, Mittel- und Ringfinger und drehen seine Vorderseite nach unten, wobei die rechte Hand zu den gegenüberliegenden Ecken geführt wird, um dort mehrmals abzuheben. Nehmen Sie mit der Linken das oberste Päckchen herunter und lassen Sie dabei die herausstehenden Karten herausrutschen, um sie auf den Tisch fallen zu lassen (siehe Abbildung 31). Heben Sie die restlichen Karten mehrmals ab. Auf diese Weise bleiben die erwünschten Karten unten.

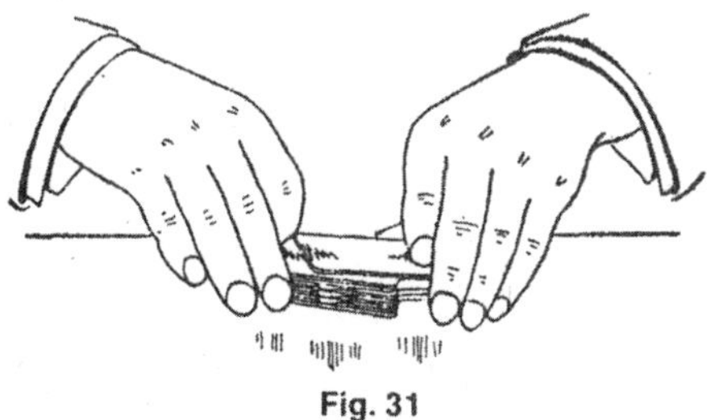

Fig. 31

Es bereitet keinerlei Schwierigkeiten, die vorstehenden Karten herauszubekommen. Mit den Fingern der linken Hand halten Sie sie gut fest, und sie werden von den Karten verdeckt, die weggezogen werden. Schöpft beim Herausziehen der Karten niemand Verdacht, sind auch alle weiteren Aktionen nicht wahrnehmbar. Drei oder vier Karten können auf diese Weise in zehn Sekunden ausfindig gemacht und nach unten gebracht werden. Danach wird der Rest des Kartenspiels auf die übliche Art gemischt, damit der untere Stock so erhalten bleibt.

Mit dieser Methode kann auch ein kompletter Top-Stock zusammengestellt werden, wenn die Karten zufällig verteilt sind. Nehmen wir erneut an, dass zu fünft Poker gespielt wird und Sie einen Drilling haben möchten. Haben Sie die erste Karte entdeckt, lassen Sie die nächsten vier uninteressanten Karten herunterschnappen und schieben alle fünf zusammen mit einer Bewegung heraus. Danach kommt die nächste Karte an die Reihe, die wieder mit den vier nächsten herausgeschoben wird. Bei der dritten Karte des Drillings werden aber nur zwei unwichtige

Karten dazu genommen. Vor dem Riffle werden die Karten wie beim letzten Beispiel herausgezogen, aber nicht auf den Tisch, sondern nach oben geworfen. Die ganze Aktion sieht aus wie ein normales Abheben. Nun wird zweimal so falsch geriffelt, dass der Top-Stock gleich bleibt (siehe Seite 31), und dabei werden die beiden zusätzlichen uninteressanten Karten nach oben gebracht. Auf diese Weise wird der Top-Stock komplettiert und der Geber bekommt seinen Drilling.

Wie bereits erwähnt, muss der erwünschte Drilling zufällig im Stapel verteilt und durch mindestens vier Karten getrennt sein. Die Wahrscheinlichkeit, dass man auf diese Weise sogar einen Vierling findet, ist allerdings gering. Es ist sehr einfach, Flushes zusammenzustellen, denn in neun von zehn Fällen ist jede Farbe ausreichend verteilt. Wird das Kartenspiel richtig gehalten, ist es außerdem sehr leicht, die Karten schnell und korrekt zu zählen. Die Vorgehensweise, wie man ein Blatt zusammenstellt, ist bei allen Kartenspielen gleich.

Stock-Mischen

Die Karten beim Mischen so zusammenzustellen, dass sie beim Austeilen in einer bestimmten Reihenfolge sind, lässt sich in einem größeren Ausmaß nur mit dem Shuffle erreichen. Die normale Vorgehensweise der Profis besteht darin, die konkreten Karten von unten wegzunehmen. Sie wird als Erstes erklärt.

Halten Sie das Spiel in der üblichen Weise zwischen Mittelfinger und Daumen in der rechten Hand, der rechte Zeigefinger liegt auf der Längsseite. Mischen Sie mehrere Karten in die linke Hand und halten diese so, dass die ersten Glieder von Mittel- und Ringfinger herausschauen. Nach der nächsten Abwärtsbewegung der rechten Hand ziehen Sie mit dem linken Daumen nicht die oberste Karte ab, sondern drücken die Fingerspitzen des linken Mittel- und Ringfingers gegen die unterste Karte und lassen sie in die linke Hand gleiten. Mit dem linken Daumen bringen Sie sie auf den anderen Karten in die richtige Position, während die rechte Hand angehoben wird (siehe Abbildung 32). Mit der rechten Hand unterstützen Sie die Finger der Linken, indem Sie das Kartenspiel an sie drücken und es etwas waagerechter halten. Ziehen Sie anschließend eine Karte weniger ab, als Spieler beteiligt sind, holen stattdessen eine Karte von unten, und so geht es weiter, bis der Stock komplett ist. Mit dem linken Daumen machen Sie beim Abziehen der untersten Karten die gleiche Bewegung, gleiten dabei aber über die oberste Karte, ohne deren Lage zu verändern. Nachdem die letzte Karte von unten abgezogen wurde, mischen Sie so viele Karten ab, wie sich Spieler zwischen dem Geber und dem Spieler befinden, für den die Karten bestimmt sind, errichten mit der nächsten Karte einen Outjog und mischen den Rest nach oben. Heben Sie unter dem Outjog ab und werfen die Karten nach oben.

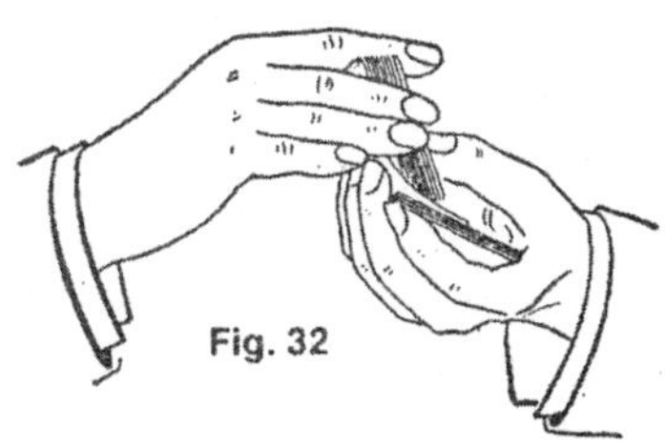
Fig. 32

Dieses Beispiel gilt natürlich für Spiele, bei denen die Karten einzeln ausgeteilt werden. Werden zwei oder mehr Karten gleichzeitig ausgeteilt, ist der Vorgang identisch, muss aber wiederholt werden. Die rechte Hand führt die Mischbewegung ungefähr parallel zur Linken aus, und dadurch wird nicht nur das Abziehen der unteren Karten erleichtert, sondern die gesamte Vorgehensweise verschleiert. Das Geräusch ist etwas anders, wenn die Karten von oben nach unten fallen, aber das ist nur schwer wahrnehmbar. Für diese Methode braucht man einige Übung, da es keineswegs leicht ist, nacheinander immer nur eine Karte von unten abzuziehen. Hat man den Dreh aber erst einmal heraus, geht alles ganz leicht und schnell von der Hand und der Trick kann praktisch nicht durchschaut werden. Der Mischvorgang kann nach Belieben verlängert werden, indem unter dem Stock abgehoben, bei der ersten Karte ein Jog errichtet und der Rest abgemischt wird. Danach wird wieder unter dem Jog abgehoben und das Päckchen nach oben geworfen. Eine andere Möglichkeit besteht darin, so zu mischen, dass der Top-Stock gleich bleibt, wie es in diesem Buch bereits beschrieben wurde.

Mindestens zwei Blätter können auf diese Weise zusammengestellt werden, falls eins oben und eins unten platziert wird. Dabei werden zunächst nacheinander von oben und unten Karten abgezogen, bis alle ausgewählten Karten abwechselnd unter dem Päckchen in der Linken gelandet sind. Die restlichen Karten werden obenauf gemischt. Danach werden einige Karten von oben abgezogen und darauf die erste Karte von unten. Anschließend ziehen Sie von oben so viele Karten einzeln ab, dass die Summe der Anzahl der Spieler entspricht, die zwischen dem Spieler, der die erste untere Karte bekommt, und dem Spieler sitzen, der die zweite Karte bekommen soll. Danach ziehen Sie wieder eine Karte von unten ab, und so geht es weiter, bis die beiden Blätter fertig zusammengestellt sind. Die notwendigen Berechnungen sind sehr einfach und sollten vorher durchgeführt werden.

Nehmen wir zum Beispiel an, in einer Pokerrunde mit fünf Spielern sollen drei Damen und drei Neunen zusammengestellt werden. Die Damen bekommt der Spieler, der abhebt, und die Neunen gehen an den Spieler zwei Plätze hinter dem Geber. Legen Sie die Damen nach oben und die Neunen nach unten. Ziehen Sie eine Dame von oben ab und dann eine Neun von unten, bis alle unten liegen. Berechnet man die Abfolge, wird klar, dass bei allen fünf Karten, die gemischt werden sollen, die zweite und die vierte Karte von unten abgezogen werden. Die Karten müssen in umgekehrter Reihenfolge angeordnet werden, daher wird rechts herum gezählt und der Geber ist die Nummer 1. Seine Karte kommt von oben, dann die Dame von unten, dann wieder eine Karte von oben, dann die Neun von unten, dann die fünfte Karte und die erste Karte der nächsten Runde wieder von oben, dann wieder eine Dame von unten und so weiter, bis alle fünfzehn Karten in der richtigen Reihenfolge sind. Errichten Sie einen Outjog und mischen Sie. Heben Sie danach unter dem Jog ab und werfen die Karten nach oben.

Bevor man diese Methode anwendet, muss man sich sicher sein, dass man die unteren Karten schnell und sicher herausziehen kann. Für sie spricht auf jeden Fall, dass sie nicht lange dauert. Ein einzelnes Blatt kann mit einem Mischvorgang und einem Throw zusammengestellt werden. Führt man direkt nach dem Zusammenstellen des Stocks einen Mischvorgang durch, bei dem der Top-Stock gleich bleibt, lässt sich eine gewisse Unbeholfenheit womöglich verbergen. Der Erfolg aller Tricks hängt davon ab, keinen Verdacht zu erregen oder einen entstandenen zu zerstreuen. Bei korrekter Ausführung dürften die beschriebenen falschen Shuffles auch den pingeligsten Spieler befriedigen.

Erdnases System fürs Stock-Mischen

Die zuvor erklärte Methode, einen Stock zusammenzustellen, ist leicht zu verstehen, aber extrem schwer perfekt auszuführen. Der prinzipielle Nachteil besteht darin, dass man eine unnatürliche Bewegung machen muss, wenn man eine Karte von unten nach oben zieht. Außerdem ist es schwierig, den Trick elegant zu verrichten, man braucht eine Menge Übung und die unnatürliche Bewegung muss bei jeder Karte, die in den Stock befördert wird, ausgeführt werden. Letzteres wiederum erhöht die Gefahr, bei einem großen Stock Aufmerksamkeit zu erregen. Die neue Methode, die hier beschrieben wird, ist ungleich einfacher, und die Handgriffe sind so natürlich und gleichmäßig, dass auch ein mittelmäßiger Spieler jeder Prüfung standhält. Die Karten können extrem schnell oder recht langsam gemischt werden, ohne dass die Gefahr der Entdeckung bestünde. Man braucht nicht länger als beim normalen Mischen, und die erforderlichen Berechnungen sind einfach.

Bei der neuen Methode brauchen Sie Jogs und Breaks als Hilfsmittel, und ihr Nutzen besteht darin, die verschiedenen Teile des Kartenspiels beim Mischen durch Ertasten trennen und lokalisieren zu können. Der gesamte Stock kann ohne Hinschauen zusammengestellt werden, vielmehr ist der Ausführende genauso wenig in der Lage, sein Tun zu überprüfen, wie etwaige argwöhnische Betrachter. In unserem ersten Beispiel schauen wir uns an, wie man zwei Karten zusammenstellt, wenn abwechselnd eine Karte pro Spieler ausgeteilt wird. Die normale Haltung für den Shuffle wird dabei beibehalten.

Stock mit zwei Karten: Die beiden erwünschten Karten werden oben platziert. Danach heben Sie das halbe Kartenspiel unten ab, führen mit der obersten Karte einen Injog durch, ziehen mit einem Run zwei Karten weniger als die doppelte Anzahl der Spieler ab, errichten einen Outjog und mischen den Rest obenauf. Heben Sie unter dem Outjog ab und bilden Sie am Injog einen Spalt.

Ziehen Sie mit einem Run eine Karte weniger ab, als die Anzahl der Spieler beträgt, errichten Sie einen Injog und mischen den Rest obenauf. Heben Sie unter dem Injog ab und werfen Sie das Päckchen obenauf. Auf diese Weise wurden die beiden erwünschten Karten so platziert, dass der Geber sie in den beiden ersten Runden erhält.

Jedem Leser, der sich das Falschmischen angeeignet hat, dürfte diese Form der Zusammenstellung eines Stocks nicht sonderlich schwerfallen. Er muss nur die Fachbegriffe beherrschen und die notwendigen Fähigkeiten besitzen, den Run, den Jog, den Break und den Throw wie beim Falschmischen durchzuführen. Wer diesen einfachen Vorgang erst einmal verstanden hat, hat mit dem ganzen Thema keine Probleme. Wir beschreiben die gesamte Aktion hier noch einmal ausführlich.

Nehmen wir eine Pokerrunde mit fünf Spielern an. Die erwünschten Karten sind zwei Könige, die obenauf platziert werden. Die erste Aktion besteht darin, „das halbe Kartenspiel unten abzuheben" und „mit der obersten Karte einen Injog durchzuführen". Das bedeutet, einen der beiden Könige mit dem linken Daumen an der unteren Schmalseite beim linken kleinen Finger ein wenig hinauszuschieben. Dies geschieht in dem Moment, in dem mit der Rechten die untere Hälfte abgehoben wird und kurz bevor diese sich zum Mischen nach unten bewegt. „Ziehen Sie mit einem Run eine Karte weniger ab, als die Anzahl der Spieler beträgt" bedeutet in diesem Fall acht Karten. „Errichten Sie einen Outjog" bedeutet, dass Sie die nächste Karte ein wenig über den linken Zeigefinger herausschieben, indem Sie die Rechte ein wenig nach außen verschieben, und „mischen Sie den Rest obenauf" heißt, dass die restlichen Karten in der rechten Hand in die linke Hand gemischt werden. Der linke kleine Finger und der Zeigefinger halten nun den Injog bzw. den Outjog (siehe Abbildung 33).

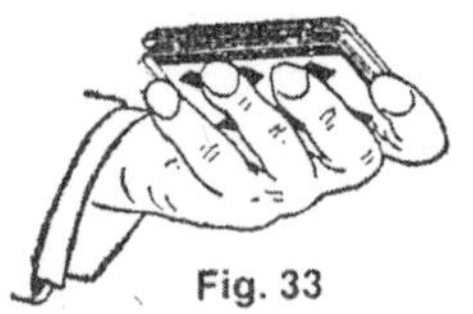

Fig. 33

Der nächste Schritt lautet: „Heben Sie unter dem Outjog ab und bilden Sie am Injog einen Spalt." Die Finger der rechten Hand können den Outjog leicht finden, und der rechte Daumen drückt leicht auf die Injog-Karte und bildet dabei einen Spalt, während das untere Päckchen herausgezogen wird (siehe Abbildung 34).

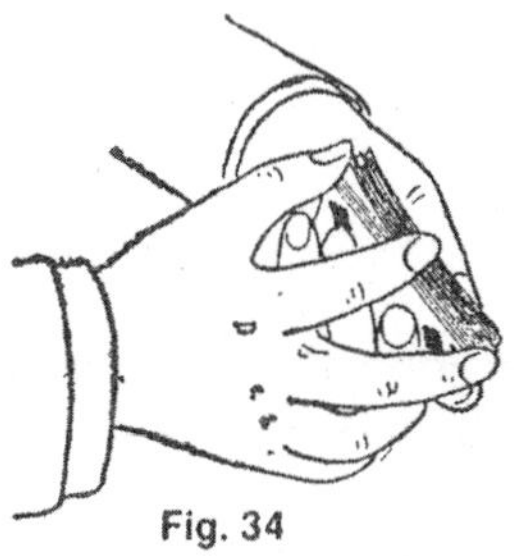

Fig. 34

„Ziehen Sie mit einem Run eine Karte weniger ab, als die Anzahl der Spieler beträgt", also vier, und „werfen Sie die Karten über dem Spalt obenauf", das heißt, dass alle Karten über dem Break auf die Karten in der Linken geworfen werden, indem der Druck des rechten Daumens ein wenig reduziert und die Abwärtsbewegung leicht beschleunigt wird (siehe Abbildung 35). „Ziehen Sie so viele Karten ab, wie Spieler am Tisch sitzen", also fünf, „errichten Sie mit der nächsten Karte einen Injog und mischen Sie den Rest obenauf". Der Injog wird in diesem Fall durch eine Verschiebung der rechten Hand nach innen errichtet, sodass die vom linken Daumen heruntergezogene Karte knapp über dem kleinen Finger zu liegen kommt. „Heben Sie unter dem Injog ab und werfen Sie das Päckchen obendrauf" ist leicht zu verstehen.

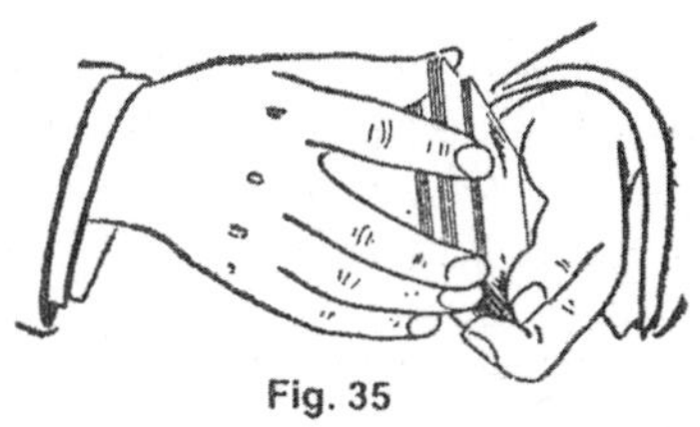

Fig. 35

Der einzige Schritt, der bei dieser Methode schwierig zu vollziehen ist, ist das Errichten des Injogs zu Beginn. Das muss schnell durchgeführt werden und genau in dem Moment, in dem die rechte Hand zum Mischen gesenkt wird.

Stock mit drei Karten: Dieser Trick geht bei jedem Spiel, bei dem die Karten einzeln ausgeteilt werden. Die drei erwünschten

Karten kommen nach oben. Heben Sie etwa die untere Hälfte des Spiels ab, errichten Sie mit der obersten Karte einen Injog, ziehen Sie zwei Karten weniger ab, als die doppelte Anzahl der Spieler beträgt, errichten Sie einen Outjog und mischen Sie den Rest obenauf. Heben Sie unter dem Outjog ab, wobei Sie am Injog einen Spalt öffnen, und ziehen Sie eine Karte weniger ab, als die Anzahl der Spieler beträgt. Werfen Sie danach die Karten über dem Spalt obenauf, ziehen Sie eine einzelne Karte ab, ziehen Sie mit einem Injog eine Karte weniger ab, als die Anzahl der Spieler beträgt, ehe Sie einen Outjog errichten und den Rest obenauf mischen. Heben Sie unter dem Injog ab und werfen Sie die Karten nach oben. Heben Sie unter dem Outjog ab, ziehen Sie eine Karte weniger ab, als die Anzahl der Spieler beträgt, und werfen den Rest nach oben. Auf diese Weise erhält der Geber in drei Runden die gewünschten Karten.

Beim zweiten Mischen wird die Injog-Karte mitgezählt, wenn es heißt „ziehen Sie mit einem Injog eine Karte weniger ab, als die Anzahl der Spieler beträgt“. Bei „Heben Sie unter dem Injog ab und werfen die Karten nach oben“ geht es darum, einmal unter der Injog-Karte abzuheben.

Stock mit vier Karten: Dieser Trick geht bei jedem Spiel, bei dem die Karten einzeln ausgeteilt werden. Drei der erwünschten Karten kommen nach oben, eine nach unten. Heben Sie etwa ein Drittel des Kartenspiels unten ab, errichten Sie mit der obersten Karte einen Injog, ziehen Sie zwei Karten weniger ab, als die doppelte Anzahl der Spieler beträgt, errichten Sie einen Outjog und mischen Sie den Rest so obenauf, dass die unterste Karte nun ganz oben ist. Heben Sie unter dem Outjog ab, wobei Sie am Injog einen Spalt öffnen und ziehen eine Karte weniger ab, als die Anzahl der Spieler beträgt. Werfen Sie danach die Karten über dem Spalt obenauf, ziehen eine einzelne Karte ab, ziehen mit einem Injog eine Karte weniger ab, als die doppelte Anzahl der Spieler beträgt, ehe Sie einen Outjog errichten und den Rest obenauf mischen. Heben Sie unter dem Injog ab und werfen Sie die Karten nach oben. Heben Sie unter dem Outjog ab, ziehen Sie eine Karte weniger ab, als die Anzahl der Spieler beträgt, und werfen Sie den Rest nach oben. Auf diese Weise erhält der Geber in vier Runden die erwünschten Karten.

Die letzte Karte nach oben zu mischen ist überhaupt nicht schwierig. Mit ein bisschen Übung lernt man schnell, wie man mit der rechten Hand alle Karten außer der untersten fallen lässt. Diese Technik muss recht häufig angewendet werden und kann mühelos erlernt werden.

In den genannten Beispielen soll immer der Geber die erwünschten Karten erhalten, aber das ist natürlich keineswegs immer das Ziel. Genauso einfach ist es, die Karten einem anderen Spieler zuzuteilen, indem man eine Karte oben wegnimmt oder hinzufügt. Dies lässt sich entweder durch eine leichte Modifikation der ursprünglichen Berechnungen oder durch Falschmischen erreichen. Wird oben eine Karte weggenommen, bekommt der Spieler zur Rechten die erwünschten Karten. Wird eine hinzugefügt, erhält sie der Spieler zur Linken, usw.

Der Trick muss ohne Hast und Zögern durchgeführt werden, und dabei kommt es nicht auf die Geschwindigkeit an, sondern auf Gleichmäßigkeit und Einheitlichkeit. Um den Spalt zu bilden und die Jogs zu finden, braucht man nicht mehr Zeit, als für das Herausziehen der unteren Hälfte des Kartenspiels notwendig ist. Es ist weitaus besser, den gesamten Trick langsam durchzuführen, als das Tempo zu wechseln. Der Stock mit vier Karten für fünf Spieler kann in fünfzehn Sekunden oder sogar noch schneller zusammengestellt werden, es gibt aber auch keinen Grund, warum man sich nicht deutlich mehr Zeit lassen sollte.

Ob der Geber sich tiefere Gedanken über seine Aktionen macht oder nicht, ist ihm überlassen. In jedem Fall darf er beim Mischen nicht mittendrin innehalten, um Berechnungen anzustellen, wenn der Trick elegant und zügig durchgeführt werden soll. Für die Formeln und dazugehörigen Zahlen muss man buchstäblich Fingerspitzengefühl haben. Die meisten Spieler konzentrieren sich auf ein oder zwei Spiele, und mit ein wenig Übung wird der dafür notwendige Stock zur normalsten Sache der Welt. Das höchste Lob, das man dieser Methode aussprechen kann, kommt von einigen unserer Schüler. Sie führen diesen Trick mit größter Leichtigkeit aus und können weder genau sagen, warum die konkreten Aktionen zu diesem Ergebnis führen, noch was mit den Karten geschieht, bis sie mit dem Mischen fertig sind. Man braucht dafür aber kein gutes Gedächtnis, denn schon nach einigen Wiederholungen kann man den Stock zusammenstellen und sich gleichzeitig mit anderen unterhalten.

Stock mit fünf Karten: Dieser Trick geht ebenfalls bei jedem Spiel, bei dem die Karten einzeln ausgeteilt werden. Vier der erwünschten Karten kommen nach oben, eine nach unten. Heben Sie etwa ein Drittel des Kartenspiels von unten ab, errichten Sie mit der obersten Karte einen Injog, ziehen Sie zwei Karten weniger ab, als die doppelte Anzahl der Spieler beträgt, errichten Sie einen Outjog und mischen Sie die unterste Karte nach oben. Heben Sie unter dem Outjog ab, wobei Sie am Injog einen Spalt öffnen, und ziehen Sie eine Karte weniger ab, als die Anzahl der Spieler beträgt. Werfen Sie danach die Karten unter dem Spalt obenauf, ziehen Sie zwei Karten ab, errichten Sie einen Injog und mischen Sie den Rest obenauf. Heben Sie unter dem Injog ab und werfen die Karten nach oben. Heben Sie etwa ein Drittel des Kartenspiels von unten ab, errichten Sie mit der obersten Karte einen Injog, ziehen Sie zwei Karten weniger ab, als die doppelte Anzahl der Spieler beträgt, errichten Sie einen Outjog und mischen Sie die unterste Karte nach oben. Heben Sie unter dem Outjog ab, wobei Sie am Injog einen Spalt öffnen und ziehen Sie eine Karte weniger ab, als die Anzahl der Spieler beträgt. Werfen Sie danach die Karten unter dem Spalt obenauf, ziehen drei Karten weniger ab, als die doppelte Anzahl der Spieler beträgt, errichten Sie einen Injog und mischen Sie den Rest obenauf. Heben Sie unter dem Injog ab und werfen Sie den Rest nach oben. Auf diese Weise erhält der Geber in fünf Runden die erwünschten Karten.

Dieses Schema kann einem lang vorkommen, doch ein Großteil des Mischvorgangs besteht aus einfachen Wiederholungen, und die ganze Prozedur dauert nur ein oder zwei Sekunden länger als der Stock mit vier Karten. Die enormen Möglichkeiten bei diesem Stock sieht man schon an dem ausgefallenen Beispiel, dass man beim Poker dem Geber einen Vierling Könige zuteilen und oben gleichzeitig zwei weitere Vierlinge für den Draw bereithalten kann.

Stock mit zwölf Karten: Dieser Trick ist fürs Draw Poker geeignet. Drei Vierlinge liegen obenauf, derjenige für den Dealer ist der unterste. Nehmen Sie das gesamte Kartenspiel in die rechte Hand, ziehen Sie neun Karten ab und werfen den Rest obenauf, wobei Sie beim Päckchen in der Rechten einen Injog errichten. Heben Sie etwa ein Drittel des Kartenspiels von unten ab, wobei Sie am Injog einen Spalt öffnen, errichten mit der obersten einen Injog, ziehen zwei Karten weniger ab, als die Anzahl der Spieler beträgt, errichten Sie einen Outjog, mischen Sie die Karten über dem Spalt ab und werfen Sie nach oben. Heben Sie unter dem Outjob ab, wobei

Sie am Injog einen Spalt öffnen, ziehen Sie eine Karte weniger ab, als die Anzahl der Spieler beträgt, werfen Sie die Karten über dem Spalt obenauf, ziehen Sie eine Karte ab, errichten Sie einen Injog, indem Sie eine Karte weniger abziehen, als die dreifache Anzahl der Spieler am Tisch beträgt, errichten Sie einen Outjog und mischen Sie den Rest obenauf. Heben Sie unter dem Injog ab und werfen Sie die Karten nach oben. Heben Sie unter dem Outjog ab, ziehen Sie eine Karte weniger ab, als die Anzahl der Spieler beträgt und werfen Sie den Rest nach oben. Auf diese Weise erhält der Geber in der zweiten Runde die erste Karte seines Vierlings und die beiden anderen Vierlinge liegen für den Draw obenauf. Hat der Geber den höchsten Vierling, interessieren ihn die Draws der anderen Spieler wenig, da selbst dann keiner eine bessere Hand bekommen kann, wenn er vier gleiche Karten zieht.

Mit Ausnahme des ersten Mischens, bei dem drei Karten des Vierlings des Gebers nach oben und die vierte Karte zum Spalt über den beiden anderen Vierlingen gebracht werden, ist die Vorgehensweise identisch mit dem Stock mit vier Karten. Danach wird der Vierling des Gebers – wenn der Spalt beim nächsten Mischen nach oben geworfen wird – an genau dieselbe Stelle befördert, wie dies beim ersten Mischen des Stocks mit vier Karten geschieht. Das restliche Vorgehen ist identisch, außer dass beim zweiten Abheben von unten beim Errichten des Injogs eine Karte weniger abgezogen wird, als die dreifache Anzahl der Spieler beträgt, anstatt eine weniger als die doppelte Anzahl. Dies geschieht, um die zusätzliche Anzahl von Karten in den Stock zu befördern, die notwendig sind, um fünf Runden austeilen zu können, ohne die anderen Vierlinge zu zerstören.

Wir haben dieses Beispiel als ausgefallen bezeichnet, da sich nur sehr selten die Gelegenheit bietet, drei Vierlinge zusammenzustellen. Das Vorgehen bei zwei Vierlingen, vier Paaren oder jeder anderen Anzahl ist aber gleich und erfordert lediglich eine leichte Anpassung der Berechnungen.

Die genannten Beispiele beiziehen sich auf Whist, Hearts, Poker, Cribbage und alle anderen Spiele, bei denen die Karten einzeln ausgeteilt werden. Deutlich einfacher ist es einen Stock zusammenzustellen, wenn zwei oder mehr Karten auf einmal ausgeteilt werden, wie beim Euchre, Coon Can, Penuckle, Varianten von All Fours, Piquet usw. Wir werden gleich zeigen, wie einfach es ist, beim Euchre einen Stock zusammenzustellen. Selbst der gierigste Geber will nicht mehr als vier Karten, da er damit in neun von zehn Fällen gewinnt.

Stock beim Euchre: Vier Spieler, die erwünschten vier Karten liegen obenauf. Heben Sie von unten etwa drei Viertel des Kartenspiels ab, ziehen Sie siebzehn Karten ab, errichten Sie einen Injog und mischen Sie den Rest obenauf. Heben Sie unter dem Injog ab und werfen Sie die Karten nach oben. Damit erhält er Geber drei der erwünschten Karten, und die vierte wird als Trumpf umgedreht. Der Geber bekommt zunächst zwei Karten und danach drei Karten, daher erhält er die drei erwünschten Karten in der zweiten Runde und als vierte wird der Trumpf umgedreht. Bei der Berechnung werden nur die Karten abgezählt, die vor den erwünschten Karten (den drei Karten für den Geber und dem Trumpf) zum Austeilen gebraucht werden. In einer Runde mit drei Spielern wären es zwölf Karten, also fünf weniger, und bei zwei Spielern sieben Karten. Der eben beschriebene Mischvorgang dauert nicht lange genug, daher sollten Sie zunächst falsch mischen, um die erwünschten Karten nach oben zu befördern, und erst dann den Stock zusammenstellen. Wenn die beiden Trumpf-Buben zu den erwünschten Karten gehören, darf die unterste Karte, die den Trumpf bestimmt, nicht der zweite Bube sein, und daher muss dieser woanders platziert werden.

Sollen die gewünschten Karten einem Partner des Gebers ausgeteilt werden, dauert der ganze Vorgang genauso lang.

Anderer Stock beim Euchre: Vier Spieler, die vier erwünschten Karten werden für den Partner des Gebers und als Trumpf oben zusammengestellt. Heben Sie von unten etwa drei Viertel des Kartenspiels ab, errichten Sie einen Injog, ziehen Sie sechzehn Karten ab, errichten Sie einen Outjog und mischen Sie den Rest obenauf. Heben Sie unter dem Outjog ab, öffnen Sie unter dem Injog einen Spalt, ziehen Sie nach einem Injog mit der ersten Karte elf Karten ab und werfen Sie die Karten über dem Spalt nach oben. Ziehen Sie danach drei Karten ab und mischen Sie den Rest nach oben. Heben Sie unter dem Injog ab und mischen Sie den Rest nach oben. Auf diese Weise erhält der Spieler gegenüber vom Geber in der zweiten Runde die drei erwünschten Karten, die vierte wird als Trumpf umgedreht.

Für alle Leser, die den Vorgang komplett verstehen wollen, erklären wir hier, wie gerechnet wird. Zunächst müssen wir ausrechnen, wo sich die Karten befinden müssen, wenn fertig gemischt ist. Die Reihenfolge in der ersten Runde ist drei Karten, zwei Karten, drei Karten, zwei Karten und in der zweiten Runde zwei Karten, drei Karten, zwei Karten, drei Karten. Damit der Partner in der zweiten Runde die erwünschten Karten bekommt, müssen sie sich an Position 13, 14 und 15 von oben befinden, und die vierte Karte muss sich an Position 21 von oben befinden, damit sie als Trumpf umgedreht wird. Es wäre einfach, den Stock anhand dieser Zahlen auszuführen, aber es gibt eine einfachere Methode. Da ein Euchre-Spiel nur aus 32 Karten besteht, sind die erwünschten Karten eher unten als oben und man kann auch von unten zählen. Der Trumpf ist daher an Position 12 von unten, und bis zu den drei anderen relevanten Karten kommen fünf unbedeutende. Addiert man die elf Karten unter dem Trumpf zu den fünf darüber, kommt man auf die Zahl 16, also die Anzahl von Karten, die beim Mischen zuerst abgezogen werden.

Jeder Spieler, der diese Beispiele für Euchre verstanden hat und die Ausführung beherrscht, dürfte auch bei allen anderen Spielen, bei denen zwei oder mehr Karten gleichzeitig ausgeteilt werden, keine Probleme haben. Je mehr Karten auf einmal ausgeteilt werden, desto einfacher wird es, möglichst viele Karten zusammenzustellen. Um einen erheblichen Vorteil zu erzielen, reichen zwei Karten pro Austeilen aber schon aus, und aus praktischen Gründen sollte man gar nicht erst versuchen, mehr als drei zusammenzustellen. Wer die Karten einzeln abziehen und einen Injog ausführen kann, ist auch in der Lage, in einem Spiel, bei dem zwei oder drei Karten gleichzeitig ausgeteilt werden, einen Stock mit zwei oder drei Karten zusammenzustellen.

Erdnases System fürs Cull-Mischen

Bei den meisten Kartenspielen, bei denen es um Geld geht, ist die Aufmerksamkeit so groß und sind die Regeln so strikt, dass der Profi kaum eine Chance hat, sich offen bestimmte Karten zusammenzusuchen. Schon die unbedeutendste Aktion kann Argwohn erregen, und dann gilt nur noch die alte Regel: „Aufhören, wenn man unter Verdacht geraten ist." Wir werden jedoch eine neue Methode beschreiben, wie man die Karten auf unterschiedlichste Art in eine bestimmte Reihenfolge bringen kann, ohne dass es jemand merkt. Alles geschieht so natürlich und regelgerecht, dass keine einzige Bewegung erkennbar wird, die nicht dem gründlichen Mischen dient.

Zur Vorbereitung des Cull-Mischens muss man sich merken, an welcher Stelle im Spiel sich die erste, die zweite und alle anderen Karten, die am Ende zusammen ausgeteilt werden sollen, befinden. Handelt es sich zum Beispiel um drei erwünschte Karten, und die erste befindet sich an achter Stelle von oben, die zweite vier Positionen weiter unten und die dritte weitere sechs Positionen darunter, merkt man sich als Reihenfolge „acht, vier, sechs". Die unterste erwünschte Karte in diesem Beispiel ist die achtzehnte Karte von oben, gezählt wird aber von Karte zu Karte. Wären die erwünschten Karten zusammen, indem die erste die achte von oben ist und direkt danach die beiden nächsten folgen, würde man „acht, eins, eins" zählen.

Die Berechnung der Kartenpositionen erfolgt vor oder während des Einsammelns der Karten vor dem Mischen. Es ist sehr einfach, sich die Reihenfolge von zwei oder drei bzw. sogar fünf oder sechs Karten zu merken. Bei manchen Spielen kann man sich die Karten merken, wenn Stiche gemacht werden, bei anderen werden die letzten Karten offen ausgelegt und geben so die entsprechenden Hinweise. Nehmen wir zum Beispiel an, beim Poker werden am Ende des Spiels zwei Blätter gezeigt. Das eine enthält ein Paar, und das andere enthält eine Karte, die aus dem Paar einen Drilling macht. Werden die Karten anschließend oben auf dem Stapel abgelegt, kann man sich mit einem Blick die Reihenfolge der drei Karten für den Drilling merken. Natürlich wäre es nicht gut, wenn sämtliche erwünschten Karten aus dem Blatt ein und desselben Spielers stammten. Der Blitz schlägt nur selten zweimal an derselben Stelle ein, daher würde der Geber nicht besonders gut dastehen, wenn er in der unmittelbar nächsten Hand dieselben guten Karten hätte.

Mit dem Cull-Mischen werden die erwünschten Karten nach ganz unten befördert. In unserem ersten Beispiel werden zwei Karten aussortiert.

Aussortieren von zwei Karten, „8, 4": Heben Sie etwa das halbe Kartenspiel unten ab, errichten Sie bei der ersten Karte einen Injog und mischen Sie den Rest nach oben. Heben Sie unter dem Injog ab, ziehen Sie eine Karte weniger ab, als die erste Zahl beträgt, bilden Sie einen Injog, ziehen Sie eine Karte mehr ab, als die zweite Zahl beträgt, bilden Sie einen Outjog und mischen Sie den Rest obenauf. (Die beiden erwünschten Karten sind nun an der obersten bzw. untersten Stelle des mittleren Päckchens, das sich zwischen Injog und Outjog befindet.) Heben Sie unter dem Outjog ab, wobei Sie einen Spalt am Injog öffnen, errichten Sie bei der ersten Karte (eine der beiden erwünschten) einen Injog, werfen Sie die Karten über dem Spalt auf das Päckchen und mischen Sie den Rest obenauf. (Die beiden erwünschten Karten liegen nun zusammen; die eine ist die Injog-Karte, die andere liegt darüber.) Heben Sie unter dem Injog ab und mischen Sie den Rest obenauf. Nun sind die beiden erwünschten Karten ganz unten.

Das Vorgehen ist im ersten Moment ein wenig verwirrend, doch wenn man das Aussortieren der Karten erst einmal verstanden hat, wird es ganz einfach. Der erste Undercut (Abheben von unten) und das erste Mischen nach oben wirken sich nicht auf das Ergebnis aus, die erwünschten Karten werden aber zur besseren Weiterverarbeitung weiter nach unten befördert. Dadurch erscheint der gesamte Mischvorgang regulär.

Aussortieren von drei Karten, „7, 5, 9“: Heben Sie etwa das halbe Kartenspiel unten ab, errichten Sie bei der ersten Karte einen Injog und mischen Sie den Rest nach oben. Heben Sie unter dem Injog ab, ziehen Sie eine Karte weniger ab, als die erste Zahl beträgt. Ziehen Sie danach mit einem Injog eine Karte mehr ab, als die zweite Zahl beträgt, und ziehen Sie anschließend mit einem Outjog eine Karte weniger ab, als die dritte Zahl beträgt. Die restlichen Karten werfen Sie obenauf. (Zwei der drei erwünschten Karten sind nun an der obersten bzw. untersten Stelle des mittleren Päckchens, die dritte befindet sich ganz oben.) Heben Sie unter dem Outjog ab, wobei Sie einen Spalt am Injog öffnen, errichten Sie bei der ersten Karte einen Injog, ziehen Sie eine Karte ab, werfen Sie die Karten über dem Spalt auf das Päckchen und mischen Sie den Rest obenauf. (Die drei erwünschten Karten liegen nun beim Injog zusammen.) Heben Sie unter dem Injog ab und mischen Sie den Rest obenauf. Nun sind die drei erwünschten Karten ganz unten. Selbst bei einer so einfachen Aufgabe wie zwei und zwei zusammenzuzählen muss man sich ein wenig konzentrieren, doch darüber hinaus muss man die Ursache und Wirkung der einzelnen Handgriffe verstehen, um das Cull-Mischen einwandfrei zu beherrschen. Es gibt keine Formel, die man in jeder Situation anwenden kann, da die verschiedenen Möglichkeiten, an welchen Stellen die erwünschten Karten sich aufhalten, schier unendlich sind. Wer aber die beiden beschriebenen Beispiele und deren einzelne Handgriffe versteht, ist auf dem besten Weg zum Erfolg und hat die größten Schwierigkeiten überwunden.

Aussortieren von vier Karten, „3, 6, 2, 5": Heben Sie etwa ein Drittel des Kartenspiels von unten ab, errichten Sie bei der ersten Karte einen Injog und mischen Sie den Rest nach oben. Heben Sie unter dem Injog ab und ziehen Sie eine Karte weniger ab, als die erste Zahl beträgt. Ziehen Sie danach mit einem Injog eine Karte mehr ab, als die zweite Zahl beträgt, und ziehen Sie anschließend mit einem Outjog eine Karte weniger ab, als die dritte Zahl beträgt. Die restlichen Karten werfen Sie obenauf. (Zwei der vier erwünschten Karten sind nun an der obersten bzw. untersten Stelle des mittleren Päckchens, eine befindet sich ganz oben und die letzte an der ursprünglichen Stelle in Relation zur obersten Karte.) Heben Sie unter dem Outjog ab, wobei Sie einen Spalt am Injog öffnen, errichten Sie bei der ersten Karte einen Injog, ziehen Sie eine Karte ab, werfen Sie die Karten über dem Spalt auf das Päckchen und mischen Sie den Rest obenauf. (Drei der erwünschten Karten liegen nun beim Injog zusammen, die letzte so viele Karten (fünf) unter dem Injog, wie es der letzten Zahl entspricht.) Heben Sie unter dem Injog ab, ziehen Sie eine Karte weniger ab als die letzte Zahl und werfen Sie den Rest obenauf. (Drei der erwünschten Karten sind nun unten, die vierte ganz oben.)

Die oberste Karte kann nun zu den drei anderen befördert werden, indem man unter der obersten Karte abhebt und die Karten obenauf wirft; oder man hebt etwa die Hälfte der Karten von unten ab, errichtet bei der obersten Karte einen Injog und wirft den Rest nach oben, wonach man unter dem Injog abhebt und die Karten nach oben mischt.

Hebt man unter der obersten Karte ab und wirft die Karten nach oben (oder zieht mit anderen Worten mit einem Run eine Karte ab und wirft den Rest nach oben), sieht dies bei hohem Tempo so aus, als würde ganz normal abgehoben werden, und niemand bemerkt, dass nur eine Karte von oben nach unten gewandert ist.

Die genannten Beispiele sehen bei sauberer Ausführung wie normales Mischen aus. Arbeitet der Geber sauber und elegant, kommt niemand auch nur auf die Idee, dass manipuliert wurde.

Wie die Beispiele zeigen, geht es beim Cull-Mischen weitgehend um die Wiederholung bestimmter Handgriffe; je mehr Karten aussortiert werden, desto länger dauert der ganze Vorgang. Liegen die erwünschten Karten aber paarweise, in Drillingen usw. zusammen, werden der Aufwand und die Dauer entsprechend verkürzt. Mehrere aufeinanderliegende Karten werden wie eine einzelne Karte behandelt. Ist die Reihenfolge „6, 1, 1, 1, 4, 1, 1", entspricht der Vorgang, sie zusammen auszusortieren, mehr oder weniger dem von zwei Karten an den Positionen „6, 4". Ist die Reihenfolge „5, 1, 1, 1, 3, 1, 1, 7, 1", geht man ganz ähnlich vor wie bei drei Karten, obwohl man faktisch neun Karten nach unten befördern muss.

Aussortieren von neun Karten, „5, 1, 1, 1, 3, 1, 1, 7, 1": Heben Sie etwa ein Drittel des Kartenspiels von unten ab, errichten Sie bei der ersten Karte einen Injog und mischen Sie den Rest nach oben. Heben Sie unter dem Injog ab und ziehen Sie eine Karte weniger ab, als die erste Zahl beträgt. Ziehen Sie danach mit einem Injog der ersten Karte alle Karten bis zur letzten Karte des zweiten Sets (diese inklusive) ab (der Run besteht aus neun Karten, vier im ersten Set, zwei unbedeutende und drei im zweiten Set). Ziehen Sie anschließend mit einem Outjog eine Karte weniger ab, als die nächste Zahl beträgt (sechs), und werfen Sie die restlichen Karten obenauf. (Zwei Sets befinden sich nun an der obersten bzw. untersten Stelle des mittleren Päckchens, das dritte ganz oben.) Heben Sie unter dem Outjog ab, wobei Sie einen Spalt am Injog öffnen, errichten Sie bei der ersten Karte einen Injog, ziehen Sie das zweite Set (drei Karten) ab, werfen Sie die Karten über dem Spalt auf das Päckchen und mischen Sie den Rest obenauf. (Alle erwünschten Karten liegen zusammen, aber der Injog trennt die beiden letzten.) Heben Sie unter dem Injog ab und werfen Sie den Rest obenauf. Damit liegt eine Karte oben und acht unten.

Dieses Beispiel ist vielleicht ein wenig ausgefallen, da man selten so viele Karten aussortieren will, aber es zeigt, welche Möglichkeiten das System bietet. Vor dem Mischen sollte man sämtliche Handgriffe noch einmal im Geist durchgehen, damit es später zu keinen Verzögerungen kommt.

Für den ganzen Vorgang braucht man keine besondere Fingerfertigkeit. Wer mischen kann, kann auch einen Cull ausführen, sofern er weiß, wie es geht. Dabei ist Geschwindigkeit nicht annähernd so wichtig wie ein gleichmäßiger Bewegungsablauf.

Es gibt viele Möglichkeiten, das Cull-Mischen zu vereinfachen. Der Geber kann die Karten beim Einsammeln nach Lust und Laune zusammenstellen, ohne dass jemand etwas davon merkt. Dabei wird er zwar nie Karten umdrehen oder die Abfolge eines Bündels verändern, aber er kann die Karten, ohne Aufsehen zu erregen, in der Reihenfolge aufnehmen, die ihm am geeignetsten erscheint. Er kann sich merken, in welcher Reihenfolge die Karten bei einem bestimmten Stich gelegt wurden, wie viele Karten oder Stiche auf den für ihn relevanten Karten liegen, welche Karten von ihm oder anderen abgeworfen wurden und welche Karten zuletzt ausgespielt wurden. Bei jedem Spiel gibt es unzählige Gelegenheiten, sich die Reihenfolge erwünschter Karten zu merken. Hat der Geber einen Mitstreiter, können die beiden beim Einsammeln zusammenarbeiten und die Chancen verdoppeln.

Sobald die gewünschten Karten unten sind, könnte der Geber weitermischen und einen Top-Stock zusammenstellen, doch das würde zu lange dauern. Normalerweise wird von unten ausgeteilt. Fünfzehn oder zwanzig Sekunden sind eine lange Zeit, um drei Karten auszusortieren, und das Ganze lässt sich auch in der halben Zeit bewerkstelligen.

Erdnases System fürs Palmieren

Die Kunst des Palmierens (des Verdeckens von Karten mit der Hand) kann so stark perfektioniert werden, dass es schon an ein Wunder grenzt. Es ist überhaupt nicht schwer, eine oder mehrere Karten in die Hand zu nehmen und diese zu verstecken, indem man die Handfläche teilweise schließt oder nach unten bzw. zur Seite dreht. Eine ganz andere Sache ist es aber, diese so vom Kartenspiel zu entfernen und zu palmieren, dass sogar der kritischste Beobachter keinen Verdacht schöpft oder gar etwas bemerkt. Die folgenden Methoden wurden allesamt von uns entwickelt und sind aus unserer Sicht die schnellsten und subtilsten, die je ersonnen wurden.

Palmieren der obersten Karten – erste Methode: Halten Sie das Kartenspiel so in der linken Hand, dass die vorderen Glieder des Mittel- und Ringfingers an der rechten Längsseite, der Daumen in der Mitte der anderen Längsseite, das erste Glied des kleinen Fingers an der inneren Schmalseite und der Zeigefinger gekrümmt an der Unterseite liegen. Halten Sie die rechte Hand über das Kartenspiel, Mittel-, Ring- und kleiner Finger liegen eng beisammen auf der oberen Schmalseite, das erste Glied des kleinen Fingers ruht auf der Ecke, der Zeigefinger liegt gekrümmt auf dem Rücken des Kartenspiels und die Daumenspitze liegt knapp über dem linken Zeigefinger an der inneren Schmalseite. Zum Palmieren drücken Sie mit dem ersten Glied des rechten kleinen Fingers fest gegen die obersten Karten und heben diese an der vorderen Ecke etwa einen Zentimeter an. Dadurch lösen Sie die Karten aus dem Griff des linken Mittel- und Ringfingers, während die drei rechten Finger (Mittel-, Ring- und kleiner) so bleiben, wie sie sind. Die Karten, die verdeckt werden sollen, werden nun fest zwischen dem rechten kleinen und dem linken kleinen Finger gehalten (siehe Abbildung 36). Strecken Sie den

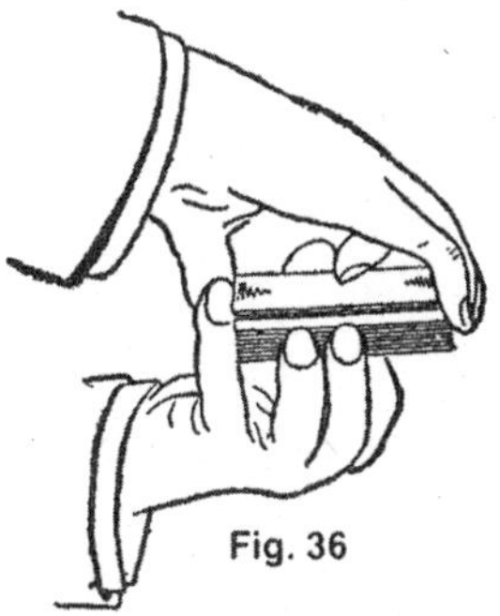

Fig. 36

rechten Zeigefinger aus, bewegen Sie den linken kleinen Finger mit den Karten, die palmiert werden sollen, vom Kartenspiel weg und schieben Sie diese mit der Spitze des linken Ringfingers in die rechte Handfläche (siehe Abbildung 37). Ziehen Sie das Kartenspiel zur Hälfte unter der rechten Hand heraus und lassen Sie mit

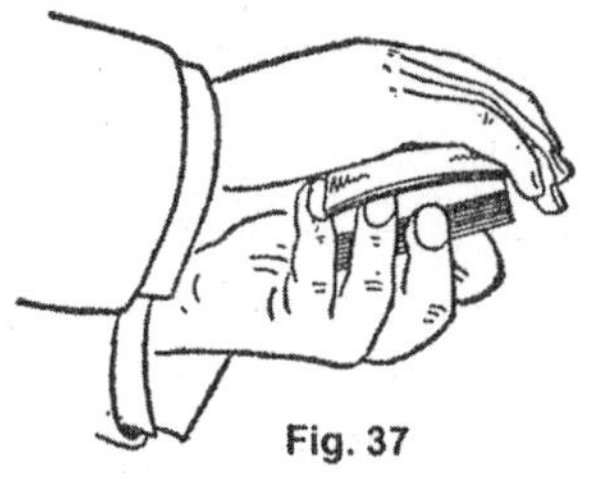

Fig. 37

der linken Hand los (siehe Abbildung 38). Anschließend legen Sie das Kartenspiel zum Abheben mit rechts auf den Tisch. Sobald die Hände ihre Ausgangsposition eingenommen haben, dauert der ganze Vorgang keine halbe Sekunde mehr. Das Kartenspiel sollte möglichst gut sichtbar bleiben, und zu diesem Zweck liegt der rechte Zeigefinger gekrümmt genau so lange oben auf dem Kartenspiel, bis die Karte versteckt wird. Der Handgriff, mit dem das Kartenspiel nach dem Palmieren sichtbar gemacht wird, ist Teil des gesamten Bewegungsablaufs.

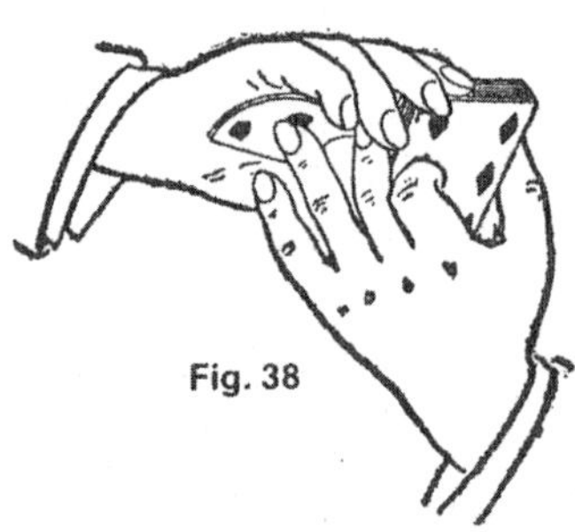

Fig. 38

Palmieren der obersten Karten – zweite Methode: Die Hände werden genauso wie bei der ersten Methode gehalten, aber der Ablauf ist ein wenig anders. Ziehen Sie die Karten, die palmiert werden sollen, wie vorher beschrieben hoch und schieben Sie dann die Spitzen des linken Mittel- und Ringfingers in den Spalt. Strecken Sie den rechten Zeigefinger aus, drücken Sie mit allen vier Fingern der rechten Hand die vorderen Schmalseiten der Karten, die palmiert werden sollen, nach unten, wodurch diese über die Spitzen des linken Mittel- und Ringfingers gebogen werden. Der linke kleine Finger hält die Karten in dieser Position. Lösen Sie den linken kleinen Finger und lassen Sie die Karten dadurch in die rechte Handfläche springen, wobei der linke Mittelfinger etwas nachhilft, indem er die Karten fest gegen die Handfläche drückt und sie hält, während das Kartenspiel mit der Linken ins Sichtfeld gezogen wird. Wie bei der letzten Methode beschrieben, sollten Sie das Kartenspiel mit der linken Hand sofort loslassen. Mit der rechten Hand lassen Sie es auf den Tisch fallen.

Aus unserer Sicht sind dies die beiden besten Methoden, um die obersten Karten nach dem Mischen zu palmieren. Die Haltung der Hände ist so, wie sie beim Glattstreichen der Karten ziemlich natürlich eingenommen wird. Die rechte Hand sollte erst die Schmalseiten ergreifen, ehe Daumen und Finger der linken Hand die Längsseiten durch Auf- und Abwärtsbewegungen glattstreichen. Danach wird der linke kleine Finger an der inneren Schmalseite des Kartenspiels in die richtige Position gebracht, und die Karten können leicht palmiert werden.

Palmieren der untersten Karten – erste Methode: Nehmen Sie das Kartenspiel von oben mit der rechten Hand und halten Sie es mit den ersten Gliedern des Mittel- und Ringfingers an einer Schmalseite und mit dem Daumen an der anderen. Die Finger liegen eng beieinander, Ringfinger und Daumen befinden sich nah an den Ecken, damit möglichst viel vom Kartenspiel zu sehen ist. Heben Sie die linke Hand und nehmen Sie das Kartenspiel zwischen Zeigefinger und Mittelfinger sowie der Handfläche unter dem zweiten Daumenglied an der Schmalseite unter dem rechten Daumen heraus, wobei der linke Daumen quer im Bereich der unteren Schmalseite liegt. Ist die Haltung korrekt, berühren die Spitzen des linken Daumens und Mittelfingers den rechten Daumen, da sich alle drei Finger in derselben Ecke des Kartenspiels befinden. Fast das gesamte Kartenspiel ist dabei zu sehen. Zum Palmieren werden die unteren Karten mit der Spitze des linken Mittelfingers an der Ecke genommen, unter dem linken Daumen an die Handfläche gedrückt und unter der Spitze des rechten Daumens etwa einen halben Zentimeter nach unten gezogen (siehe Abbildung 39). Dies führt dazu, dass die vordere Ecke der unteren Karten ein wenig an der Seite unter dem rechten Daumen herausragt. Berühren Sie diese hervorstehende Ecke mit der Fingerspitze des rechten kleinen Fingers, drücken Sie die Karten fest gegen

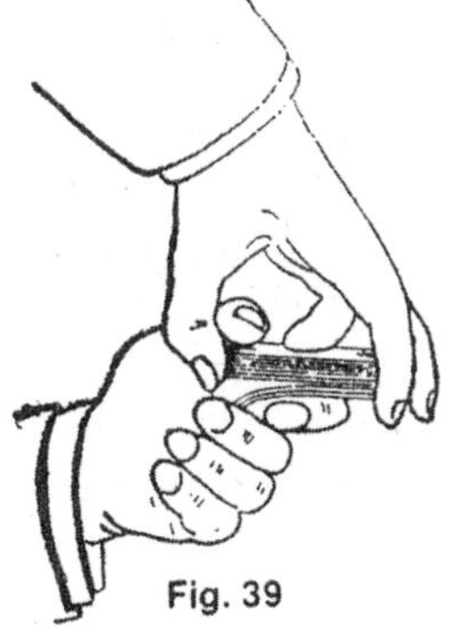

Fig. 39

die Handfläche unter dem linken Daumen und ziehen Sie sie in Richtung des rechten Daumes – während Sie die linken Finger gleichzeitig strecken – bis die Karten recht ordentlich in der linken Handfläche liegen (siehe Abbildung 40). Schließen Sie die linke Hand mit den palmierten Karten ein wenig und drehen Sie sie ein bisschen nach innen, während die rechte Hand die restlichen Karten zum Abheben auf den Tisch legt.

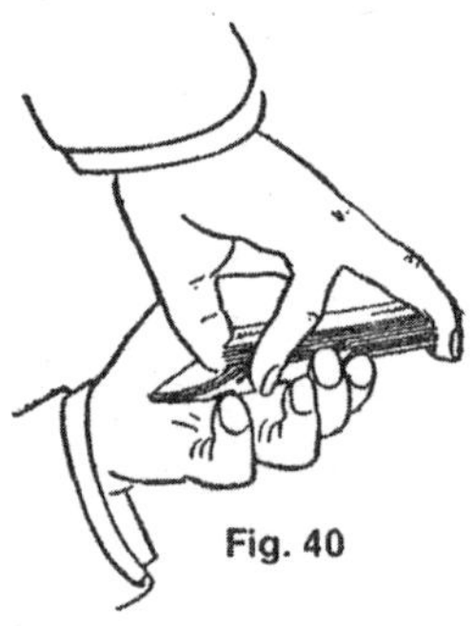
Fig. 40

Der gesamte Vorgang ist extrem schnell, leicht und undurchschaubar. Die einzige Schwierigkeit besteht darin, mit der linken Hand die richtige Position einzunehmen. Damit Sie das gut hinbekommen, palmieren Sie mit der linken Hand sechs Karten so, dass die Haltung optimal ist und gleichzeitig nichts zu erkennen ist. Drücken Sie dann mit einem Finger der rechten Hand gegen die Ecke der palmierten Karten am linken kleinen Finger und schwenken Sie sie – mit der diagonal gegenüberliegenden Ecke als Achse – über den Zeigefinger, bis die Spitze des linken Mittelfingers die rechte innere Ecke berühren kann und der linke Daumen quer über der Schmalseite liegt. Wird der linke Daumen danach angehoben und der Rest des Kartenspiels nach oben gelegt, ist die gewünschte Position erreicht.

Nach dem Mischen kann diese Position ziemlich natürlich beim Glattstreichen eingenommen werden, indem das Kartenspiel aus der linken Handfläche geschoben wird, bis der linke Daumen quer über der oberen Schmalseite liegt.

Dieser Trick funktioniert auch ohne Mithilfe des rechten kleinen Fingers. Die Hände nehmen exakt die Haltung ein wie eben beschrieben, und der linke Mittelfinger wird so weit gesenkt, dass der kleine Finger seine Stelle einnehmen kann. Dann berührt der kleine Finger die Ecke und zieht die Karten in Richtung Handgelenk, bis sie wie zuvor an den linken Fingern liegen.

Palmieren der untersten Karten – zweite Methode: Nehmen Sie das Kartenspiel mit der rechten Hand von oben und klemmen Sie es an der Mitte der Schmalseite zwischen den Daumen und

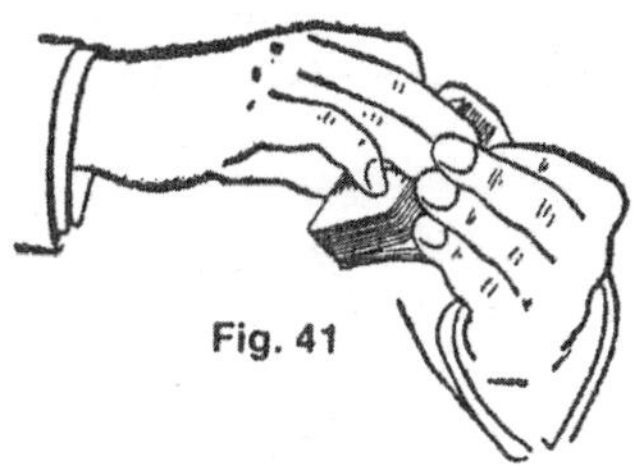

Fig. 41

die ersten Glieder von Mittel- und Ringfinger. Der Zeigefinger liegt gekrümmt obenauf. Führen Sie die linke Hand an die Unterseite, die Spitzen des linken Mittel- und Ringfingers werden auf den rechten Mittel- und Ringfinger gelegt, der linke kleine Finger kommt mit dem ersten Glied an derselben Schmalseite an die Unterkante der Karten, der linke Zeigefinger wird gegen die Unterseite gekrümmt und der linke Daumen liegt an der Längsseite. Zum Palmieren packen Sie mit dem ersten Glied des linken kleinen Fingers die Ecken der untersten Karten (siehe Abbildung 41). Schwenken Sie nun die vordere Schmalseite des Kartenspiels in Richtung linken Daumen, wobei Sie den rechten Daumen als feste Gelenkachse benutzen, bis die beiden vorderen Schmalseiten der beiden Päckchen aneinander vorbei sind, und strecken gleichzeitig den linken Zeigefinger (siehe Abbildung 42). Lassen

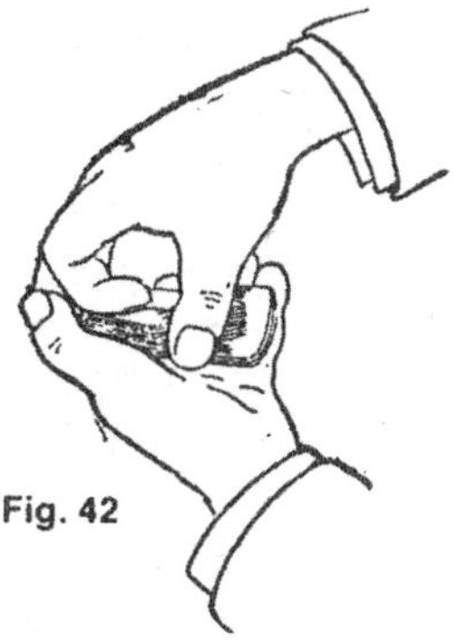

Fig. 42

Sie dann die innere Schmalseite des unteren Päckchens los, sodass sie in die linke Handfläche fällt, oder drücken Sie die innere Schmalseite beider Päckchen in die linke Handfläche und lassen dabei das untere Päckchen los. Ziehen Sie das Kartenspiel aus der linken Hand und lassen Sie es zum Abheben auf den Tisch fallen, wobei Sie gleichzeitig die linke Hand mit den palmierten Karten umdrehen.

Der gesamte Vorgang läuft blitzartig ab und ist fast nicht zu erkennen. Der Nachteil ist die leicht unnatürliche Bewegung, mit der die linken Finger an die vordere Schmalseite gebracht werden. Sie sollten beim Glattstreichen nach dem Mischen an den Längsseiten liegen und erst im letzten Moment an die Schmalseite gebracht werden, wonach ohne weitere Verzögerung palmiert werden kann.

Um die palmierten Karten zurückzulegen, nehmen Sie das Kartenspiel an den Schmalseiten in die rechte Hand, und während Sie die Karten in die linke Hand legen, drehen Sie den linken Mittelfinger von der Schmalseite der palmierten Karten auf die Längsseite und legen den linken Zeigefinger gekrümmt darunter (siehe Abbildung 43). Führen Sie den linken Daumen an die eine Längsseite und den linken Mittelfinger an die andere, während die palmierten Karten verrutscht werden, denn so unterstützen Sie die Rotation des unteren Päckchens.

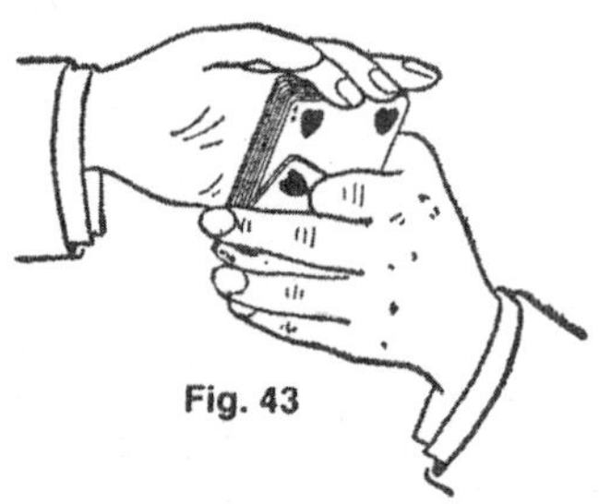

Fig. 43

Es ist deutlich schwieriger Karten zurückzulegen als zu palmieren, doch wird meist niemand auf den Vorgang aufmerksam, da allfällige Ungeschicklichkeiten beim Glattstreichen nach dem Abheben überspielt werden können. Dies gilt aber natürlich nur, wenn das Palmieren unbemerkt vonstattenging. Wer viel übt, kann die Karten aber genauso perfekt zurücklegen, wie er sie zuvor palmiert hat. Hat man die richtigen Positionen und den

Ablauf erst einmal komplett verstanden, sind die größten Schwierigkeiten überwunden.

Palmieren der untersten Karten – beim Riffeln: Werden die Karten geriffelt – also auf dem Tisch gemischt – ist es nicht möglich, völlig natürlich zu palmieren, da es keinen Grund gibt, die Karten vor dem Abheben in die Hände zu nehmen. Das würde, wenn schon nicht auffällig, zumindest unnötig wirken und viel Zeit kosten. Geht es in einer Runde aber nicht allzu schnell zu, lässt sich der folgende Plan vermutlich erfolgreich umsetzen.

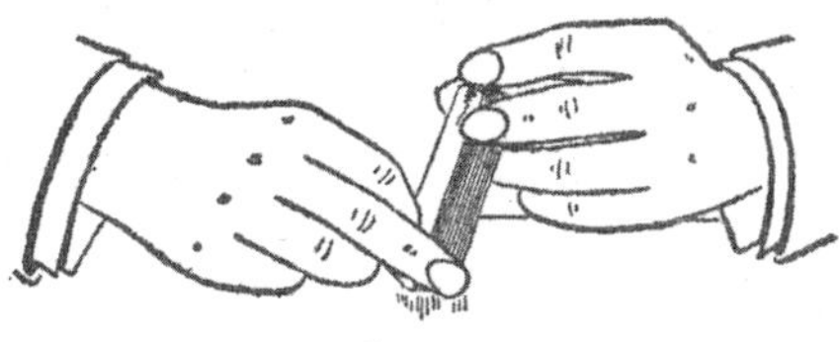

Fig. 44

Nehmen Sie das Kartenspiel nach dem Riffle an den Längsseiten zwischen Mittelfinger und Daumen beider Hände. Heben Sie die linke Schmalseite an, bis die unterste Karte zur Handfläche schaut, und klopfen Sie mit der unteren Schmalseite auf den Tisch (siehe Abbildung 44). Lösen Sie nun die rechte Hand und neigen Sie das Kartenspiel so, dass Sie die Schmalseiten an den oberen Ecken mit dem rechten Mittelfinger und Daumen halten können. Lösen Sie nun die Finger der linken Hand, während der Daumen in Position bleibt, und klopfen Sie noch einmal mit der Längsseite auf den Tisch, wobei Sie gleichzeitig den linken Mittel- und Ringfinger an die Schmalseite führen und den linken Zeigefinger und kleinen Finger gekrümmt auf die Unterseite legen, während der linke Ringfinger den Tisch berührt (siehe Abbildung 45). Auf diese Weise sind die Hände in die gleichen Positionen gelangt wie bei der zweiten Methode. Zum Palmieren greifen Sie die unteren Karten mit dem ersten Glied des linken Ringfingers und drü-

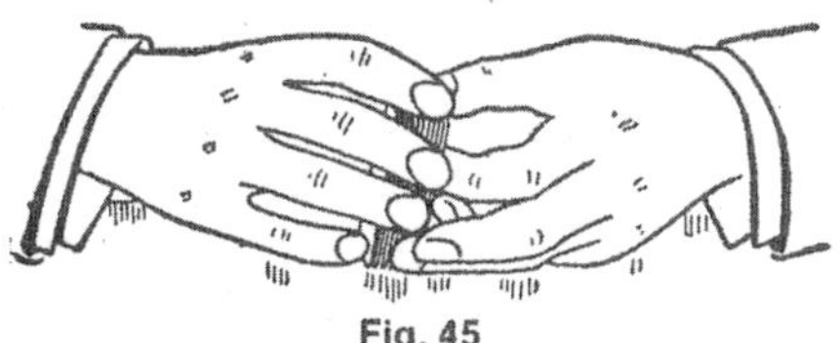

Fig. 45

cken sie leicht gegen den rechten Daumen. Heben Sie das ganze Kartenspiel leicht an, drehen die vordere Schmalseite des oberen Päckchens zum linken Daumen, wobei Sie den rechten Daumen als feste Drehachse verwenden, bis die vorderen Schmalseiten beider Päckchen aneinander vorbei sind, und strecken Sie den linken Zeigefinger und kleinen Finger (siehe Abbildung 46). Drücken Sie dann den Daumen mit den beiden inneren Schmalseiten in die linke Handfläche hinein, lösen Sie das untere Päckchen und lassen Sie die Karten zum Abheben auf den Tisch fallen, während Sie gleichzeitig die linke Hand mit den palmierten Karten umdrehen.

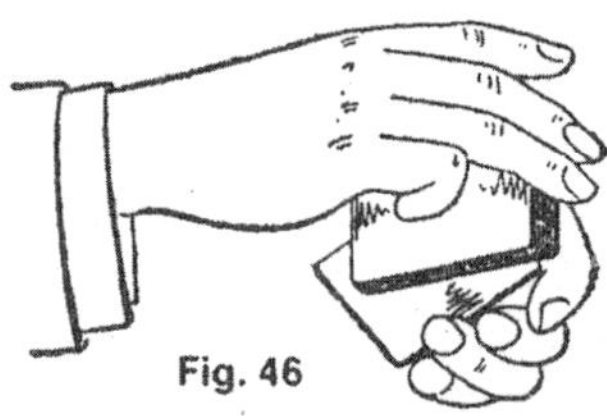
Fig. 46

Liegt das Spiel mit den Längsseiten auf dem Tisch, wirken die Bewegungen völlig natürlich. In den meisten Runden kommt es zudem oft vor, dass die Karten mit einem Klopfen auf die Tischkante begradigt werden. Da man sich durch das Kippen des Kartenspiels eine Gelegenheit verschaffen könnte, sich die unterste Karte zu merken, vermuten die anderen Spieler eher diese Absicht als das Palmieren. Das Kartenspiel kann aber ganz ruhig gekippt und auf den Tisch geklopft werden, dass für jedermann klar ist, dass niemand etwas sehen kann. Die linke Hand sollte die unterste Karte komplett verdecken, und das Kartenspiel sollte so gehalten werden, dass die Vorderseiten nie vom Geber oder einem anderen Spieler gesehen werden können.

Das Palmieren an sich kann in blitzartiger Geschwindigkeit geschehen, und wie bereits erwähnt, besteht der einzige Nachteil in den Bewegungen, die zum Einnehmen einer natürlichen Haltung notwendig sind.

Die obersten Karten können auf ganz ähnliche Weise palmiert werden, indem man die Seiten tauscht – in diesem Fall nehmen Sie das Kartenspiel mit der rechten Hand nach dem Palmieren. Allerdings gibt es bei allen Spielen nur wenige Gelegenheiten für das Palmieren der obersten Karten. Im zweiten Teil dieses Buchs finden sich unter der Überschrift „Austausch von Karten" mehrere Methoden, wie man blitzschnell palmieren kann, die aber eher fürs Zaubern als fürs Kartenspielen geeignet sind.

Von unten palmierte Karten bleiben beim Geben in der Hand

Es bereitet überhaupt keine Probleme, Karten, die von unten palmiert wurden, beim Austeilen in der Hand zu behalten. Diesen Trick kann man aus verschiedenen Gründen anwenden, etwa um das Risiko zu umgehen, die palmierten Karten direkt nach dem Abheben wieder ins Kartenspiel zu integrieren, und stattdessen auf eine günstigere Gelegenheit nach dem Geben zu warten, wenn die restlichen Karten auf den Tisch gelegt werden. Bei Spielen wie Poker oder Kasino, wo man die Karten beim zweiten Geben verwenden kann, kann dies von Nutzen sein. Manchmal werden die Karten auch nach dem Abheben palmiert und während des gesamten Austeilens behalten, damit der Geber mehr Auswahl hat. Die Karten des Gebers werden auf den palmierten Karten platziert, die erwünschten Karten ausgesucht, die abzuwerfenden Karten erneut in einer der beiden Hände palmiert und wieder ins Spiel gebracht. Werden die untersten Karten schon vor dem Abheben palmiert und während des gesamten Austeilens in der Hand behalten, erhält man mehr Karten und muss nicht von unten geben, aber dies ist kein adäquater Ersatz. Dieses Verfahren wird im Kapitel „Skinning" ausführlich erklärt.

Die Karten werden in der linken Hand palmiert, das Kartenspiel wird daraufgelegt. Anschließend wird sofort mit dem Austeilen begonnen. Die vier Finger der linken Hand außer dem Daumen liegen eng beisammen, ihre Kuppen werden fest gegen die Längsseite gedrückt, wodurch die palmierten Karten perfekt verborgen werden (siehe Abbildung 47). Bei der perfekten Ausführung gibt es so gut wie keine Schwierigkeiten, entsprechend

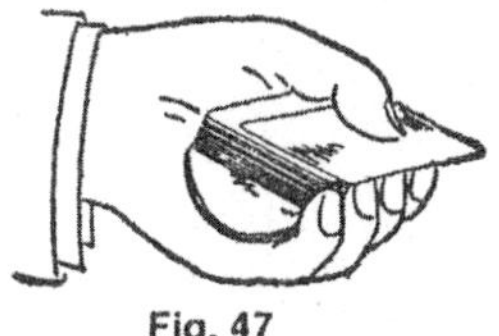

Fig. 47

kann auch ohne jegliches Verdachtsmoment ausgeteilt werden. Die palmierten Karten werden durch ihre Lage und die Wärme der Hand verbogen – diese Deformation muss beim Glattstreichen behoben werden.

Wie man beim Austeilen die Stelle fixiert, an der abgehoben wurde

Indem man die Stelle fixiert, an der abgehoben wurde, verfolgt man das Ziel, nach dem ersten Austeilen eine Volte zu schlagen. Das bedeutet, die zuvor untersten Karten wieder an ihre ursprüngliche Position zurückzubefördern, damit sie von dort ausgeteilt werden können. Der günstigste Moment für die Volte bietet sich direkt nach dem ersten Austeilen, wenn das Kartenspiel auf den Tisch gelegt wird.

Nehmen Sie beim Abheben das ursprünglich untere Päckchen an den Ecken der Längsseiten zwischen Mittel-, Ringfinger und Daumen der rechten Hand und legen Sie es so auf das abgehobene Päckchen, dass das nun unten liegende Päckchen etwa einen halben Zentimeter in Richtung Handgelenk herausragt. In dem Moment, in dem sie aufeinandergelegt werden, übergeben Sie die beiden Päckchen – ohne die Position der Finger zu verändern – mit einer gleitenden Bewegung in die linke Handfläche, wo sie vom linken Daumen festgehalten werden. Lösen Sie anschließend die rechte Hand von den Längsseiten, nehmen Sie das Kartenspiel an den Schmalseiten und streichen Sie es glatt. Dabei kommt der rechte Daumen mit dem hervorstehenden Päckchen in Kontakt. Drücken Sie es mit dem rechten Daumen ein wenig nach unten und bilden Sie beim Glattstreichen einen Spalt. Drehen Sie die linke Hand leicht, damit Sie den Spalt mit dem linken kleinen Finger an der Längsseite zu fassen bekommen und fangen Sie an auszuteilen (siehe Abbildung 48). Der Spalt ist nicht breiter

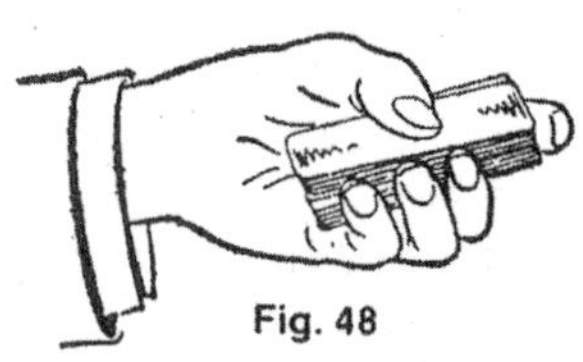
Fig. 48

als zwei Millimeter und wird vom linken Ringfinger verdeckt. Der ganze Vorgang ist sehr einfach, muss aber sorgfältig einstudiert werden. Die leicht verschobene Lage der beiden Päckchen ist nicht zu erkennen, da das obere vorne etwas übersteht und das hintere Ende von der rechten Hand verdeckt wird. Das alles spielt aber gar keine so große Rolle, da das Glattstreichen in der linken Hand völlig authentisch wirkt und der Spalt ohne jede Entdeckungsgefahr gebildet werden kann. Während des Austeilens kann der Spalt vom linken kleinen Finger problemlos gehalten werden, indem das Kartenspiel gegen den rechten Daumenballen gedrückt wird.

Volten

Es gibt viele Methoden, wie man das Abheben rückgängig machen kann, aber an dieser Stelle wollen wir nur die drei Verfahren beschreiben, die wir am Kartentisch für praktikabel halten. Irrtümlicherweise wird oft angenommen, dass der professionelle Spieler auf diesen Trick nicht verzichten könnte, doch in Wirklichkeit wird er nur selten angewendet und ist oft nur das letzte Mittel. Ein Zauberer wendet die Volte in neun von zehn Kartentricks an, zumal sie in seinem Umfeld recht leicht auszuführen ist. Eine halbe Drehung des Körpers bzw. eine leichte Drehung der Hände oder ein paar lockere Sprüche, bis sich der rechte Moment bietet, versetzen ihn in die Lage, den Trick perfekt zu verschleiern. Sitzt man aber an einem Tisch und spielt um Geld, sind die Bedingungen völlig anders. Die Hände dürfen keine Sekunde vom Tisch genommen werden und ungewöhnliche Bewegungen oder Drehungen werden nicht akzeptiert. Ein noch größeres Problem entsteht dadurch, dass die Volte und vor allem ihr idealer Zeitpunkt direkt nach dem Abheben bestens bekannt sind. Die Volte, die mit einer Bewegung, die wie normale Routine am Kartentisch aussieht oder gar scheinbar ruhenden Händen durchgeführt werden kann, muss erst noch erfunden werden. Dennoch muss der Trick gelegentlich angewendet werden, und wenn ein einfallsreicher Profi es nicht schafft, die Vorgehensweise zu verbessern, verschiebt er eben den Zeitpunkt und umgeht so das grundsätzliche Problem. Dieser Ausweg wird in unseren Ausführungen zum

Thema „Ohne Mitstreiter" unter der Überschrift „Vertauschen der abgehobenen Karten" behandelt.

Die erste Volte, die wir beschreiben, wird mit beiden Händen ausgeführt und ist unser klarer Favorit. Sie ist nicht nur der älteste Trick, sondern vermutlich auch der beste für den allgemeinen Gebrauch.

Beidhändige Volte: Nehmen Sie das Kartenspiel in die linke Hand, der Daumen befindet sich auf der einen Seite, Zeige-, Mittel- und Ringfinger liegen gekrümmt an der anderen Seite, die ersten Glieder drücken dabei gegen das Kartenspiel. Der kleine Finger wird zwischen die beiden abgehobenen Päckchen, die vertauscht werden sollen, geschoben. Das Kartenspiel wird schräg gehalten, mit der rechten Längsseite nach unten. Mit der rechten Hand verdecken Sie das Spiel nun von oben, dabei nehmen Sie das untere Päckchen an den Schmalseiten etwa einen Zentimeter von den oberen Ecken entfernt zwischen Daumen und Mittelfinger, wobei die Finger eng beieinanderliegen, das Kartenspiel aber nur von Daumen und Mittelfinger berührt wird (siehe Abbildung 49). Wurde diese Haltung korrekt eingenommen, halten Sie mit der rechten Hand das untere Päckchen, während das obere Päckchen zwischen kleinem Finger und den drei anderen Fingern eingeklemmt ist. Um die beiden Päckchen zu vertauschen, halten Sie das untere Päckchen fest an den linken Daumen gepresst,

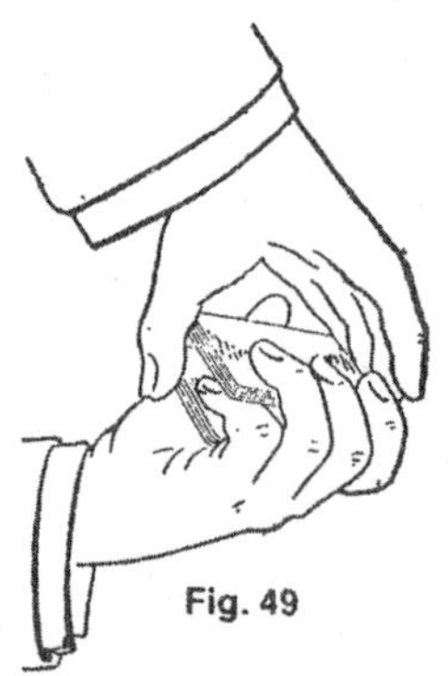
Fig. 49

während die Finger der linken Hand verdeckt von der rechten Hand das obere Päckchen wegziehen (siehe Abbildung 50), bis es am unteren Päckchen vorbei ist und darunter geschoben werden kann (siehe Abbildung 51). Der linke Daumen hilft dabei, die bei-

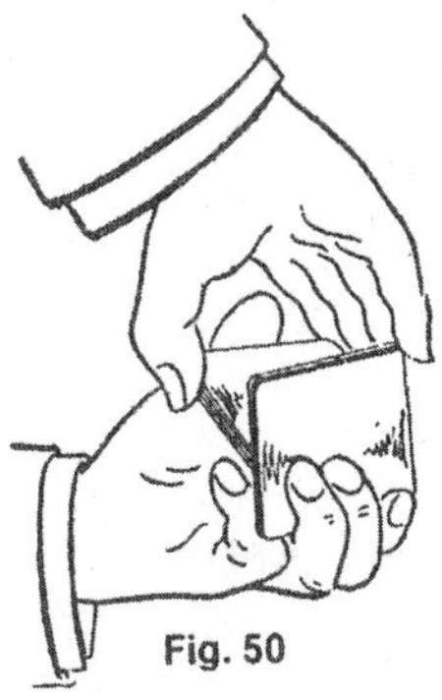

Fig. 50

den Päckchen aneinander vorbeizumanövrieren, indem er auf die Längsseite des unteren Päckchens drückt. Dies führt dazu, dass sich das Päckchen auf der anderen Seite etwas aufrichtet, während das obere Päckchen abgezogen wird. Das untere Päckchen, das nur vom Daumen und Mittelfinger gehalten wird, kann an

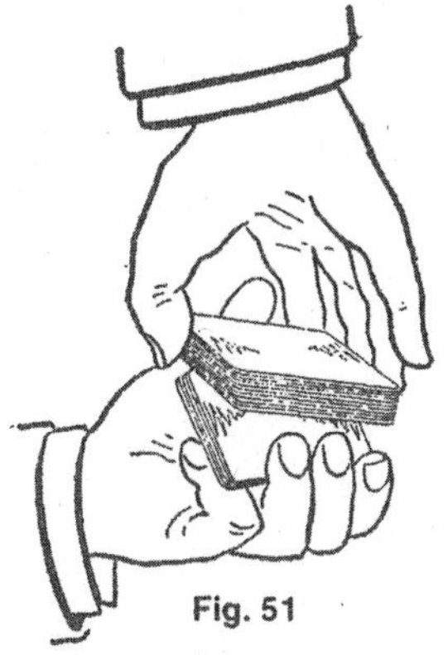

Fig. 51

beiden Seiten wie mit einem Drehgelenk gekippt werden, die Finger der rechten Hand behalten dabei ihre relative Position. Meist wird empfohlen, bei der gesamten Aktion etwas nachzuhelfen, indem das untere Päckchen mit den Fingern der rechten Hand ein wenig nach oben gezogen wird, aber wir sind der Meinung, dass der Trick perfekter aussieht, wenn sich die Haltung der Finger der rechten Hand während der Volte oder direkt danach nicht verändert. Die Päckchen können blitzartig und absolut geräuschlos vertauscht werden, aber es erfordert eine gewisse Übung, bis der Trick reibungslos funktioniert. Die Haltung muss beibehalten werden und die Aktionen müssen langsam durchgeführt werden, bis man sich an die einzelnen Handgriffe gewöhnt hat.

Erdnase-Volte – einhändig: Die folgende Methode ist das Ergebnis dauerhafter Anstrengungen, eine Volte zu entwickeln, die am Kartentisch die größten Erfolgsaussichten hat. Sie ist anderen Volten in diesem Sinne weit überlegen, da der Trick genau in dem Moment ausgeführt wird, bevor die rechte Hand das Kartenspiel ergreift. Auf diese Weise wird die Arbeit verrichtet, ehe jemand damit rechnet. Der Trick geht sehr schnell und geräuschlos vonstatten, und die beiden Päckchen brauchen nur minimalen Raum, um aneinander vorbeizukommen. Der Nachteil besteht in der extremen Komplexität, den Trick absolut perfekt zu beherrschen. Viele Stunden Übung sind notwendig, um sich die erforderliche Geschicklichkeit anzutrainieren, doch sei daran erinnert, dass sich kaum jemand für Kartentricks interessieren würde oder von ihnen profitieren könnte, wenn sie einem einfach zufliegen würden.

Halten Sie das Kartenspiel in der linken Hand, der kleine Finger an der einen Schmalseite, Zeige- und Mittelfinger an der Längsseite. Der Daumen liegt diagonal oben auf dem Kartenspiel, seine Kuppe wird gegen die andere Schmalseite gedrückt, während der Ringfinger gegen die Unterseite gekrümmt wird. Bilden Sie mit der Spitze des Mittelfingers an der Längsseite einen Spalt, wo abgehoben wurde bzw. zwischen den beiden Päckchen, die vertauscht werden sollen (siehe Abbildung 52). Indem Sie nun das untere Päckchen zwischen Mittelfinger und Handfläche klemmen und das obere Päckchen mit dem Daumen an der einen

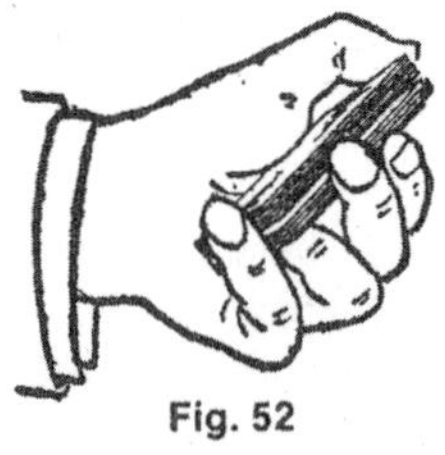

Fig. 52

Schmalseite gegen den kleinen Finger an der anderen Schmalseite drücken, können die beiden Päckchen unabhängig voneinander bewegt werden. Für den Austausch halten Sie das obere Päckchen mit Daumendruck fest, öffnen die beiden Päckchen am Spalt und ziehen das untere Päckchen mit dem Mittel- und Ringfinger heraus, wobei der Mittelfinger nach unten zieht und der Ringfinger nach oben drückt, bis die innere Längsseite des unteren Päckchens die äußere Längsseite des oberen Päckchens passiert hat (siehe Abbildung 53). Drücken Sie anschließend das untere Päckchen über das obere. Beim Herausschieben wird das untere Päckchen mit dem Ringfinger leicht gedreht, damit die Ecke am

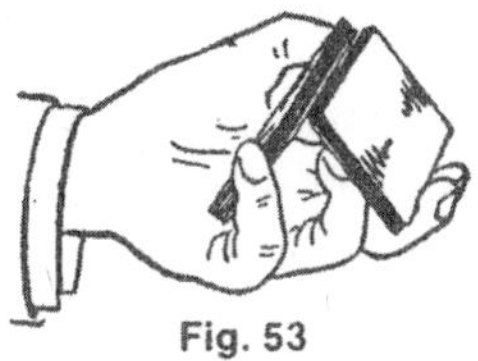
Fig. 53

kleinen Finger zuerst über die Längsseite des oberen Päckchens gelangt. Der kleine Finger hilft mit, das untere Päckchen über das obere zu befördern (bzw. andersherum), indem er das obere Päckchen in dem Moment herunterzieht, in dem das untere über der Längsseite erscheint (siehe Abbildung 54).

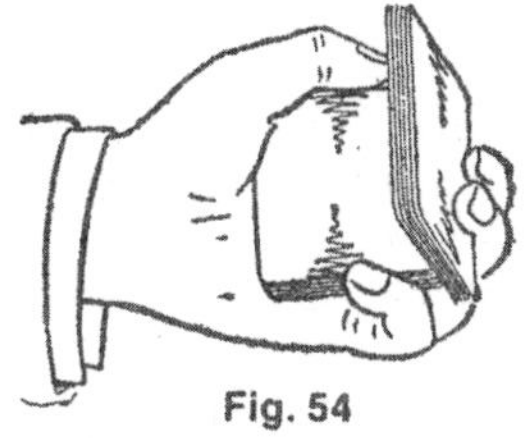
Fig. 54

Ohne Zweifel wird der Leser bei seinen ersten Versuchen den Eindruck haben, dass dieser Trick nicht funktionieren kann. Durch die sehr ungewöhnliche Haltung der Finger scheint es unmöglich zu sein, die Kontrolle über das Kartenspiel zu behalten. Doch in Wirklichkeit können die Päckchen während des gesamten Tricks schraubstockartig oder nur sehr locker festgehalten werden, und auch die Geschwindigkeit kann zwischen augenblicklich und ganz langsam variieren.

Die prinzipielle Schwierigkeit besteht darin, das untere Päckchen so herauszuziehen, dass es einem nicht aus den Fingern fällt. Es darf nicht vom oberen Päckchen abspringen, sondern sollte in einer kontinuierlichen Bewegung an ihm entlang und schließlich nach oben gleiten.

Natürlich wird die rechte Hand bei der Ausführung dieses Tricks über das Spiel gehalten, außerdem wird vieles leichter, wenn man das untere Päckchen ganz leicht gegen die rechte Handfläche springen lässt. Der vollendete Profi benutzt die rechte Hand aber nur als Schutz und wird sie an keiner Aktion aktiv beteiligen. Wir gehen davon aus, dass es für den Anfänger umso leichter ist, diesen Trick auszuführen, je größer oder länger seine Hand ist, doch auch mit einer sehr kleinen Hand lässt er sich umsetzen, wenn man den Dreh erst einmal raus hat.

Ein Amateur, der nicht die Zeit aufbringen will, die man zum Erlernen dieser extrem schwierigen einhändigen Volte braucht, kann mit der folgenden Methode fast das identische Ergebnis erzielen. Sie wird mit beiden Händen ausgeführt und ist deutlich einfacher.

Erdnase-Volte – zweihändig: Halten Sie das Kartenspiel so in der linken Hand wie bei der einhändigen Volte beschrieben, aber der Zeigefinger wird unter dem Kartenspiel gekrümmt und der Ringfinger wird gegen die Längsseite gehalten. Führen Sie die rechte Hand über das Kartenspiel, die Finger eng beieinander, aber locker, und schieben Sie die Spitze des rechten kleinen Fingers in den Spalt an der äußeren Ecke der Längsseite – gerade genug, dass Sie mit ihm auf die Ecke des unteren Päckchens drücken können. Um die Volte auszuführen, drücken Sie mit dem rechten kleinen Finger nach unten und mit dem linken Zeigefinger nach oben und nach außen, wobei Sie das obere Päckchen gut mit dem linken Daumen und kleinen Finger festhalten (siehe Abbil-

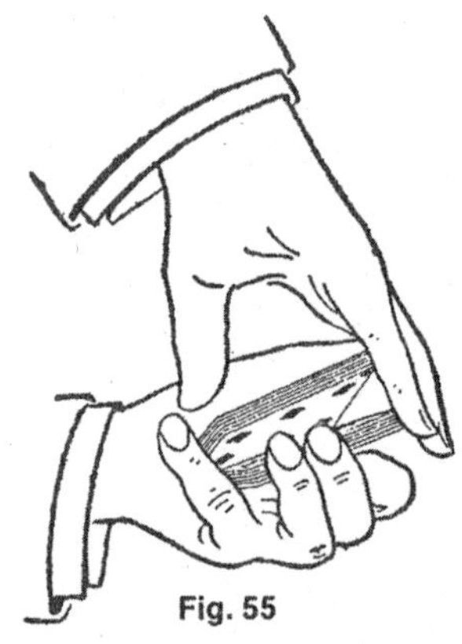

Fig. 55

dung 55). Das untere Päckchen springt in die rechte Handfläche, das obere Päckchen wird vom linken Daumen und Zeigefinger gesenkt und das untere Päckchen wird vom linken Mittel- und Ringfinger nach oben gebracht. Diese beidhändige Volte ist relativ einfach zu bewerkstelligen, schnell und bei perfekter Ausführung völlig leise.

Wie man sich beim Riffle die obersten Karten ansieht und diese unten separiert

Ein erfahrener Spieler ist in der Lage, beim Riffle einen Blick auf die obersten Karten zu werfen und diese für das anschließende Austeilen nach unten zu befördern. Dieser Trick kann höchstens von einem argwöhnischen und sehr schlauen Spieler entdeckt werden. Den Blick auf die oberste Karte erhält man, indem die oberste Karte des Päckchens in der linken Hand leicht hervorstehen lässt, wie das im Kapitel „Falsche Riffles" unter *I. Der Top-Stock bleibt gleich* beschrieben wurde. Während Sie mit den Daumen die beiden Ecken des Kartenspiels hochziehen, um zum Riffle anzusetzen, wird die oberste Karte etwas nach innen gezogen und mit dem linken Daumen gerade so stark angehoben, dass man die Karte erkennen kann. Beim anschließenden Mischen bleibt diese Karte links oben, wie es sich gehört (siehe Abbildung 56). Es ist auch möglich, sich die Karte anzuschauen, ohne sie nach

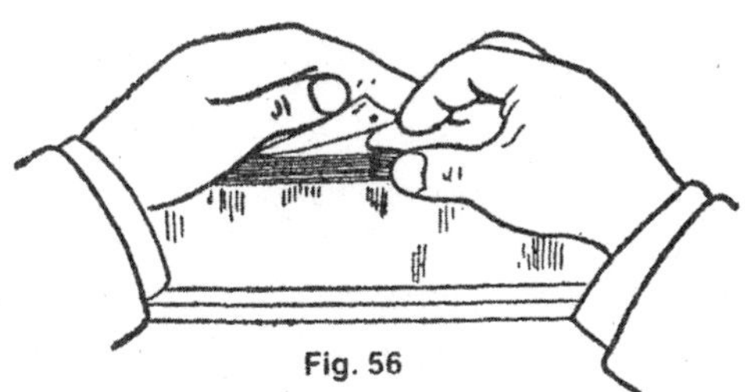

Fig. 56

innen vorstehen zu lassen, indem man die Karten in der üblichen Weise herunterschnappen lässt und dabei die letzte Karte mithilfe des linken Daumens einen Moment leicht anhebt. Diese Methode kann aber eher entdeckt werden. Wenn die Ecken hochgezogen werden und Sie mit den Daumen im Begriff sind, die Päckchen loszulassen, ist der günstigste Moment gekommen, die Karte nach innen zu schieben und einen Blick darauf zu werfen. Wie man die oberste Karte nach unten bringt, wird im Kapitel „Falschabheben" unter der Überschrift *IV. Der Bottom-Stock bleibt gleich* beschrieben. Dabei wird mit der rechten Hand von unten abgehoben, und während das Päckchen in einer schlängelnden Bewegung nach oben befördert wird, gleiten Sie mit der rechten Daumenspitze über die oberste Karte des untersten Päckchens und schieben sie ein wenig nach innen. Nehmen Sie die Karte an der Längsseite mit dem linken Daumen entgegen und bilden Sie einen Spalt, damit sie nach dem Glattstreichen die unterste Karte des obersten Päckchens ist. Danach wird wie beschrieben das Falschabheben durchgeführt: Das Päckchen über dem Spalt wird zuerst abgezogen, danach das restliche Kartenspiel in mehreren Päckchen, wodurch die bekannte Karte unten landet. Danach wird wieder geriffelt, und während die bekannte Karte unten bleibt, schaut man sich die nächste Karte an, die oben liegt, und bringt sie ebenfalls auf diese Weise nach unten usw. Man könnte die Karten auch oben lassen, aber dort wären sie kaum von Nutzen. Kennt der Profi die untersten zwei oder drei Karten, bringt ihm das einen riesigen Vorteil ein. Wenn er allein ist, teilt er entweder aus, ohne die unteren Karten nach oben zu legen, palmiert Karten oder führt nach dem Abheben eine Volte aus. Hat er einen Mitstreiter zur Rechten, wird falsch abgehoben. Auf jeden Fall teilt er die unteren Karten so aus, dass es gut für ihn ist – gefallen sie ihm, erhält sie er selbst, ansonsten der Gegner.

Wie man sein Blatt hält

Der Profispieler ist sich der Notwendigkeit von Einheitlichkeit bewusst und hält sein Blatt daher immer gleich. Da er gern mehr Karten als die anderen in der Hand hat, muss er die Karten so halten, dass dies nie erkennbar ist. Die folgende Haltung ist für jeden Zweck am besten geeignet:

Halten Sie die Karten in der linken Hand, die Schmalseite liegt am dritten Glied von Zeige-, Mittel- und Ringfinger und die untere Ecke liegt in der Nähe des dritten Glieds auf dem kleinen

Finger, wobei dieser so gekrümmt wird, dass die Karten auch auf dem ersten Glied liegen. Der Daumen liegt auf der oberen Längsseite, und Zeige-, Mittel- und Ringfinger werden so gekrümmt, dass ihre Spitzen die Rückseite der Karte berühren.

Zum Anschauen der Karten wird der Ringfinger der rechten Hand an die untere Längsseite gebracht und der kleine Finger an die Schmalseite. Zeige- und Mittelfinger der rechten Hand werden auf der Rückseite gekrümmt, und der Daumen liegt auf der oberen Längsseite (siehe Abbildung 57). Anschließend werden die

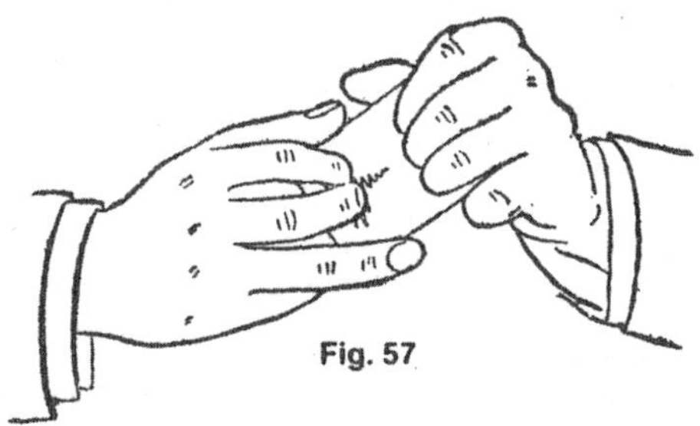

Fig. 57

Karten durch eine leichte Abwärtsbewegung des Daumens so gebogen, dass man auf jeder Karte die Ecke mit dem Symbol erkennen kann. Oder der rechte Daumen lässt die Karten an der Kante einzeln leicht gegen den linken Daumen schnellen, der von oben dagegen drückt. Diese exakte Haltung ist aus mehreren Gründen sehr wichtig, vor allem aber, weil so die Anzahl der Karten verborgen bleibt. Außerdem kann der Spieler so sein Blatt skinnen und zusätzliche Karten ohne auffällige und ungewöhnliche Bewegungen palmieren. Optisch unterscheidet sich diese Haltung nicht von dem, was sehr viele Spieler machen, um Zuschauern einen Blick auf die Karten zu verwehren.

Skinning

Hat man zu viele Karten auf der Hand, muss das Blatt sortiert werden und die überzähligen Karten müssen nach oben und unten gebracht, palmiert und ins Spiel zurückgebracht werden. All das muss glatt, schnell und mit normalen Handgriffen passieren.

Die Karten werden gehalten, wie es im letzten Kapitel „Wie man sein Blatt hält" beschrieben wurde. Teilen Sie das Kartenspiel an den oberen Längsseiten mit beiden Daumen so auf, dass der rechte Daumen gegen die Karte drücken kann, die nach oben gebracht werden soll. Biegen Sie diese Karte zwischen rechtem Daumen und Mittel- und Ringfinger leicht durch, damit sie unter dem linken Daumen herausgeschoben werden kann. Während Sie diese Karte gut festhalten und die rechte Hand praktisch nicht bewegen, ziehen Sie anschließend die restlichen Karten mit der linken Hand heraus, indem Sie diese nach links innen bewegen und dabei mit den Fingerkuppen auf die Rückseite drücken (siehe Abbildung 58). Danach schieben Sie die Karte in der Rechten nach oben. Diese Aktionen werden nicht versteckt, sondern ganz offen durchgeführt, denn es handelt sich um eine sehr gängige Methode, sein Blatt für das Ausspielen oder Abwerfen einer Karte vorzubereiten. Liegen die Karten, die abgeworfen werden sollen, zufällig beieinander, können Sie sie auf einmal nach oben bringen.

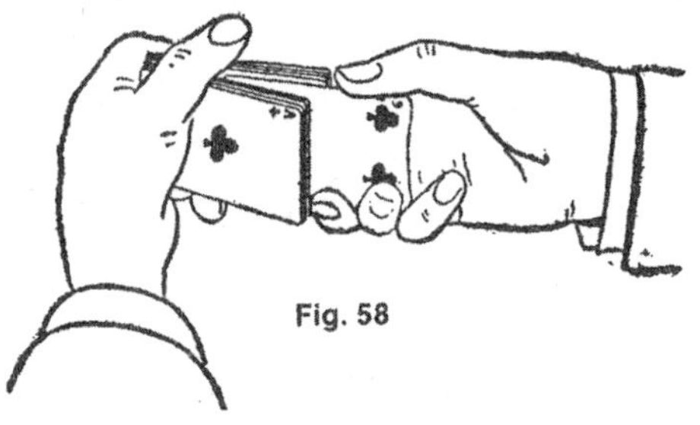

Fig. 58

Nun müssen die Karten palmiert werden, und dafür eignet sich eine der Methoden, die in diesem Buch bereits beschrieben wurden. In diesem konkreten Fall empfehlen wir aber eine Art des Palmierens, die für Abwürfe ideal ist und besonders gut zu den Handgriffen passt. Bilden Sie zwischen den abzuwerfenden Karten und dem Rest einen Spalt und halten Sie diesen mit dem rechten Daumen. Verlagern Sie den linken Daumen an die äußere Ecke des unteren Päckchens und schieben Sie es etwa einen Zentimeter in die rechte Handfläche. Schließen Sie den Spalt, halten die Karten mit der linken Hand, lösen die rechte Hand und schieben die Karten so weit in die rechte Handfläche zwischen Daumenansatz und Ring- und kleinem Finger, dass die rechte Daumenspitze und die Kuppe des Mittelfingers an die äußeren Ecken über dem linken Daumen und kleinen Finger kommen (siehe Abbildung 59). Lösen Sie die linke Hand nun vollständig und drehen Sie die rechte Handfläche nach unten. In dieser Haltung werden die

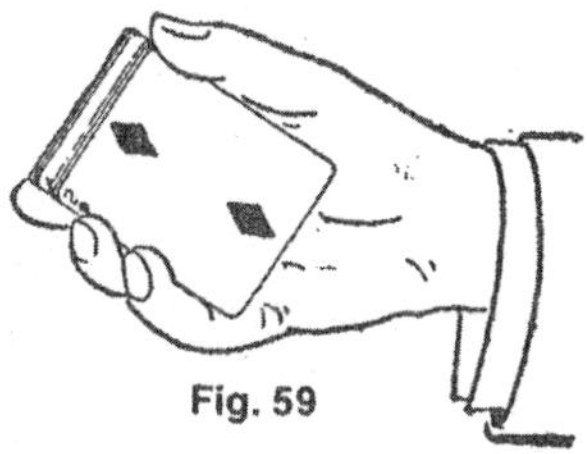
Fig. 59

Längsseiten und die innere Schmalseite komplett verdeckt, womit die Anzahl der Karten genauso verborgen bleibt wie das Überlappen der Päckchen. Gleichzeitig sieht alles ganz mühelos und natürlich aus (siehe Abbildung 60). Mit der rechten Hand können Sie nun locker die Karten halten, während Sie mit der Linken Chips sortieren oder setzen können. Beim nächsten Austeilen nehmen

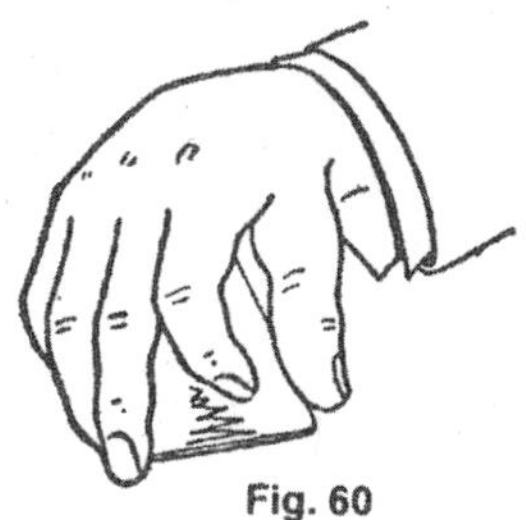
Fig. 60

Sie die Karten von unten an den Längsseiten zwischen Mittel-, Ringfinger und Daumen der linken Hand, der kleine Finger befindet sich an der herausstehenden Ecke des unteren Päckchens. Genau in diesem Moment bewegen sich die Finger der rechten Hand zur äußeren Längsseite, als ob sie die Karten erneut nehmen wollten. Drücken Sie mit der Rechten auf die äußere Längsseite, halten Sie die innere Längsseite, die heraussteht, mit dem linken kleinen Finger und lassen Sie das obere Päckchen, das vom linken Daumen und linken Mittel- und Ringfinger gehalten wird (siehe Abbildung 61), los, damit es in die rechte Handfläche springt. Mit der linken Hand ziehen Sie das untere Päckchen danach sofort zur Hälfte seitlich aus der rechten, mit der es schließlich auf den

Tisch fallen gelassen wird. Wenn die Karten anschließend zum Geben aufgenommen werden, werden die palmierten Karten daraufgelegt.

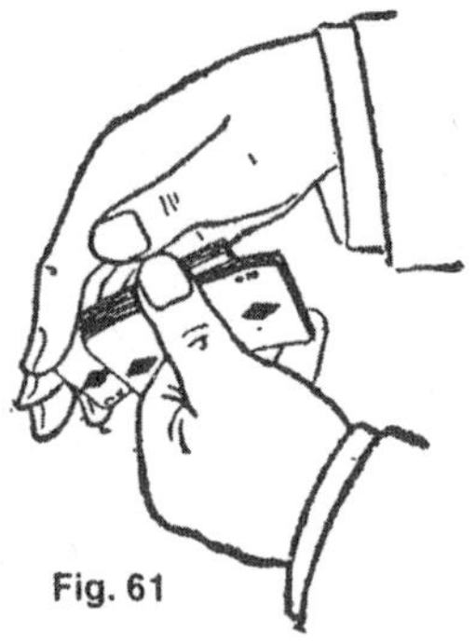
Fig. 61

Diese Methode des Palmierens ist ideal, nachdem man die richtige Haltung eingenommen hat, und unter den genannten Umständen sollte man eher so vorgehen, als die Karten direkt nach dem Sortieren zu palmieren. Soll in der linken Hand palmiert werden, bleiben die überzähligen Karten unten und die anderen werden nach oben gebracht. Anschließend muss eines der Verfahren angewendet werden, mit denen man Karten von unten palmiert.

Ohne Mitstreiter

Allgemein wird davon ausgegangen, dass man zu zweit sein muss, um in einer Runde mit erfahrenen Spielern einen Vorteil zu erzielen – zum einen der Geber und zum anderen der Spieler, der abhebt. Dass dies im Allgemeinen zutrifft, kann zwar nicht bestritten werden, aber es stimmt beileibe nicht immer. Es gibt viele Methoden, ohne Mitstreiter erfolgreich zu sein, und obwohl der prozentuale Vorteil des einzelnen Spielers fast immer geringer ausfällt, ist er doch so langfristig und so groß, dass kluge Köpfe ohne weitere Einkünfte gut davon leben können.

Die größte Hürde des Spielers ohne Mitstreiter ist das Abheben. Ohne diese lästige Formalität, die ihm ein absolutes Gräuel ist, würde er beim Austeilen immer sein Geld verdienen. So aber kann er die Hand noch so geschickt zusammenstellen und muss dennoch immer mit ansehen, wie sie beim Abheben ruiniert wird. „Glaube an das Schicksal, aber hebe immer die Karten ab", ist eine kluge Mahnung. Manchmal passiert es aber schon, dass nicht abgehoben wird, und natürlich liebt es der Experte, links von einem Spieler zu sitzen, der so unvorsichtig ist und gelegentlich auf das Abheben verzichtet. Professionelle Spieler rechnen immer mit dieser Möglichkeit und stellen allein deswegen bei jedem Austeilen einen Stock zusammen.

Geben ohne Abheben: Befinden sich die vom Geber erwünschten Karten unten und die beiden Päckchen werden beim Abheben nicht vertauscht, kann er das untere Päckchen nehmen und direkt damit austeilen. Auf diese Weise bekommt er seine Karten, indem er von unten gibt. Oft wird so abgehoben, und der Geber kann dies noch unterstützen, wenn er schon zum unteren Päckchen greift, während das obere abgehoben wird. Wird dies von der Runde so nicht akzeptiert und der Geber dazu aufgefordert, vollständig abzuheben, leistet er dieser Aufforderung natürlich Folge und konzentriert sich in Zukunft auf andere Tricks.

Beim Abheben die alte Reihenfolge herstellen: Eine gewagte, oft aber erfolgreiche Methode, um die Probleme beim Abheben zu bewältigen, besteht darin, das untere Päckchen in die rechte Hand zu nehmen, es – anstatt es auf das andere Päckchen zu legen – über den Tisch in die linke Hand zu schieben und dann das zweite Päckchen auf dieselbe Weise nach oben zu befördern. Anstatt die Päckchen über den Tisch zu schieben, können sie auch in die rechte Hand genommen werden. Der gesamte Vorgang kann offen, unbekümmert und ohne Hast ausgeführt werden, da er überraschend normal wirkt. Bei erfahrenen Spielern kommt man damit nicht durch, aber das Schöne an dem Trick ist, dass man es der eigenen Gedankenlosigkeit zuschreiben kann, wenn man erwischt wird.

Zurückhalten von Karten vor dem Abheben: Karten bei einem Kartenspiel zurückzuhalten ist die riskanteste Methode, mit der ein Spieler sich in Vorteil bringen kann. Sie kann aber durchaus erfolgreich durchgeführt werden, wenn der Spieler nicht unter Verdacht steht und sie klug ausführt. Wirklich sicher ist diese Vorgehensweise aber nur, wenn man Geber ist, und auch dann nur in dem Moment, in dem abgehoben wird. Befinden sich die erwünschten Karten nach dem Falschmischen unten, kann der Geber diese in der Linken palmieren und das Spiel mit der Rechten zum Abheben vorlegen. Nach dem Abheben nimmt er das Spiel in die rechte Hand und legt die palmierten Karten beim Glattstreichen vor dem Austeilen wieder zurück. Natürlich muss man dafür perfekt palmieren und Karten zurücklegen können, doch wenn dies der Fall ist, kann ein unverdächtiger Spieler diesen Trick in jeder beliebigen Runde durchführen. Karten vor dem Abheben zurückzuhalten, wenn man selbst gibt, ist deutlich weniger riskant, als wenn jemand anders gibt, da die Karten nie von jemand anderem gezählt werden können und die palmierten Karten nur einen Moment beim Geber verweilen.

Besteht die Runde bei einem Spiel, bei dem die Karten nacheinander ausgeteilt werden, nur aus zwei oder drei Spielern, kann ein Top-Stock, der aus vier bis sechs Karten besteht, in der rechten Hand palmiert werden, während die Karten zum Abheben vorgelegt werden. Die Karten werden beim Aufnehmen des Kartenspiels in der Regel mit einer gleitenden Bewegung wieder obenauf gelegt. Dieses Palmieren und Zurücklegen des Top-Stocks ist einfacher und vermutlich unauffälliger, und man muss nicht die unterste Karte austeilen. Sind aber fünf oder sechs Spieler beteiligt oder es werden zwei oder mehr Karten auf einmal verteilt, wären die palmierten Karten zu sperrig und würden auffallen.

Vertauschen der abgehobenen Karten: Häufig wird angenommen, dass Profis die sogenannte doppelte Volte ausführen, um das Abheben rückgängig zu machen, doch wurde noch keine Volte erfunden, die während des Kartenspielens ohne verdächtige Bewegungen vollzogen werden könnte. Säße der Profi immer mit Anfängern am Tisch, die ungewöhnliche Aktionen dulden, bräuchte er keine außergewöhnlichen Fähigkeiten, um Geld zu gewinnen. In einer normalen Runde, in der die Spieler ihre Karten und Arme stets über dem Tisch halten, gibt es wenige Gelegenheiten, die abgehobenen Karten zu vertauschen. Einen günstigen Moment, eine Volte mit einer hohen Wahrscheinlichkeit unbemerkt durchzuführen, gibt es bei einigen Spielen aber doch: direkt nach dem ersten Austeilen. Der Geber hält die Stelle, an der abgehoben wurde, fest, bis die Hände ausgeteilt wurden, und führt die Volte dann aus, während er die Karten auf den Tisch legt. Anschließend können die erwünschten Karten beim nächsten Austeilen von unten gegeben werden. Dieser Moment nach dem ersten Austeilen ist sehr günstig, da die Spieler mit ihren Blättern beschäftigt sind, normal abgehoben wurde und das Austeilen abgeschlossen wurde, wodurch weniger Grund besteht, genauer hinzuschauen. Die wichtigsten Punkte sind aber, dass die Volte beim Ablegen wesentlich natürlicher ausgeführt werden kann als beim Aufnehmen der Karten und sie mit weniger Karten deutlich einfacher ist. Bei jedem Spiel, bei dem mehrmals Karten ausgeteilt werden, funktioniert der Trick gut. Eine Volte ist aber auf jeden Fall eher erkennbar als das Palmieren vor dem Abheben.

Austeilen zu vieler Karten: Die wahrscheinlich häufigste Methode, mit der Profis sich einen Vorteil verschaffen, besteht darin, sich als Geber in der letzten Runde eine oder zwei Karten mehr auszuteilen. Die Anzahl der Karten auf dem Tisch ist nicht erkennbar, und man da die überzähligen Karten in der Runde zuvor an sich nimmt, bleibt wenig Zeit zur Kontrolle. Der Geber nimmt die Karten direkt mit der linken Hand auf, wenn das Kartenspiel mit der rechten auf dem Tisch abgelegt wird. Die Auswahl der Karten und das Palmieren sowie Zurücklegen der überzähligen Karten werden wie unter „Skinning" beschrieben durchgeführt. Wenn man beim Poker zu viele Karten auf der Hand hat, ist es besser, die zusätzlichen Karten zu palmieren und auf das Spiel zurückzulegen, wenn dieses zum Verteilen in die Hand genommen wird, als diese beim Abwerfen auf den Abwurfstapel zu legen. Der Geber palmiert die zusätzlichen Karten, legt sein gesamtes Blatt auf den Tisch, legt die palmierten Karten zurück, verteilt die frischen Karten aller Spieler (auch seine), wirft seine nutzlosen Karten ab und nimmt seine frischen.

Eine andere Methode, sich selbst mehr Karten auszuteilen, besteht darin, die gewünschte Anzahl nach dem Geben zu palmieren. Mit der linken Hand wird palmiert, während man mit der rechten Hand gerade dabei ist, das Kartenspiel abzulegen. Noch sicherer ist der Plan, die Karten direkt nach dem Abheben beim Glattstreichen zu palmieren und sie während des Austeilens in der Hand zu behalten. Dies lässt sich problemlos ausführen und man vermeidet nach dem Geben jegliche Verzögerung und Bewegung.

Die Karten vor dem Abheben mit einem Crimp versehen: Die Möglichkeit, dass ein argloser Spieler bei einem Crimp abhebt, muss immer berücksichtigt werden. Wie das Vorgehen mit einem Crimp funktioniert, ist im Kapitel „Wie man anzeigt, wo abgehoben werden soll" ausführlich beschrieben. Soll durch den Crimp die Chance steigen, dass an dieser Stelle abgehoben wird, werden die Karten stärker gebogen als üblich. Manchmal kann man die beiden Päckchen auch in entgegengesetzte Richtungen biegen, wodurch ein Zwischenraum entsteht und die Wahrscheinlichkeit steigt, dass ein Spieler unbewusst dort abhebt. Die Päckchen können konkav oder konvex gebogen werden, je nachdem, wie der andere Spieler abhebt, aber der Stapel sollte sauber glatt gestrichen und entsprechend auf den Tisch gelegt werden. Die meisten Spieler heben immer etwa gleich ab. Das bedeutet, dass er entweder oben, unten oder eher in der Mitte abhebt und die Karten dabei an den Längs- oder Schmalseiten anfasst. Wie jemand abhebt, ist oft eine unbewusste Gewohnheit. Ein aufmerksamer Geber ist daher in der Lage, den Crimp an der günstigsten Stelle anzubringen und ihn konkav zu machen, wenn der andere Spieler an den Schmalseiten abhebt, bzw. konvex, wenn er an den Längsseiten abhebt. Das Kartenspiel muss so hingelegt werden, dass die Hand, die der andere Spieler normal benutzt, die Haltung einnimmt, die für den Geber am besten ist. Selbst wenn der Crimp verfehlt wird, zeigt er den Stock an, und der Geber kann vom Wissen um dessen Lage immer noch profitieren. Natürlich werden Karten mit einem Crimp nie ausgeteilt, vielmehr wird er entfernt, indem die Karten in die andere Richtung gebogen werden.

Zurücklegen von palmierten Karten beim Abheben: Der richtige Profi hält generell bis zum Abheben keine Karten zurück, sofern er nicht selbst austeilt, doch gibt es eine Ausnahme, die bisweilen gut funktioniert. Der Spieler rechts vom Geber kann in einer Hand Karten palmieren und diese zurücklegen, wenn ihm der Stapel zum Abheben vorgelegt wird. Bei Spielen, bei denen das gesamte Kartenspiel verteilt wird, werden die zurückgehaltenen Karten in der Regel rechts gegen die Handfläche gedrückt. Sobald das Spiel vor einem liegt, hebt man mehrmals ab und nimmt es an den Schmalseiten in beide Hände. Beim ersten Abheben wird nicht das oberste Päckchen genommen, sondern die palmierten Karten werden auf den Tisch fallen gelassen. Genau die gleiche Bewegung macht man, wenn ein kleines Päckchen an den Schmalseiten genommen wird. Anschließend wird weiter abgehoben, bis die palmierten Karten unten liegen.

Eine andere Methode besteht darin, die Karten in der linken Hand mit der Bildseite nach innen zu palmieren. Mit der rechten

Hand wird abgehoben und danach das Kartenspiel in der linken Hand über den palmierten Karten platziert, wodurch das Zurücklegen so aussieht, als würde glatt gestrichen. Dieser Plan ist aber riskant, da es eigentlich keinen Grund gibt, ein bereits glatt gestrichenes Spiel noch einmal zu glätten. Hebt man mit einer Hand untypisch ab und die Karten sind etwas verrutscht, werden sie eher in beide Hände genommen und so glatt gestrichen.

Die dritte Methode wird am häufigsten angewendet. Bei ihr werden die palmierten Karten gegen die rechte Handfläche gedrückt, das Kartenspiel wird zum Abheben an den Schmalseiten gehalten und die palmierten Karten werden auf dem vormals unteren Päckchen abgelegt. Diese Methode eignet sich für jedes Kartenspiel, da die palmierten Karten zuerst ausgeteilt werden.

Bei sauberer Ausführung können Karten beim Abheben ohne das geringste Aufsehen zurückgelegt werden, doch erfordert dies so viel Übung und Training wie jeder andere Trick. Da der Spieler, der abhebt, davor Geber war, bietet sich ihm meist eine gute Gelegenheit, die erwünschten Karten zurückzuhalten und zusammenzustellen. Auf diese Weise hat er einen Vorteil, wenn ein anderer Spieler gibt, was die Gewinnchancen eines Profis erheblich erhöht. Die beschriebenen Methoden können mit bis zu acht oder zehn Karten angewendet werden, wobei natürlich mit zunehmender Anzahl die Wahrscheinlichkeit steigt, dass dem Geber etwas auffällt. Natürlich werden die zurückgehaltenen Karten, die beim Abheben zurückgelegt werden sollen, so angeordnet, dass die gewünschten Karten beim richtigen Spieler landen.

Vorsichtige und kluge Profis halten sich an die Regel, niemals zusätzliche Karten zurückzuhalten oder zu palmieren bzw. sich zu viele Karten auszuteilen oder sich einen anderen Vorteil zu verschaffen, wenn die Karten bei normalem Verlauf nicht automatisch in seinen Besitz gelangen. Nur dann kann er die überflüssigen Karten natürlich und problemlos entsorgen, indem er sie auf oder unter dem Spiel zurücklegen kann. Überzählige Karten in den Schoß fallen zu lassen oder anderweitig am Körper zu platzieren, sie während des Spiels dauerhaft zu palmieren oder sie sogar auf dem Abwurfstapel loszuwerden, wenn man selbst abwirft, ist wenig kunstvoll und riskant und höchstens eines Anfängers oder Pfuschers würdig. Der Vorgang, der beim Poker vermutlich am genauesten beobachtet wird und am leichtesten zu überprüfen ist, ist, wie viele Karten abgeworfen werden. Daher reicht schon der leiseste Verdacht, um aufzufliegen, wenn man zu viele Karten abwirft. Beim Draw Poker hält der Profi nur dann mehr Karten auf der Hand, wenn er selbst austeilt, und dann auch nur vor dem Austauschen der Karten. Die zusätzliche(n) Karte(n) kann er palmieren und zurücklegen, wenn er dabei ist, die frischen Karten zu verteilen.

Beim Cribbage kann ein Spieler, der nicht austeilt, ein oder zwei Karten zurückhalten und die überzählige Karte(n) nach dem Auslegen des Crib beim Abheben zurücklegen. Beim Zurückhalten von Karten gilt aber bei jedem Spiel die Regel, dass sie zuverlässig zurückbefördert werden müssen, und zwar in einem Moment, in dem man das Kartenspiel bei normalem Verlauf ohnehin in der Hand hat.

Beim Kasino hat der Geber viele Möglichkeiten, mehr Karten auf der Hand zu haben, da man das Kartenspiel permanent in der Hand hat.

Unvollständiges Kartenspiel: Eine einfache Methode, um sich bei vielen Spielen einen Vorteil zu verschaffen, besteht darin, ein unvollständiges Kartenspiel zu benutzen. Vor dem Spiel werden mehrere Karten, die man sich merkt, entfernt. Das Wissen, dass diese Karten fehlen, gibt dem cleveren Strategen die Möglichkeit, seine eigenen Karten besser zu spielen und genauere Berechnungen anzustellen. Karten, die auf diese Weise aus dem Spiel genommen werden, sollten in der Regel zerstört oder anderweitig beseitigt werden, damit der Verschwörer nicht damit erwischt werden kann. Besonders dreist ist die Methode, beim Kasino mit zwei Spielern acht Karten zu entfernen. Dadurch gibt es statt sechs nur fünf Spielrunden. Normal werden niedrige Karten von verschiedenen Farben herausgenommen, etwa die Pik Vier, die Pik Sechs und eine Zwei, Drei, Vier, Fünf, Sieben und Acht von einer anderen Farbe. Bei normalem Glück bekommt der Gegner bei dieser Zusammenstellung nur selten dieselben Karten oder viele Pik, was dem Spieler wiederum viele Punkte einbringt. Viele Kasino-Spieler werden bei dem Gedanken, dass so viele Karten unbemerkt entfernt werden können, sicher schmunzeln. Wir glauben tatsächlich nicht, dass viele pfiffige Spieler auf diese Weise getäuscht werden können, müssen aber mit großem Bedauern zugeben, dass wir selbst einmal eine dauerhafte „Pechsträhne" erlitten haben.

Das Kümmelblättchen

Wir können das Thema Kartenkunst am Kartentisch nicht beenden, ohne uns dem altehrwürdigen Spiel zuzuwenden, das diesem Kapitel den Namen gegeben hat. Dabei werden nur drei Karten benutzt, aber es macht umso mehr Spaß, je mehr Spieler beteiligt sind. Der Geber zeigt die Bildseiten von drei beliebigen Karten, wobei in der Regel ein Ass darunter ist, und teilt diese nebeneinander auf einem Tisch aus. Dabei bietet er eine Quote von 1 zu 1 oder sogar 2 zu 1 an, dass keiner der Spieler das Ass erwischt. Aus Sicht der Spieler scheint dies ein optimales Angebot zu sein, doch in Wirklichkeit ist es pures Glück oder Zufall, wenn er die richtige Karte erwischt. Die Karten werden so langsam und scheinbar offensichtlich abgeworfen, dass es dem anderen wie Diebstahl vorkommt, wenn er die Quote des Gebers annimmt.

Dies ist wirklich eines der subtilsten und genialsten Glücksspiele, mit dem man auf ehrliche Weise Geld gewinnen kann. Das Wort „ehrlich" wird dabei in dem Sinne benutzt, wie es für jedes Glücksspiel gilt, bei dem die Wahrscheinlichkeit feststeht, mit der ein Spieler gewinnt oder verliert. In diesem Fall beträgt der Vorteil des Gebers 2 zu 1, doch wenn er diese Quote anbietet, sieht es so aus, als könnte der Spieler seine Gewinnwahrscheinlichkeit erhöhen, wenn er genau hinschaut. Der Geber legt die Karten hin, und der Spieler trifft seine Wahl. Eine der Karten ist ein Ass, und nach dem Austeilen findet kein Hokuspokus mehr statt. Zeigt der Spieler auf das Ass, gewinnt er das Geld, doch seine Gewinnchancen sind reduziert, da er beim Austeilen zuschaut. Würde er seine Entscheidung rein zufällig treffen, wäre die Ausgangslage bei einer Gewinnchance von 1 zu 2 und einer Quote des Gebers von 2 zu 1 ausgeglichen. Der Vorteil des Gebers liegt darin, dass er austeilen kann. Die Karten werden in der Regel in Längsrichtung so gebogen, dass die Bildseiten konkav sind und der Geber sie mühelos an den Schmalseiten aufnehmen kann. Dies ist der einzige Vorteil, den das Verbiegen der Karten bietet, und zum Teil wird durchaus auch mit glatten Karten gegeben. Beim Durchbiegen werden die Karten aufeinandergelegt, damit alle die gleiche Krümmung aufweisen. Ausgeteilt wird dann auf folgende Weise:

Legen Sie die drei verbogenen Karten mit der Bildseite nach unten auf den Tisch. Nehmen Sie eine beliebige Karte mit dem Daumen und Mittelfinger der rechten Hand in der Nähe der rechten Ecken an der Schmalseite und zeigen Sie den Spielern die Bildseite. Legen Sie nun diese Karte ziemlich genau so über das Ass, dass sich die linken Längsseiten der beiden Karten berühren, und nehmen Sie das Ass mit Daumen und Ringfinger. Die rechte Hand hält nun beide Karten, wobei sich die beiden linken Längskanten berühren und die gegenüberliegenden Kanten einen guten Zentimeter voneinander entfernt sind; die obere Karte wird von Daumen und Mittelfinger gehalten, die untere bzw. das Ass vom Daumen und Ringfinger. Zeigen Sie den Spielern das Ass, halten Sie die rechte Hand etwa fünfzehn Zentimeter über den Tisch, nehmen Sie die dritte Karte mit der linken Hand und zeigen Sie diese den Spielern (siehe Abbildung 62). Drehen Sie nun die Bildseiten nach unten, führen Sie die rechte Hand über die linke und

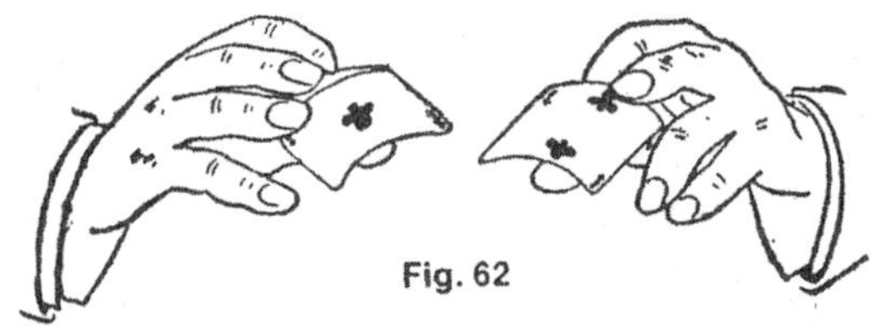
Fig. 62

lassen Sie mit einem leichten Abwärtsschwung die obere Karte los, wobei Sie diese auf die linke Seite des Tisches fallen lassen, indem Sie die rechte Hand wieder schnell in ihre Ausgangsposition zurückbewegen; auf diese Weise ist die untere Karte nicht im Weg. Sobald Sie mit dem rechten Mittelfinger die obere Karte loslassen, ergreifen Sie mit ihm sofort die untere Karte und der Ringfinger wird ausgestreckt. Wenn die rechte Hand wieder in ihrer Ausgangsposition über dem Tisch ist, können die Spieler so erkennen, dass der Finger, der die obere Karte hielt, immer noch im Einsatz ist, während der Finger, der die untere Karte hielt, inaktiv ist. Führen Sie nun die linke Hand nach rechts und lassen Sie die Karte dort fallen, ehe Sie die rechte Hand wieder nach links führen und die letzte Karte zwischen die beiden anderen fallen lassen.

In dem eben beschriebenen Fall findet der Austausch während der ersten Bewegung bzw. dem ersten Ablegen statt. Die rechte Hand scheint die untere Karte zuerst fallen zu lassen, doch in Wirklichkeit ist es die obere. Die Aktionen werden weder hastig noch langsam ausgeführt, und vor allem nicht ruckartig. Sobald die Bildseiten umgedreht wurden, kommt es zu keinen Verzögerungen, und die Bewegungen mit den beiden Händen werden gleichmäßig und elegant ausgeführt, während die drei Karten abgelegt werden.

Sich die Fähigkeit anzueignen, die obere Karte zuerst abzuwerfen bzw. den Griff des Mittel- und Ringfingers beim Fallen der oberen Karten zu verändern, ist nicht besonders schwierig. Mit ein bisschen Übung gelingt es sogar einem Amateur, seine Freunde mit diesem raffinierten Trick dauerhaft zu unterhalten. Die beste Methode, das Spiel zu einzuführen, besteht darin, die Karten zunächst mehrere Male normal abzuwerfen, also die untere Karte zuerst fallen zu lassen, und dabei den anderen Spielern die Regeln zu erklären. Das Ass sollte je nach zufälliger Position in der rechten oder linken Hand (bzw. mit der rechten Hand oben oder unten) gehalten werden, und die Bildseiten sollten vor jedem Abwurf gezeigt werden. Erst dann wird falsch abgeworfen, und das lustige Ratespiel kann beginnen. Ist ein absoluter Profi am Werk, kann nicht einmal das schärfste Auge den Trick erkennen. Selbst wenn jemand den Ablauf oder das Prinzip des Tricks kennt, besteht sein Vorteil lediglich darin zu wissen, dass er nicht setzen sollte. Der entscheidenden Karte kann man mit bloßem Auge nicht folgen und wenn ein Spieler, der das Prinzip des falschen Abwurfs verstanden hat, einmal auf die richtige Karte setzt, kann der Geber beim nächsten Mal richtig abwerfen. Der Geber selbst ist genauso hoffnungslos verloren, wenn er gegen jemanden antreten muss, der diesen Trick ebenfalls perfekt beherrscht.

Die zweite Methode, diesen Trick auszuführen, besteht darin, die beiden Karten in der rechten Hand zwischen Mittelfinger und Daumen zu halten. Der rechte Ringfinger wird dann nicht benötigt und demonstrativ ausgestreckt. Wenn die obere Karte fallen gelassen wird, wird der linke kleine Finger unter das Ende des Ringfingers geschoben und mit der Fingerspitze die Ecke der unteren Karte gehalten, während mit dem Mittelfinger beide Karten losgelassen werden, damit die obere Karte herunterfallen kann. Der Mittelfinger wird sofort wieder in seine ursprüngliche Position gebracht, und der kleine Finger wird gelöst. Die Bewegungen des kleinen Fingers werden durch die Position des Ringfingers komplett verdeckt. Diese Methode ist vielleicht sogar noch subtiler, da es ziemlich unwahrscheinlich erscheint, dass nur die obere Karte fallen gelassen wird.

Eine Erweiterung des Spiels besteht darin, eine Ecke des Asses umzuknicken. Anschließend werden mehrere Spiele durchgeführt, und der Spieler merkt zu seinem Vergnügen, dass er das Ass immer lokalisieren kann. Fühlt der Spieler sich schließlich sicher und lässt sich aus Habgier auf die Quote ein, werden die Karten fallen gelassen, und wenn der Spieler die Karte mit der umgebogenen Ecke auswählt, wird er zu seinem Erstaunen feststellen, dass die „todsichere Sache" doch nicht so sicher war. Sollen andere beschwindelt werden, wird die Ecke von einem „Mitstreiter" umgebogen, der auf eine günstige Gelegenheit wartet, in der der Geber wegen eines Hustenanfalls unaufmerksam (?) ist oder unter einem anderen Vorwand nicht auf seine Karten achtet. Eine Karte kann aber auch während des Tricks geknickt bzw. geglättet werden, und natürlich kann auch eine andere verbogen werden.

Um die Ecke umzuknicken, nehmen Sie das Ass mit dem Mittelfinger und dem Daumen der rechten Hand (der Mittelfinger liegt dabei auf der Mitte der Schmalseite) und legen die Spitze des Ringfingers neben dem Mittelfinger auf die Karte. Ziehen Sie nun mit dem kleinen Finger die Ecke nach oben, während Sie gleichzeitig mit dem Ringfinger nach unten drücken; auf diese Weise wird die Ecke nach oben gebogen. Zurückgebogen wird die Ecke, indem der Ringfinger an der Schmalseite nach oben zieht, während der kleine Finger nach unten drückt. Beide Aktionen können in dem Moment ausgeführt werden, in dem die Karte aufgenommen wird. Für den Trick mit dem verbogenen Ass wird zunächst das Ass aufgenommen, gezeigt und verbogen. Anschließend wird die zweite Karte mit dem Ringfinger und Daumen aufgenommen und gezeigt, dann die dritte Karte mit der linken Hand aufgenommen und gezeigt und schließlich werden die Karten normal fallen gelassen, wobei das Ass in der Mitte liegt. Dann nehmen Sie mit der rechten Hand die rechte Karte, zeigen sie, verbiegen die Ecke, nehmen das Ass, zeigen es und schließlich nehmen Sie mit der linken Hand die letzte Karte. In der Rechten halten Sie nun die beiden Karten mit den verbogenen Ecken, aber wegen der Position der Finger ist selbst dann nicht erkennbar, dass die obere Karte verbogen ist, wenn die Bildseite der unteren Karte, also des Asses, gezeigt wird. Nun wird der Trick tatsächlich ausgeführt, indem Sie mit der rechten Hand die obere Karte mit der verbogenen Ecke zuerst fallen lassen und dann die Karte in der Linken. Doch bevor Letzteres geschieht, hat die rechte Hand schon längst wieder die Ecke des Asses zurückgebogen, das dann unschuldig in die Mitte fallen gelassen wird.

Der Vorgang, bei dem die Ecken gebogen und wieder geglättet werden, erfordert genauso viel Können und Cleverness wie der Trick an sich. Alle Einzelschritte sollten perfektioniert werden, bevor der Trick in der Öffentlichkeit ausgeführt wird. Damit ein Amateur ihn in überzeugender Manier vorführen kann, muss er ihn vor einem Spiegel einstudieren. Es gibt aber kein anderes Kartenkunststück, das im Verhältnis zum Aufwand so viel Ertrag einbringt, das Zuschauer in ähnlich großes Erstaunen versetzt, das so amüsant ist und das so oft wiederholt werden kann wie dieses nette Spiel. Aus diesen Gründen ist aus unserer Sicht kein Aufwand zu groß, um es voll und ganz zu meistern.

Mexikanisches Kümmelblättchen: In der Version des Spiels, die nun beschrieben wird, hat der gegnerische Spieler keine Gewinnchance, obwohl sie einfacher aussieht als die normale Variante. Der Geber wendet dabei eine ganz andere List an. Die verwendeten Karten sind absolut glatt. Manchmal werden die Ecken ganz leicht so nach oben gebogen, dass die eine Karte gerade so eben unter die andere geschoben werden kann, wenn sie mit der Bildseite nach unten auf dem Tisch liegen, aber notwendig ist das nicht.

Der Geber zeigt die Bildseiten der drei Karten und legt sie langsam nebeneinander auf den Tisch. Dann tut er so, als würde er die Spieler dadurch verwirren, dass er die Orte der Karten vertauscht. Während er das Spiel erklärt, zeigt er die Bildseiten der Karten, indem er eine nimmt und mit ihr die anderen umdreht; dabei wird die Karte unter die anderen Karten geschoben und diese werden mit der Bildseite nach oben gedreht. Dann dreht er sie wieder um und legt die dritte Karte auf den Tisch. Dieses Verfahren wird so lange wiederholt, bis die anderen Spieler das Spiel verstanden und sich an die Art, wie die Karten gezeigt werden, gewöhnt haben.

Sobald die Wette abgeschlossen wurde und der Spieler seine Wahl bekannt gibt, erklärt der Geber sofort, der Spieler habe verloren, und beweist dies, indem er sofort eine Karte nimmt, mit der er schnell erst die Karte des Spielers und danach die dritte Karte umdreht. Letztere ist das Ass.

Natürlich kann der Spieler immer das Ass auswählen, doch er darf die Karten weder umdrehen noch berühren. Der Geber tauscht die Karte, die er aufnimmt, gegen die Karte des Spielers, und diese gegen die dritte Karte aus, wenn er diese vermeintlich umdreht. Der Austausch kann unmöglich bemerkt werden und funktioniert so:

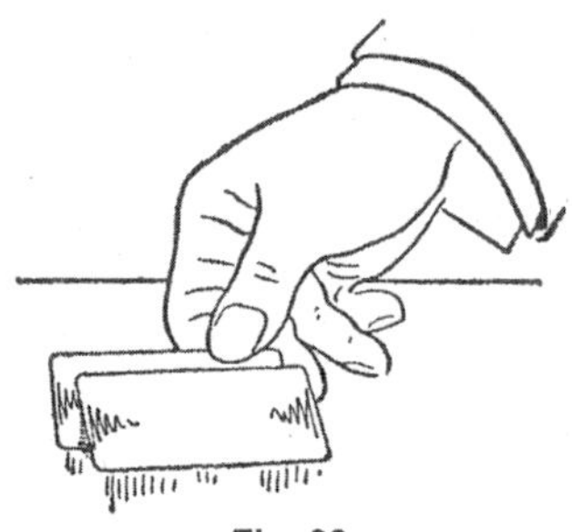

Fig. 63

Halten Sie die Karte mit den Fingerspitzen des Daumens (oben) und Zeigefingers (unten) fast am hinteren Ende der rechten Längsseite. Schieben Sie die linke Längsseite dieser Karte unter die rechte Längsseite der Karte auf dem Tisch, bis etwa zwei Drittel von ihr verdeckt sind, sie an der Vorderseite aber einen guten Zentimeter hervorschaut (siehe Abbildung 63). Auf diese Weise bringen Sie die Spitze des Mittelfingers an die rechte hintere Ecke der Karte auf dem Tisch. Schieben Sie nun den Daumen zur Ecke der Karte auf dem Tisch und halten Sie diese mit dem Mittelfinger fest. So schieben Sie die Karten nach links und drehen die untere Karte mit der Fingerspitze des Zeigefingers mit der Bildseite nach oben (siehe Abbildung 64).

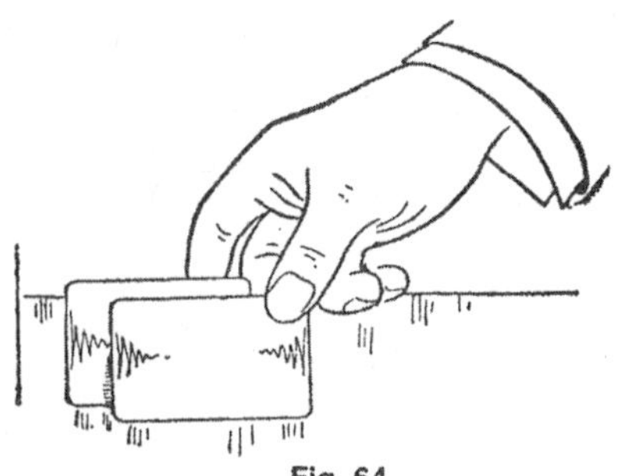

Fig. 64

Natürlich darf es beim Bewegungsablauf keine Unterbrechungen geben. Die Karte, die sich in der rechten Hand befindet, wird mit einer Bewegung unter die Karte auf dem Tisch geschoben und umgedreht. Die Karte, die auf dem Tisch lag, wird in dieser Phase nicht gezeigt, sondern unter die dritte Karte geschoben, wonach der Austausch auf dieselbe Weise stattfindet. Danach wird die letzte Karte gezeigt.

Diese Methode, bei der die Karten ausgetauscht werden, kann mit der anderen Methode kombiniert werden, aber in diesem Fall werden die Karten nicht gebogen.

Damit dieser Trick perfekt gelingt, braucht man eine Tischdecke. Auf einem polierten Holztisch würden die Karten rutschen, außerdem wäre es viel schwieriger, die Karte in der Hand unter eine andere Karte zu schieben.

Zaubertricks

Auf dem Gebiet der Zauberkunst gibt es keinen anderen Bereich, bei dem sich die Mühe und die Übung für den Amateur so auszahlen wie bei Tricks mit Karten. Der Künstler kann sich immer sicher sein, dass ihm das Publikum aufmerksam und dankbar zusieht. Keine andere Vergnügung und kein anderer Zeitvertreib sind in der zivilisierten Welt so verbreitet wie Kartenspiele, und fast jeder liebt gute Tricks. Der spezielle Vorteil dieser Disziplin liegt darin, dass ein richtig geschickter Kartenkünstler keine unzähligen Hilfsmittel und endlosen Vorbereitungen benötigt wie andere Künstler. Er ist jederzeit darauf vorbereitet, den Großteil aller Wünsche im Rahmen seiner Möglichkeiten zu erfüllen, um andere zu unterhalten oder zu verblüffen. Und ihm reichen schon ein normales Kartenspiel und seine Finger aus, um seinen guten Ruf zu untermauern, wobei seine Vorführungen aufgrund ihrer Spontaneität und einfachen Hilfsmittel umso bemerkenswerter sind.

Dem Schüler, der so rasch wie möglich mit seinen eigenen Tricks auftreten möchte, empfehlen wir, sich das im ersten Teil dieses Buchs geschilderte „System für falsche Shuffles" anzueignen, um im Umgang mit „Jogs" und „Breaks", die diese Form des Gebens erst ermöglichen, absolut sicher zu sein. Uns ist klar, dass alle Zauberkünstler dazu raten, sich zuerst um die Volte zu kümmern. Obwohl wir den Wert einer perfekt ausgeführten Volte nicht schmälern wollen, möchten wir doch darauf beharren, dass alle Methoden ihrer Ausführung zu den schwierigsten Aufgaben gehören, die ein Schüler zu meistern hat. Gerade zu Beginn kann dies sehr entmutigend sein. Soweit wir aus Vorführungen oder Büchern von Zauberern wissen, hat bisher noch keiner von ihnen einen befriedigenden Ersatz für sie gefunden bzw. noch niemandem davon verraten. Insofern sind auch alle von diesem Kunstgriff abhängig, wenn sie bestimmte Resultate erzielen wollen.

Sobald ihm das Falschmischen mit Jog und Spalt in Fleisch und Blut übergegangen ist, sollte sich der Schüler unserem „System fürs Palmieren" zuwenden, das ebenfalls im ersten Teil behandelt wurde, wobei dem Unterkapitel „Palmieren der untersten Karten" besondere Aufmerksamkeit geschenkt werden sollte. Selbst mit einem bescheidenen Maß an Geschicklichkeit lässt sich eine Vielzahl der besten Tricks völlig unabhängig von der Volte ausführen.

So besteht zum Beispiel das normale Vorgehen, um über eine bestimmte Karte beim Zurücklegen ins Kartenspiel die Kontrolle zu behalten, darin, den kleinen Finger über der Karte ins Kartenspiel zu stecken, mit einer Volte das untere Päckchen mit der erwünschten Karte nach oben zu bringen, diese in der rechten Hand zu palmieren und das Kartenspiel dem Zuschauer zum Mischen vorzulegen. Es mag Ansichtssache sein, aber wir sind der Meinung, dass es genauso natürlich aussieht, wenn der Vorführende unmittelbar nach dem Zurücklegen der Karte selbst mischt, danach palmiert und erst dann das Kartenspiel dem Zuschauer vorlegt. Mischt der Zuschauer, um jegliche Kenntnis vom Aufenthaltsort der Karten auszuschließen, wird das Mischen des Vorführenden den Eindruck erst recht verstärken, dass kein Mensch eine Ahnung haben kann, wo sich welche Karte befindet. Dies gilt umso mehr, da das Mischen ohne jede Unterbrechung, Drehung, Schwung oder Verschleierung und auf die natürlichste Weise durchgeführt wird. Außerdem verschafft das Mischen dem Vorführenden einen unausgesprochenen Grund, das Kartenspiel in der Hand zu halten, wenn die Karte zurückgelegt wird, anstatt es dem Zuschauer auszuhändigen. Bei sauberer Ausführung wird die Karte beim Blind-Shuffle nach oben oder nach unten gebracht, ohne dass selbst der aufmerksamste Betrachter auch nur den leisesten Verdacht schöpfen wird. Die Karte wird dabei während des Glattstreichens palmiert, und danach wird das Kartenspiel zum weiteren Mischen vorgelegt.

Möchte der Vorführende die erwünschte Karte ohne Mischen palmieren, halten wir die „diagonale Palmier-Volte" für leichter auszuführen und schwerer durchschaubar als eine Volte mit den beiden Päckchen und anschließendem Palmieren, sofern die beiden Arbeitsschritte gleich gut ausgeführt werden. Aus diesem

Grund empfehlen wir, die angegebene Volte möglichst bald zu erlernen.

Allerdings wird der Enthusiast nicht eher Ruhe geben, bis er jeden Trick so gut beherrscht, dass er alle dahergelaufenen Kritiker zum Schweigen bringen kann, die immer genau wissen, „wie es richtig gemacht wird". Die Kartenkunst zu erlernen ist schon per se eine faszinierende Freizeitbeschäftigung, und sobald der Schüler seine ersten Fortschritte gemacht hat, braucht er keine weiteren Anreize mehr.

Der vollendete Kartenkünstler hat keine Schwierigkeiten mehr, die verschiedenen Tricks auszuführen, die zum Standardrepertoire gehören. Die grundlegenden Fertigkeiten hat er sich beim Erlernen des falschen Shuffles, des Falschabhebens, des Austeilens der untersten oder zweitobersten Karte, des Palmierens und Zurücklegens der Karte, des Abziehens einzelner Karten, des Crimps, des Culls und des Stockings angeeignet und seine gut trainierten Finger können sich gut auf alle neuen Haltungen und Bewegungen einstellen. Die bloße Fähigkeit, die Tricks auszuführen, reicht aber noch längst nicht aus, um auf einer Bühne oder gar in einem großen Saal aufzutreten. Wir sind der Meinung, dass es in diesem Stadium der Kartenkunst optimal ist, wenn das Publikum möglichst wenig von der Geschicklichkeit des Vorführenden weiß. Die Tricks und ihre Auflösung erregen deutlich größeres Interesse und machen mehr Spaß, wenn die gesamte Vorführung auf normale Art und Weise und ohne offensichtliche Fingerfertigkeit stattfindet. Kann der Vorführende nicht der Versuchung widerstehen, seine wahre Fertigkeit zu demonstrieren, sollte er sich die Demonstration von Tricks wie Palmieren, einhändigen Volten und Austauschgriffen für das Ende der Aufführung aufheben, um den Effekt seiner Künste nicht zu schmälern. Die Tricks sollten aber nur als Mittel zum Zweck betrachtet werden.

Der Amateurzauberer, der nicht von Natur aus mit Eloquenz gesegnet ist, sollte seine Worte und Sprüche genauso sorgfältig einstudieren wie seine Handgriffe. Schon der einfachste Trick sollte mit täuschenden Worten begleitet werden, die scheinbar das Geschehen erläutern, in Wirklichkeit aber genau das Gegenteil dessen beschreiben, was gerade passiert.

Die wichtigsten Handgriffe für Kartentricks, die im ersten Teil dieses Buchs nicht behandelt wurden, sind das „Forcieren", „Austauschen" und „Verwandeln" sowie verschiedene andere

Methoden, wie bestimmte Karten ausgewählt und später wieder ausfindig gemacht werden. Außerdem werden wir andere Methoden für Volten und das Palmieren beschreiben. Unter Zauberern wird die Volte bisweilen auch als Pass bezeichnet.

Volten

Einhändige Volte: Unter Zauberkünstlern ist dieser Trick als „Charlier-Volte" bekannt, und wir vermuten, dass sie nach dem berühmten Zauberer benannt wurde.

Halten Sie das Kartenspiel mit der Bildseite nach unten in der linken Hand zwischen Daumenspitze auf der einen Längsseite und den ersten Gliedern des Mittel- und Ringfingers auf der anderen Längsseite, das erste Glied des kleinen Fingers liegt auf der vorderen Schmalseite, während der Zeigefinger ausgestreckt unter dem Kartenspiel liegt. Um die Volte auszuführen, lassen Sie die untere Hälfte des Kartenspiels mit dem Daumen los und in die Handfläche fallen (siehe Abbildung 65). Danach schieben Sie mit der Spitze des Zeigefingers die Längsseite des fallen gelassenen

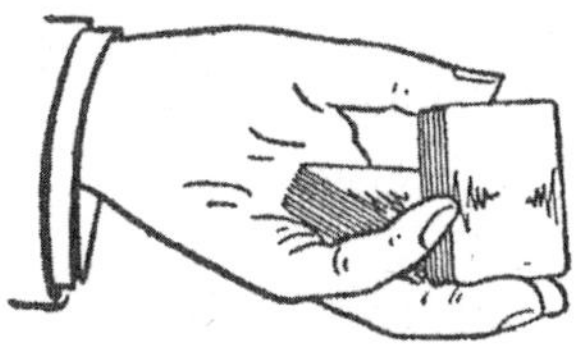

Fig. 65

Päckchens nach oben, bis es beim Daumen angekommen ist, der nach wie vor das obere Päckchen hält. Strecken Sie nun leicht den Mittel- und Ringfinger aus, damit die Längsseite des oberen Päckchens unter das aufgerichtete, ehemals untere Päckchen gelangt (siehe Abbildung 66). Dann strecken Sie den Zeigefinger aus, wodurch zuerst das obere Päckchen in die Handfläche fällt und anschließend das untere Päckchen obendrauf fallen kann.

Der kleine Finger an der Mitte der Schmalseite ist bei dieser Volte eine große Hilfe, da er eine bessere Kontrolle beider Päckchen und eine fast vertikale Haltung des Kartenspiels ermöglicht. Die Volte wird immer mit einem leichten Schwung oder einer

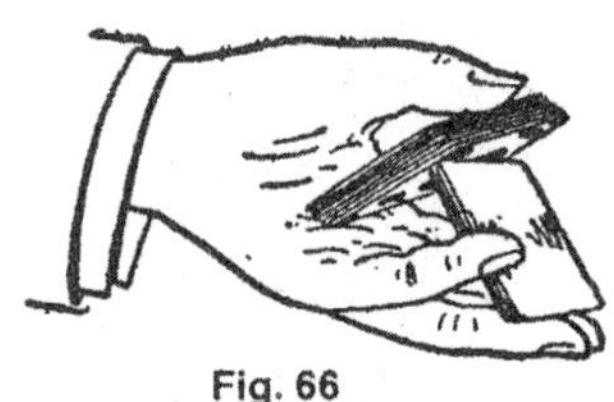

Fig. 66

Auf-und-Abwärtsbewegung der Hand ausgeführt. Sie kann sehr schnell vollzogen werden und ist unter Profis die beliebteste einhändige Volte. Sie wird meist angewendet, um eine zuvor ausgewählte und erhaltene Karte nach oben zu bringen. Wenn der Vorführende seine Hand mit dem Kartenspiel ausstreckt, um die ausgewählte Karte in Empfang zu nehmen, hebt er das obere Päckchen mit der Daumenspitze an, sodass sie ganz natürlich in der Öffnung landet. In dieser Haltung ist die Volte schon zur Hälfte ausgeführt, und es ist dieselbe Ausgangslage erreicht, in der die erste Bewegung stattfindet, mit der das untere Päckchen in die Handfläche fallen gelassen wird. Der Vorführende hebt nun mit einer Auf-und-Abwärtsbewegung oder einem Schwung in seine Richtung das untere Päckchen mit dem Zeigefinger an und führt die Volte aus, mit der die ausgewählte Karte nach oben gelangt und je nach Wunsch weiterverwendet kann.

Die Längsvolte: Diese Volte, die wir selbst erfunden haben, hat einen langen Namen (im Original heißt sie „The Longitudinale Shift", Anm. d. Ü.), doch der Leser mit ausreichender Übung wird feststellen, dass sie sehr schnell geht und vergleichsweise einfach ist.

Halten Sie das Kartenspiel mit der Bildseite nach unten in der linken Hand, das erste Glied des Daumens in der Mitte der einen Längsseite, das erste Glied des Mittelfingers und das zweite Glied des Ringfingers an der gegenüberliegenden Seite. Die untere Ecke des Kartenspiels liegt an der Wurzel des kleinen Fingers zwischen Ring- und kleinem Finger, der Zeigefinger wird gegen die untere Seite gekrümmt. Führen Sie nun die rechte Hand zum Kartenspiel, Mittel-, Ring- und kleiner Finger an die äußere Schmalseite, den Zeigefinger gekrümmt obenauf und den Daumen an die innere Schmalseite. Heben Sie das Kartenspiel nur an der inneren Schmalseite mit dem Daumen etwa einen Zentimeter an und schieben Sie das dritte Glied des kleinen Fingers zwischen die beiden Päckchen (siehe Abbildung 67).

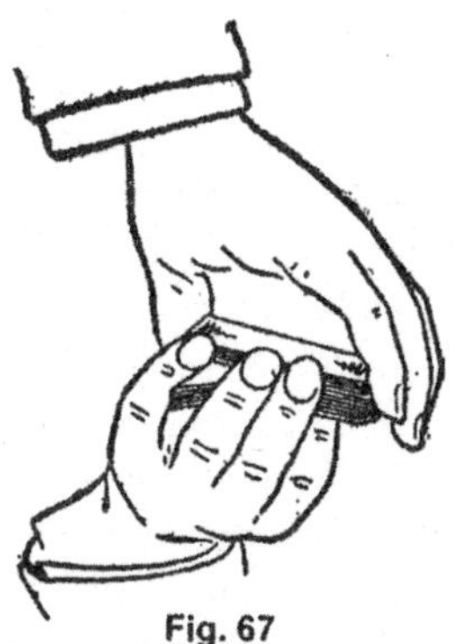

Fig. 67

Alles ist nun für die Volte vorbereitet, aber die rechte Hand kann dennoch zurückgezogen werden, ohne dass der Spalt an der inneren Ecke bzw. die Tatsache, dass der kleine Finger zwischen den beiden Päckchen eingeklemmt wurde, bemerkt werden. Linker Daumen und Zeigefinger halten die Päckchen fest zusammen, sodass das Kartenspiel nicht unschuldiger aussehen könnte.

Um die Volte auszuführen, führen Sie den rechten Daumen an die Längsseite zum Zeigefinger, strecken diesen aus und drücken die Schmalseite des unteren Päckchens mit den vier Fingern der rechten Hand gegen den linken kleinen Finger und den gekrümmten Zeigefinger. Das obere Päckchen wird danach mit dem linken kleinen Finger und dem Daumen in Richtung des Vorführenden weggezogen (siehe Abbildung 68) und unter das ehemals untere Päckchen gebracht, wenn dieses in die rechte Handfläche springt.

Der rechte Daumen ist an dieser Volte nicht beteiligt. Ein weiterer Vorteil besteht darin, dass der ganze Vorgang so ausgeführt

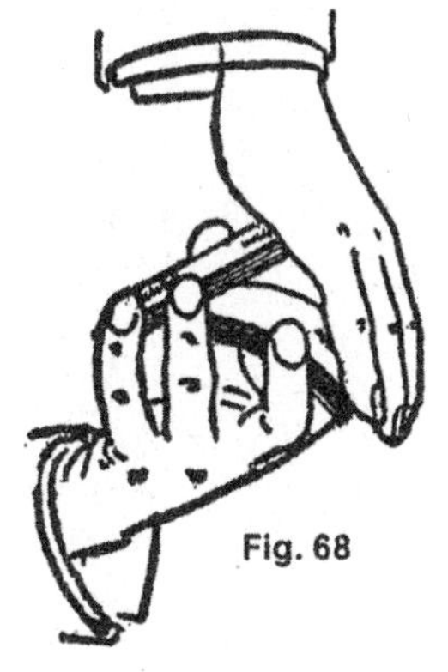

Fig. 68

werden kann, dass man als Zuschauer meinen könnte, die rechte Hand wäre überhaupt nicht daran beteiligt. Die Finger der rechten Hand können fast ausgestreckt werden, und die Handfläche ist vom Kartenspiel weit entfernt, wobei die Hand ein wenig gekrümmt wird, wenn das untere Päckchen nach oben springt. Die Volte kann praktisch geräuschlos und mit versteckten Bewegungen ausgeführt werden.

Wenn gewünscht, kann bei dieser Volte fast das gesamte Kartenspiel sichtbar bleiben, indem man nur den rechten Mittelfinger und Ringfinger an die Schmalseite und den gekrümmten Zeigefinger obenauf legt. In diesem Fall fängt die rechte Daumenspitze die Schmalseite des unteren Päckchens, wenn es nach oben springt.

Die offene Volte: Dies ist ein weiteres Ergebnis unserer unermüdlichen, aber stets erfolglosen Bemühungen, eine perfekte Volte zu erfinden. Wie der Zufall es will, würde aufgrund der Haltung der Karten niemand davon ausgehen, dass eine Volte durchgeführt wird. Das besondere Merkmal dieser Methode ist die offene Position, in der die Karten gehalten werden und das gesamte Blatt gezeigt wird.

Halten Sie das Kartenspiel in der linken Hand, das erste Glied des Daumens an der einen Längsseite und die ersten Glieder des Mittel-, Ring- und kleinen Fingers an der gegenüberliegenden Längsseite. Mit dem kleinen Finger errichten Sie zwischen den beiden Päckchen im Bereich der rechten Ecke einen Spalt, dabei sind kleiner Finger und Ringfinger etwa 2,5 Zentimeter vonein-

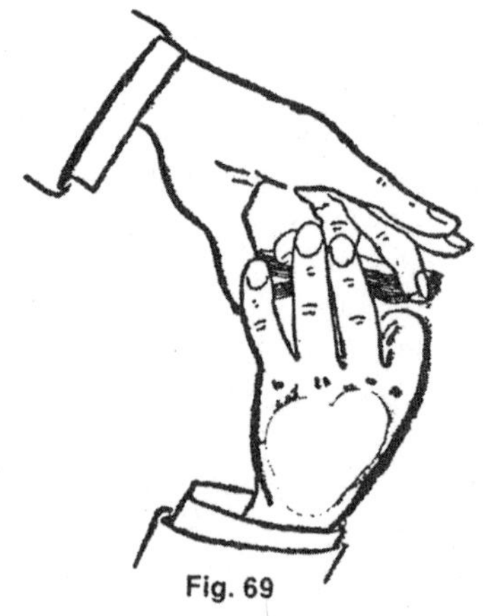
Fig. 69

ander entfernt. Der Zeigefinger liegt gekrümmt an der Unterseite. Führen Sie nun die rechte Hand zum Kartenspiel und nehmen Sie es mit der Spitze des Mittelfingers und des Daumens in der Nähe der rechten Ecke an den Schmalseiten, wobei der Daumen nur das Päckchen unter dem Spalt anfasst und der Zeigefinger gekrümmt auf dem Päckchen liegt (siehe Abbildung 69). Der linke Ringfinger und kleine Finger sind an den Aktionen nicht beteiligt und werden so gehalten, dass sie nicht stören.

Um die Volte auszuführen, wird der rechte Zeigefinger gekrümmt zwischen linkem kleinem Finger und Ringfinger über die Längsseite des Kartenspiels gebracht, bis die Wurzel des Fingernagels auf der Kante der obersten Karte ruht. Drücken Sie nun das obere Päckchen gegen den linken Daumen nach unten, indem Sie den rechten Zeigefinger ausstrecken und gleichzeitig das untere Päckchen mit dem Daumen und Mittelfinger der rechten Hand nach rechts oben ziehen (siehe Abbildung 70). Sobald die beiden Längsseiten einander passieren, kippen Sie die linke Seite des unteren Päckchens (in der rechten Hand) nach oben.

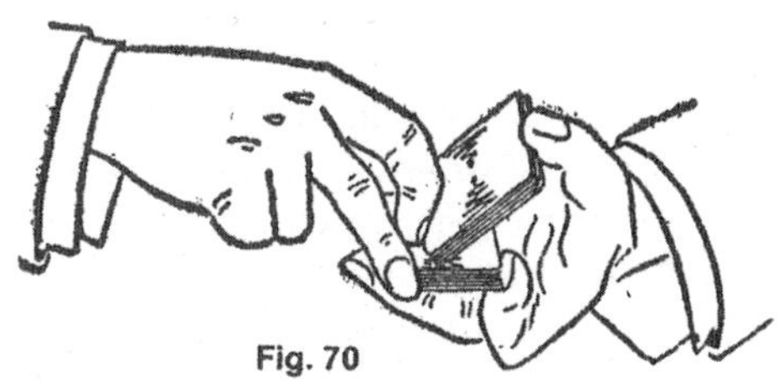

Fig. 70

Das obere Päckchen sollte dabei nicht in die linke Hand fallen. Vielmehr müssen Sie es mit dem nach oben gekrümmten Zeigefinger und den ersten Gliedern der anderen Finger der linken Hand erwischen, während es die Längsseite des unteren Päckchens passiert. Der linke Daumen verlässt dabei nie seine Position an der Längsseite des oberen Päckchens, und die Daumenspitze sollte weit genug herausschauen, dass das untere Päckchen auf seinem Weg nach oben entgegengenommen werden kann. Der kleine Finger der linken Hand steckt nicht zwischen den beiden Päckchen, sondern hält nur den Spalt fest.

Diese Volte kann in blitzartiger Geschwindigkeit und ohne Verrutschen der Karten ausgeführt werden. Bei perfekter Ausführung hört man nur, wie die beiden Päckchen aufeinander rutschen. Ein Knacken oder andere Geräusche werden dagegen nicht verursacht, wodurch es sich in jeder Beziehung lohnt, sich diesen Trick anzueignen. Mit der Bildseite nach oben gelingt einem mit dieser Volte eine „Verwandlung", die zu den besten überhaupt gehört.

Die gleiche Volte kann ausgeführt werden, wenn das Kartenspiel flach auf der Hand liegt. Der linke Daumen liegt dann untätig obenauf, und der Zeigefinger befindet sich bei den anderen Fingern an der Längsseite, doch wir bevorzugen die zuvor beschriebene Haltung trotz der schwierigeren Ausführung deutlich. Letztere ist ausgezeichnet geeignet, wenn man eine Volte ausführen will, die wie ein einfaches Abheben aussieht, bei dem die rechte Hand ihr Päckchen nicht obenauf kippt. Die Hände werden sofort getrennt, und das untere Päckchen kann wie gewünscht nach oben gebracht werden.

Die S.W.E.-Volte: Die folgende Methode hat ihren Namen mit unseren Initialen nicht bekommen, damit wir Berühmtheit erlangen, sondern um sie von den anderen unterscheiden zu können. Allerdings müssen wir zugeben, dass es durchaus ein befriedigendes Gefühl ist, die aus unserer Sicht schnellste und in vielerlei Hinsicht beste Volte erfunden zu haben. Die Methode ist im Grund die gleiche wie bei der „Längsvolte", doch es geht alles viel schneller, wenn das Kartenspiel quer gehalten wird. Die Haltung ist natürlich und offen, und die Volte bietet für den Zauberkünstler auch sonst viele Vorteile.

Halten Sie das Kartenspiel mit der Bildseite nach unten in der linken Hand zwischen dem ersten Glied des Daumens an der einen Längsseite und dem Mittel-, Ring- und kleinen Finger an der gegenüberliegenden Längsseite oder der unteren Schmalseite. Errichten Sie mit dem kleinen Finger an der Schmalseite zwischen den beiden Päckchen einen Spalt, wobei sich die Ecke des unteren Päckchens zwischen kleinem Finger und Ringfinger befindet und der kleine Finger teilweise auf ihr aufliegt (siehe Abbildung 71).

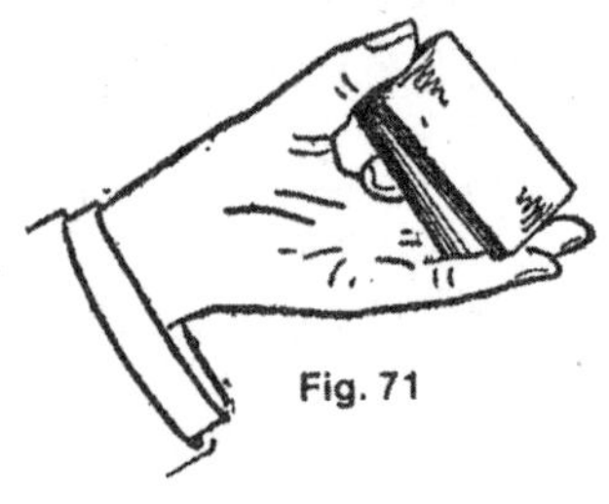
Fig. 71

Wie bei der „Längsvolte“ ermöglicht diese Haltung, dass die Spitzen von Mittel-, Ring- und kleinem Finger über das Kartenspiel herausragen und der Spalt für den Zuschauer nicht sichtbar ist. Der Zeigefinger wird gekrümmt von unten gegen das Kartenspiel gehalten. Der Spalt wird nur am unteren Ende errichtet, und auf der Innenseite halten die anderen Finger und der Daumen das Päckchen fest zusammen.

Bringen Sie nun die rechte Hand über die untere Schmalseite des Kartenspiels und nehmen Sie es mit ihr so nah wie möglich an den unteren Ecken der Längsseite zwischen die Fingerspitzen des Mittel- und Ringfingers und den Daumen, der Zeigefinger liegt gekrümmt obenauf. Auf diese Weise bleiben zwei Drittel des Kartenspiels sichtbar (siehe Abbildung 72). Um die Volte auszuführen, heben Sie den Daumen an und legen ihn an die Kante der

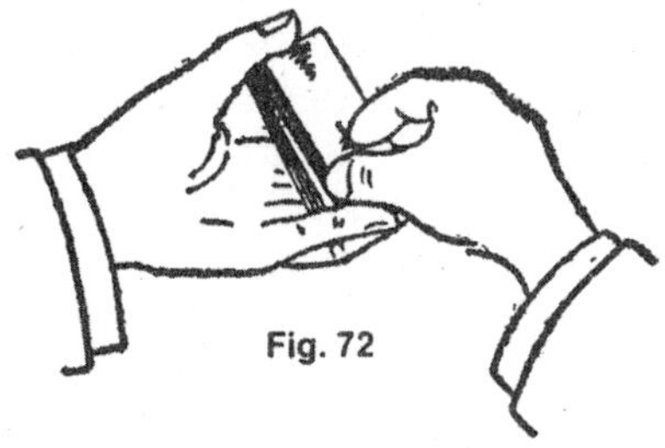

Fig. 72

Längsseite, ziehen das obere Päckchen mit dem linken Daumen und linken kleinen Finger nach innen herab und schieben das zwischen den Fingerspitzen des rechten Mittel- und Ringfingers sowie dem darunter gekrümmten linken Zeigefinger geklemmte untere Päckchen nach außen herunter; der linke Mittelfinger an der Schmalseite unterstützt dabei die Kontrolle des unteren Päck-

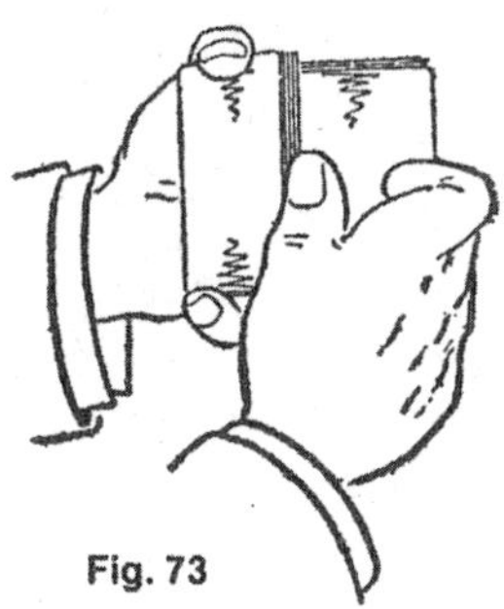

Fig. 73

chens, während es herausgedrückt wird. Durch diese Aktionen werden die gegenüberliegenden Längsseiten beider Päckchen nach oben gekippt, und wenn sie einander passieren, fängt die Spitze des rechten Daumens das untere Päckchen auf, während der linke Ringfinger das obere Päckchen auffängt und wieder nach unten befördert (siehe Abbildung 73).

Wer diese Volte perfekt beherrscht, führt den gesamten Trick durch Druck in entgegengesetzten Richtungen auf das untere Päckchen aus, wodurch die beiden Päckchen blitzartig ihre Plätze tauschen. Natürlich muss man ihn langsam üben, bis man den Dreh heraushat. Die Hände können ihre Haltung in aller Ruhe einnehmen, da es keinen Hinweis auf eine bevorstehende Volte gibt. Die Hände können auch am selben Ort bleiben, ohne dass der Trick verraten wird. Sind die Bildseiten nach oben gedreht, wird eine sofortige „Verwandlung" durchgeführt, und der Vorführende kann durch die Position des Kartenspiels unbemerkt einen Blick auf die Ecken der Bildseiten werfen.

Diese Volte kann auch so ausgeführt werden, dass die rechte Hand fast das gesamte Kartenspiel verdeckt. Dadurch verändert sich aber der gesamte Charakter des Vorgehens, dessen Hauptziel darin besteht, so natürlich und so wenig heimlich wie möglich zu agieren.

Die diagonale Palmier-Volte: Die meisten Zauberer sind mit der Absicht bestens vertraut, eine oder mehrere ausgewählte Karten ins Spiel zu stecken, sie diagonal durch das Kartenspiel zu schieben und oben oder unten zu platzieren, und einige von ihnen benutzen dafür das Falschmischen. Dass dieses Vorgehen aber nicht zufriedenstellend ist, sieht man allein daran, dass es selten bis gar nicht angewendet wird und fast nie in einer Aufzählung von Kartentricks auftaucht. Unseren Verbesserungsvorschlag bzw. den Versuch, den ersten Teil dieses Manövers mit dem Palmieren der zurückgesteckten Karten zu kombinieren anstatt diese oben oder unten zu platzieren, beschreiben wir in den folgenden Zeilen. Bei guter Ausführung sind die Aktionen leise, schnell und nicht erkennbar und werden während der Vorbereitung zum Mischen durchgeführt.

Halten Sie das Kartenspiel an den Längsseiten zwischen Daumen und Mittel-, Ring- und kleinem Finger der linken Hand, der Zeigefinger liegt gekrümmt auf der Unterseite. Bitten Sie einen Zuschauer, die ausgewählte Karte an der äußeren Schmalseite so weit ins Kartenspiel zu stecken, bis sie nur noch etwa einen Zentimeter heraussteht. Führen Sie nun die rechte Hand so zum Kartenspiel, dass sich der kleine Finger an der vorderen Ecke der herausstehenden Karte, Mittel- und Ringfinger an der Mitte der Schmalseite, der Zeigefinger in der Nähe der hinteren Ecke und der Daumen ganz nah an der inneren Ecke des Kartenspiels befinden. Tun Sie so, als würden Sie die Karte ins Spiel zurückschieben, doch in Wirklichkeit schieben Sie die vorstehende Karte mit dem rechten kleinen Finger etwa einen halben Zentimeter nach links, damit der rechte Zeigefinger die Ecke an der Längsseite herunterschieben kann. Dabei wird die Karte so diagonal bewegt, dass die gegenüberliegende Ecke den rechten Daumen berührt und etwa anderthalb Zentimeter heraussteht. Lösen Sie den linken Ringfinger und kleinen Finger, damit die Karte auf der Längsseite herauslugen kann. Anschließend übernimmt der linke Daumen die Position des rechten Zeigefingers und schiebt die Ecke so hin, dass sie mit der Längsseite bündig ist (siehe Abbildung 74).

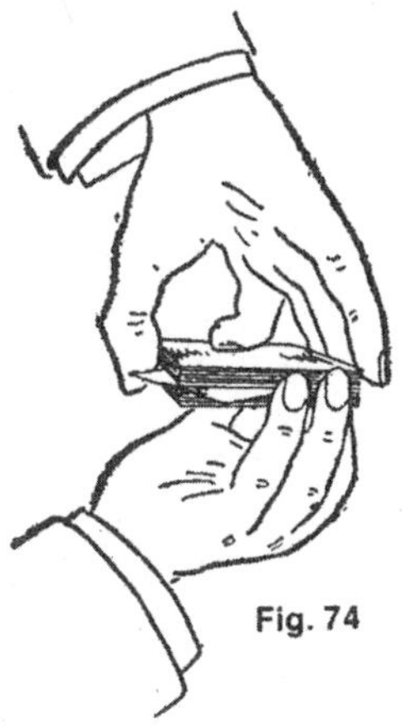

Fig. 74

Die diagonale Position der ausgewählten Karte(n) ist nun perfekt verdeckt, und das Kartenspiel liegt auf natürliche Art und Weise in der Hand. Mit ein bisschen Übung der diagonalen Gleitbewegung schafft man es, dass die Karte sofort in diese Position gelangt. Die nächste Aktion besteht darin, die ausgewählte Karte in der linken Hand zu palmieren, während Sie das Kartenspiel mit der rechten Hand zum Mischen vorlegen.

Legen Sie den linken kleinen Finger an die Längsseite der vorstehenden Karte und drehen sie diese mit ihm nach innen, wobei der rechte Daumen als Drehachse dient. Strecken Sie den linken Zeige-, Mittel- und Ringfinger aus und erfassen damit während der Drehung die äußere Schmalseite, während Sie gleichzeitig das Kartenspiel nach vorne rechts schieben und die linke Hand mit der palmierten Karte nach innen drehen (siehe Abbildung 75). Der kleine Finger gleitet dabei an die vordere Schmalseite.

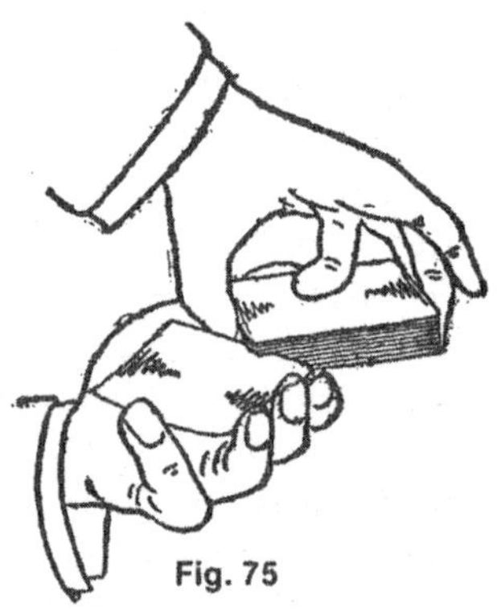

Fig. 75

Der ganze Vorgang wird ohne Kraft ausgeführt, damit die Karte so sanft aus dem Spiel gleitet, als wäre sie gezogen worden. Die Karte und das Kartenspiel müssen auf einer Höhe bleiben, bis die Karte vollständig draußen ist. Mit dem linken kleinen Finger können Sie die Längsseite leicht nach oben drücken, damit sie während des Palmierens konkav in der Hand liegt und nicht absteht. Während die Karte mit dem kleinen Finger gedreht wird, heben Sie den linken Daumen an, damit der rechte Daumen mit der unteren Seite des Kartenspiels unter ihm durchpasst und die Karte parallel über der linken Handfläche zum Liegen kommen kann. Wenn Sie das Kartenspiel nach vorne schieben, gleiten Sie mit dem rechten Daumen an der Längsseite der Karte entlang, und diese wird erst palmiert, wenn die Hände sich fast vollständig voneinander gelöst haben.

Der ganze Vorgang kann blitzschnell und ohne jegliches Geräusch durchgeführt werden, der Trick funktioniert aber auch dann noch perfekt, wenn alles recht langsam vonstattengeht. Sie können auch das Kartenspiel an der Ecke zwischen Zeigefinger und Daumen in die linke Hand nehmen, wodurch die rechte

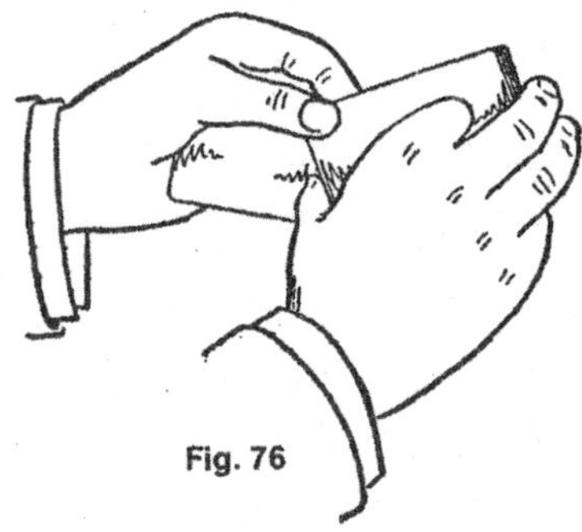
Fig. 76

Hand frei wird (siehe Abbildung 76). Die Ästhetik dieses Tricks liegt aber in der einfachen und natürlichen Art, mit der die ausgewählte Karte palmiert wird, während Sie mit der rechten Hand eine natürliche Bewegung zum Vorlegen fürs Mischen machen.

Es ist uns ein besonderes Anliegen, den Leser auf die Vorteile dieser Palmier-Volte hinzuweisen. Sie ist nicht schwierig durchzuführen, wenn man den Ablauf vollständig begriffen hat, und leistet bei vielen Kartentricks wertvolle Dienste. Durch sie werden normale Volten und normales Falschmischen größtenteils überflüssig, und sie kann vor den Augen eines aufmerksamen Betrachters durchgeführt werden, ohne dass dieser auch nur die leiseste Ahnung hat, was gerade passiert. Das normale Vorgehen von Kartenkünstlern besteht darin, den kleinen Finger über der ausgewählten Karte ins Kartenspiel zu stecken, die Volte durchzuführen und die Karte von oben in der rechten Hand zu palmieren. Das dauert länger, die Volte muss durch eine teilweise Drehung, einen Schwung oder das Senken der Hände verschleiert werden und beim Palmieren muss das Kartenspiel zumindest einen kurzen Moment verdeckt werden. Bei der beschriebenen Variante der Palmier-Volte wird die Karte während der scheinbar normalen Bewegung zum Glattstreichen und anschließenden Vorlegen für das Mischen durchgeführt.

Sie können auch mehrere Karten, die sich an einem oder an verschiedenen Punkten bzw. oben oder unten aufhalten, gleichzeitig palmieren. Wollen Sie die oberste Karte palmieren, wird sie in dieselbe diagonale Position gebracht und vom rechten kleinen Finger festgehalten, der gekrümmt obenauf liegt. Der Ablauf ist gleich. Hat man die Palmier-Volte mit einer Karte erst einmal gemeistert, ist der Rest nicht mehr schwer.

Falschmischen, um eine ausgewählte Karte zu kontrollieren

Halten Sie das Kartenspiel in der linken Hand, und wenn die ausgewählte Karte hineingesteckt wird, bilden Sie mit dem linken kleinen Finger an der Ecke der Längsseite einen Spalt. Dann nehmen Sie das Kartenspiel in der Nähe der Ecken der rechten Schmalseiten von oben zwischen rechten Daumen und Mittelfinger. Der rechte Daumen übernimmt die Rolle des linken kleinen Fingers und hält den Spalt. Drehen Sie das Kartenspiel in der normalen Position für das Falschmischen mit dem linken Daumen und den Fingern der linken Hand nach unten in die linke Handfläche, die rechte Hand wird dabei nicht bewegt und dient als Drehachse, während der rechte Daumen weiterhin den Spalt bildet. Der Ablauf wirkt sehr natürlich und ermöglicht, den Spalt zu halten, ohne den Daumen zu bewegen. Beginnen Sie nun sofort mit dem Mischen. Heben Sie ungefähr die Hälfte der Karten über dem Spalt ab, mischen Sie die Karten bis zum Spalt ab, errichten Sie an der ersten Karte einen Injog und mischen die restlichen Karten obenauf. Danach heben Sie über dem Injog ab und mischen die Karten obenauf. Auf diese Weise gelangt die ausgewählte Karte nach ganz unten. Streichen Sie die Karten glatt, palmieren Sie die unterste Karte mit der linken Hand und legen Sie das Kartenspiel den Zuschauern zum Mischen vor.

Beim Palmieren der untersten Karte(n) spielt es kaum eine Rolle, wie viele Karten palmiert werden, und der Ablauf ist schneller, wenn man sich um die Anzahl keine Gedanken macht.

Natürlich ist es genauso einfach, die ausgewählte Karte nach oben zu bringen, wenn man das „System für das Falschmischen" verstanden hat. Der einzige Unterschied bei dem eben beschriebenen Ablauf würde darin bestehen, dass nach Erreichen des Spalts nicht bei der ersten, sondern der zweiten Karte ein Injog gebildet wird und anschließend unter dem Injog abgehoben wird und die Karten nach oben geworfen werden anstatt sie abzumischen. Aus unserer Sicht ist es aber deutlich besser, die unterste Karte in der linken Hand zu palmieren als die oberste. Die im ersten Teil des Buches beschriebenen Methoden sind schnell, nicht zu erkennen und völlig unverdächtig, da sie bisher nicht bekannt waren.

Forcieren

Viele sehr gute Kartentricks beruhen darauf, dass ein Zuschauer eine oder mehrere Karten auswählt, die anschließend wieder ins Kartenspiel zurückkommen und nach dem Mischen zu einem bestimmten Zeitpunkt des Ablaufs auf verschiedene Weisen wieder verwendet werden. Die Zuschauer dazu zu treiben, bestimmte Karten auszuwählen, ohne dass diese auch nur den leisesten Verdacht schöpfen, ihre Wahl sei beeinflusst worden, bezeichnet man als „Forcieren". Abgesehen von der Volte gibt es vermutlich kein Hilfsmittel, das so häufig verwendet wird.

Die normale Methode beim „Forcieren" besteht darin, die ausgewählte Karte mithilfe einer Volte in die Mitte des Kartenstapels zu bringen und ihre Position zu fixieren, indem der kleine Finger dort hineingesteckt wird. Der Vorführende fächert danach das Kartenspiel leicht auseinander, während er es in Richtung der Zuschauer bewegt, indem er mit dem linken Daumen eine Karte nach der anderen in die rechte Handfläche schiebt. Er unterstützt diesen Vorgang mit den Fingern der rechten Hand und gibt dem Zuschauer damit das Gefühl, er könnte jede beliebige Karte auswählen. Sobald dieser im Begriff ist, sich eine auszusuchen, hält der Vorführende bei der fixierten Karte inne und zeigt von ihr ein kleines bisschen mehr als von den anderen Karten. Ein argloser Zuschauer wird fast automatisch zu der Karte greifen, die er am leichtesten erwischen kann. Eine andere bekäme er auch gar nicht, da der Vorführende alle anderen Karten mit Daumen und Fingern fest zusammenhält. Fasst der Zuschauer mit seinen Fingern eine andere Karte als die ausgesuchte an, zieht der Vorführende seine Hände scheinbar aus Versehen zurück und schiebt das Kartenspiel zusammen, damit es so aussieht, er würde glauben, der Zuschauer hätte eine Karte gezogen. Anschließend entschuldigt er sich und fächert das Spiel wieder auf. Schon ein wenig Übung reicht aber meist aus, dass der Vorführende die gewünschte Karte förmlich dem Zuschauer in die Hand steckt, ohne dass dabei auch nur die geringste Absicht zu erkennen wäre. Der Vorgang sollte locker, aber zügig durchgeführt werden, und wenn der erste Zuschauer, der infrage kommt, allzu kritisch zu sein scheint, wird er übersprungen und gegen einen weniger argwöhnischen eingetauscht. Es macht aber auch nichts aus, wenn der erste Mitspieler die falsche Karte erwischt. In diesem Fall wendet sich der Vorführende dem nächsten Zuschauer zu, forciert die gewünschte Karte und bringt seinen Trick in aller Ruhe zu Ende. Im Anschluss wird die erste Karte wieder ins Spiel zurückgebracht und bei einem Trick verwendet, für den man kein Vorwissen benötigt. Kennt der Vorführende den Ort von zwei oder mehr zusammenliegenden Karten, wird das Forcieren einfacher, da der Zuschauer bei der Auswahl mehr Freiheit hat. Da sich der Vorführende die Reihenfolge der Karten gemerkt hat, weiß er natürlich, welche konkrete Karte vom Zuschauer ausgewählt wurde.

Palmieren

Zusätzlich zu den Methoden, die im ersten Teil dieses Buchs erwähnt wurden und die wir für allgemeine Zwecke am geeignetsten halten, wollen wir hier noch einige Abläufe beschreiben, die unter bestimmten Umständen erfolgreich angewendet werden können.

Die obersten Karten können auf folgende Weise palmiert werden, dass es so aussieht, als ob das Kartenspiel nicht berührt worden wäre. Halten Sie das Kartenspiel in der linken Handfläche und stecken den kleinen Finger unter die Karten, die palmiert werden sollen. Mit Zeige-, Mittel- und Ringfinger halten Sie das Kartenspiel gut fest. Führen Sie nun die rechte Hand in einer natürlichen Bewegung mit einem Abstand von zwei bis drei Zentimetern über die linke Hand. Dabei strecken Sie die Finger der linken Hand aus und drücken die Karten mit dem kleinen Finger, der unter ihnen liegt, in die rechte Handfläche. Mit der rechten Hand setzen Sie entweder die Bewegung fort und schließen sie ein wenig über den palmierten Karten oder nehmen mit ihr das Kartenspiel so, dass es vollständig sichtbar ist. Mit der linken Hand machen Sie währenddessen eine natürliche Bewegung oder eine Geste.

Eine einfache Methode, die oberste Karte zu palmieren, besteht darin, sie im Schutz der rechten Hand leicht zur Seite zu schieben und dann mit der Fingerspitze des rechten kleinen Fingers die vordere Ecke nach unten zu drücken, damit sie in die rechte Handfläche springt.

Beim Palmieren sollte das Kartenspiel immer nur so kurz wie möglich verdeckt sein. Außerdem sollte dies unter einem natürlichen Vorwand geschehen, wie etwa dem Glattstreichen der Karten, der Übergabe der Karten in die andere Hand oder dem Umdrehen der Karten.

Palmieren mit der Rückhand: Wie es scheint, handelt es sich bei diesem Namen um eine irrtümliche Bezeichnung. Die Karten werden versteckt, indem sie auf die Rückseite der Hand verfrachtet werden. Halten Sie die Karten zwischen der Daumenspitze an der einen Schmalseite und den Spitzen von Mittel- und Ringfinger an der anderen mit der Bildseite nach oben in der rechten Hand, die ersten Glieder von Zeige- und kleinem Finger liegen an den Längsseiten (siehe Abbildung 77). Um zu „palmieren", bringen

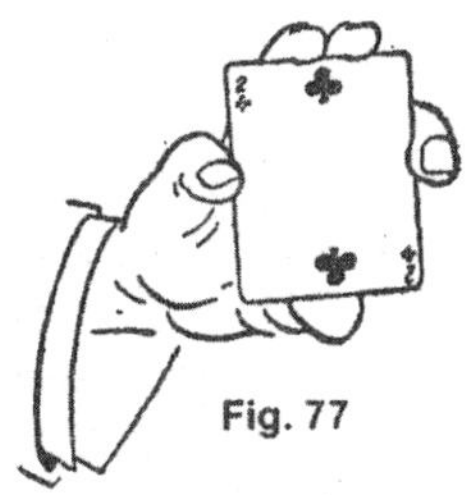

Fig. 77

Sie die Spitzen von Mittel- und Ringfinger unter die Schmalseite der Karte und krümmen sie so nach unten, bis sie sich unter dem Daumen befinden. Im selben Moment schieben Sie die Karte mit dem Daumen nach außen, bis Zeige- und kleiner Finger an den beiden inneren Ecken liegen und dafür sorgen, dass Sie die Karte in dieser Position halten können (siehe Abbildung 78). Nun strecken Sie die vier Finger aus, wobei Sie die Ecken der Karte zwischen den Fingerspitzen von kleinem und Ringfinger bzw.

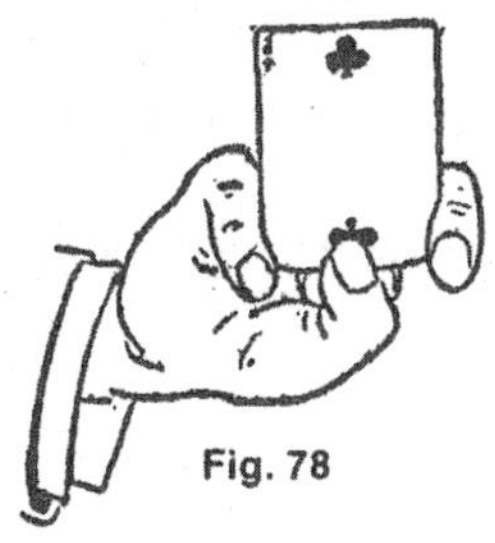

Fig. 78

Zeige- und Mittelfinger einklemmen. Nun liegt die Karte auf dem Handrücken (siehe Abbildung 79).

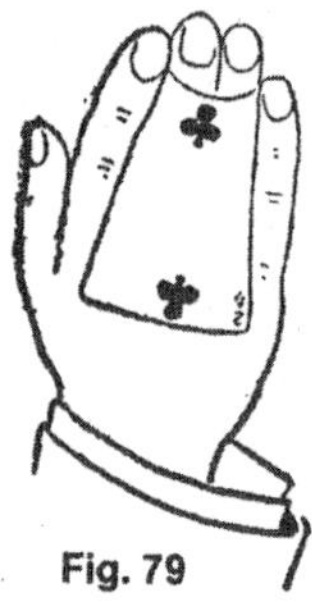

Fig. 79

Um die Karte wieder nach vorn zu bringen, krümmen Sie die vier Finger wieder in Richtung Handfläche und strecken die Spitze des Zeigefingers ein wenig, damit der Daumen wieder die Karte halten kann. Danach ziehen Sie die Karte mit Daumen und kleinem Finger so weit wie möglich in Richtung Handgelenk, strecken die anderen Finger aus, klemmen die Ecke zwischen den Spitzen von Zeige- und Mittelfinger ein und lassen den kleinen Finger an der Längsseite der Karte entlanggleiten, bis er ausgestreckt ist, wobei Sie in diesem Fall die äußeren Ecken zwischen dieselben Finger klemmen anstatt auf die normale Weise zu palmieren.

Auf diese Art können mehrere Karten hin- und hertransportiert werden, und eine nach der anderen kann vom Handrücken hervorgeholt werden, ohne dass die restlichen Karten sichtbar sind. Wer dieses Kunststück perfekt beherrscht, kann beide Seiten der Hand vorzeigen, da er die Karten jeweils verschiebt, wenn die Hand umgedreht wird. Dazu werden eine leichte Auf- und Abwärtsbewegung und eine Rückwärtsbewegung des Handgelenks eingesetzt.

Wer seine eigene Geschicklichkeit im Umgang mit Karten demonstrieren will, findet kaum ein besseres Kunststück, aber bei der Ausführung von Kartentricks ist es wenig hilfreich. Alles hat aber seinen Sinn, und uns hat das Palmieren mit der Rückhand schon einmal aus einer misslichen Lage geholfen – aber das ist eine andere Geschichte.

Austausch von Karten

Unter dieser allgemeinen Überschrift beschreiben wir einige der besten Methoden, mit denen man heimlich eine oder mehrere Karten, die vom restlichen Stapel entfernt wurden, gegen andere im Stapel oder in der anderen Hand befindliche Karten austauschen kann.

Austausch der obersten Karte: Halten Sie das Kartenspiel quer in der linken Hand mit der Bildseite nach unten, der Daumen liegt obenauf. Die Karte, die Sie austauschen wollen, halten Sie zwischen dem rechten Daumen und der Spitze des Zeigefingers, der Daumen ist oben, der Zeigefinger unten. Nun bringen Sie die Hände mit einem lockeren Schwung kurz zusammen, indem beide Hände sich in dieselbe Richtung bewegen, aber die eine schneller als die andere. Bei ihrem Zusammentreffen schieben Sie mit dem linken Daumen die oberste Karte leicht zur Seite, während Sie mit der rechten Hand die auszutauschende Karte obenauf legen und die auf der Seite vorstehende Karte zwischen die Spitzen von Zeige- und Mittelfinger klemmen und abtransportieren (siehe Abbildung 80). Anschließend halten Sie die neue oberste Karte mit dem linken Daumen fest und schieben sie in

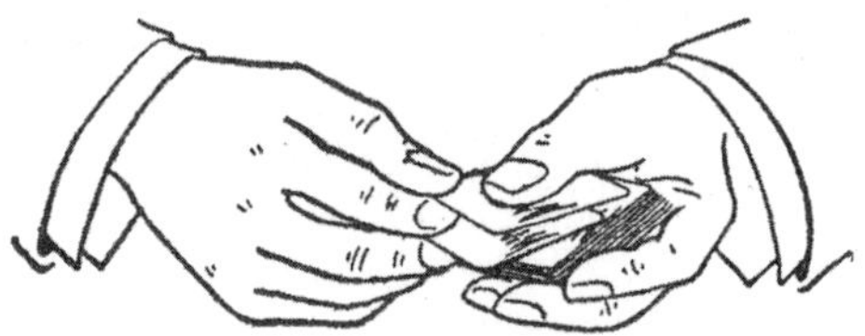

Fig. 80

die richtige Position auf das Kartenspiel. Theoretisch könnte man meinen, dass dieser Trick leicht zu durchschauen ist. Doch in der Praxis ist er kaum zu entdecken, wenn er gut ausgeführt wird. Die Bewegung der Hände und der leichte Schwung zur Seite werden während des Austauschs nicht unterbrochen, sondern so lange fortgesetzt, bis die Hände wieder ein wenig voneinander entfernt sind. Zudem sollte der Schwung natürlich sein und einen höheren Sinn haben, etwa um die Karte auf dem Tisch abzulegen oder sie jemandem in die Hand zu drücken. Mit einer leichten Drehung zum Zuschauer können Sie die Hände mühelos zusammenführen. Der Schwung kann in alle Richtungen – nach innen oder nach außen, nach oben oder nach unten – ausgeführt werden, wobei die eine Hand der anderen folgt oder diese sogar überholt , aber nie anhält, bis die Hände wieder auseinander sind.

Austausch der untersten Karte: Der Ablauf ist hier ganz ähnlich, wobei der Unterschied darin besteht, dass Sie die Karte in der rechten Hand dieses Mal nach unten bringen, nach wie vor aber die oberste Karte transportieren. Halten Sie die Karte zwischen Daumen und den Fingerspitzen von Zeige- und Mittelfinger der rechten Hand fest, der Zeigefinger liegt obenauf. Das Kartenspiel halten Sie mit dem Daumen und dem Zeigefinger, die anderen Finger lassen Sie leicht sinken, um die Karte aus der Rechten in Empfang zu nehmen und unter das Spiel zu schieben, während die Hände sich trennen. Die oberste Karte wird wie zuvor zur Seite geschoben und mit dem rechten Daumen und Zeigefinger abtransportiert (siehe Abbildung 81). Die Hände werden auf dieselbe Weise geschwungen. Bei diesem Austausch besteht die einzige Schwierigkeit darin, die Karte mit der linken Hand sauber unter das Spiel zu bringen.

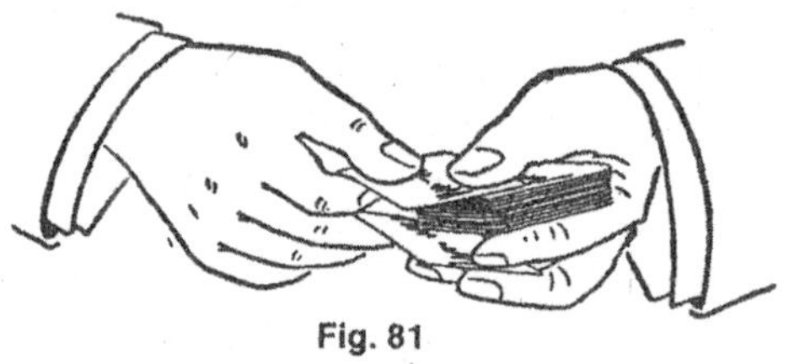

Fig. 81

Austausch mit Palmieren: Bei diesem Verfahren wird ein völlig anderer Trick angewendet, der in diesem Zusammenhang vermutlich der genialste überhaupt ist.

Halten Sie die beiden Karten, die ausgetauscht werden sollen, an den Schmalseiten zwischen den Spitzen von Mittel- und Ringfinger sowie Daumen der rechten Hand. Die Karten sollten so eng beisammen gehalten werden, dass sie beim Vorzeigen wie eine aussehen. Nun drehen Sie die rechte Hand mit der Handfläche nach unten und tun so, als würden Sie mit der linken Hand die gezeigte Karte nehmen. In Wirklichkeit nehmen Sie aber die zweite Karte, während die andere Karte palmiert in der rechten Hand bleibt. Dies geschieht, indem Sie beide Karten zwischen linkem

Daumen und Mittel- und Ringfinger ergreifen und gleichzeitig die obere Karte mit dem Daumen herausziehen bzw. die untere Karte mit den Fingern der linken Hand in die rechte Handfläche schieben (siehe Abbildung 82). Obwohl dieser Austausch zu den einfachsten Tricks im Bereich der Kartenkunst überhaupt gehört, ist er einer der hilfreichsten und am schwersten zu entdeckenden. Der ganze Ablauf sollte etwa so lange dauern und in derselben Weise ausgeführt werden, wie normalerweise eine Karte von der einen Hand in die andere übergeben wird.

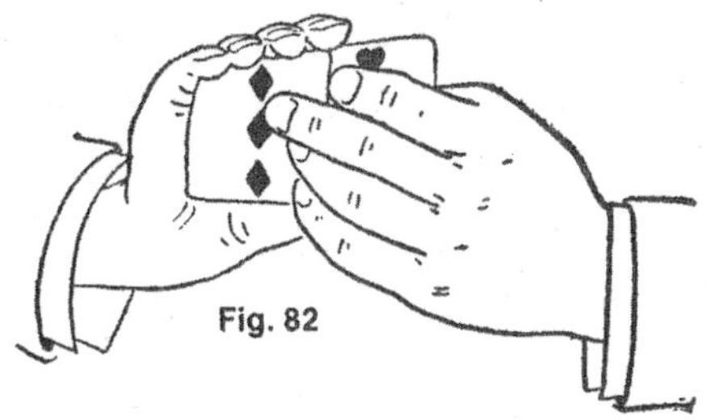
Fig. 82

Austausch mit doppeltem Palmieren: Diese Methode kann angewendet werden, wenn eine oder mehrere Karten ausgetauscht werden sollen. Die betreffenden Karten liegen in einem Päckchen auf dem Tisch, und die anderen Karten werden heimlich mit der Bildseite nach unten in der linken Hand palmiert. Nehmen Sie nun das Päckchen auf dem Tisch an den Schmalseiten zwischen den Daumen und die Spitzen von Mittel- und Ringfinger der linken Hand und übergeben Sie es in die rechte Hand. In dem Moment, in dem Sie die linke Hand mit der Handfläche nach oben

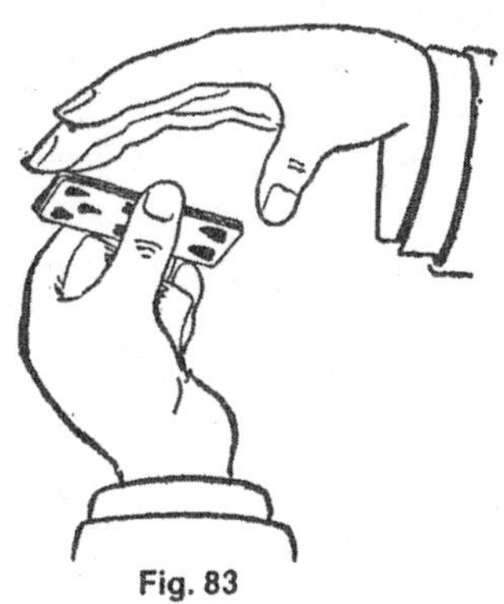
Fig. 83

drehen, palmieren Sie mit der rechten Hand das gerade übergebene Päckchen und ergreifen mit ihr an den Schmalseiten das Päckchen in der linken Hand. Anschließend wird dieses langsam und unverhohlen abtransportiert und den Zuschauern die leere linke Hand gezeigt (siehe Abbildung 83).

Beim Palmieren der oberen Karten in der rechten Hand krümmen Sie den linken Zeigefinger von unten gegen die palmierten Karten und biegen diese damit nach oben. Auf diese Weise können Sie mit der rechten Hand leichter zupacken und zudem die Karten wieder gerade biegen, falls diese beim Palmieren verformt wurden.

Der einzige Einwand, der gegen diesen Austausch erhoben werden kann, besteht darin, dass Sie das Päckchen mit der rechten Hand an den Längsseiten halten, nachdem Sie das erste Päckchen an den Schmalseiten genommen haben und dies möglicherweise jemand gesehen hat. Unterm Strich ist dies jedoch ein grandioser Austauschtrick, der viele Verwendungsmöglichkeiten bietet.

Beidhändige Verwandlungen

In vielen Fällen bringt der Kartenkünstler absichtlich eine falsche Karte zum Vorschein, und wenn sein „Irrtum“ bemerkt wird, schlägt er gelassen vor, „den Fehler wieder gutzumachen“ und die falsche Karte in die richtige zu verwandeln. Vollzogen wird dies in der Regel, indem die falsche Karte auf die Ober- oder Unterseite des Kartenspiels gelegt wird und anschließend mit einer oder beiden Händen „verwandelt“ wird.

Erste Methode: Halten Sie die falsche Karte, die gerade gezeigt wurde, in der rechten Hand. Mit der linken Hand halten Sie das Kartenspiel mit der Bildseite nach unten an den Längsseiten zwischen Daumen und Mittel-, Ring- und kleinem Finger, der Zeigefinger liegt an der vorderen Schmalseite. Die ausgewählte Karte befindet sich unten. Drehen Sie das Kartenspiel oder die Hand so nach unten, dass die unterste Karte nicht sichtbar ist. Legen Sie nun mit der rechten Hand die falsche Karte auf die Unterseite des Kartenspiels und zeigen Sie dabei beiläufig die leere Handfläche. Anschließend legen Sie die Fingerspitzen der rechten Hand auf die Unterseite des Kartenspiels, drehen beide Hände um und zeigen dem Publikum, dass die falsche Karte sich unten befindet. Doch während das Kartenspiel umgedreht wird, schieben Sie die falsche Karte mit den Fingerspitzen der rechten Hand etwa zwei Zentimeter zum linken Zeigefinger, sodass die rechte Handfläche ein Stückchen unter den Fingerwurzeln gegen die ausgewählte Karte (die sich an zweiter Stelle befindet) gedrückt werden kann. Diese wird nun mit leichtem Druck nach unten gezogen, wobei es den Anschein hat, dass die Abwärtsbewegung dem Zweck dienen würde, dem Publikum die falsche Karte vollständig zu zeigen (siehe Abbildung 84). Wenn die Schmalseiten der beiden Karten einander passieren, wird die untere Karte nach oben gebracht und das Kartenspiel wieder mit der rechten Handfläche verdeckt. Dabei gelangt die ausgewählte Karte auf die Bildseite und die falsche Karte wird vom linken Zeigefinger wieder in die richtige Position gebracht. Der Vorführende sagt seinen Zauberspruch, zeigt seine leere rechte Hand und die Verwandlung ist perfekt.

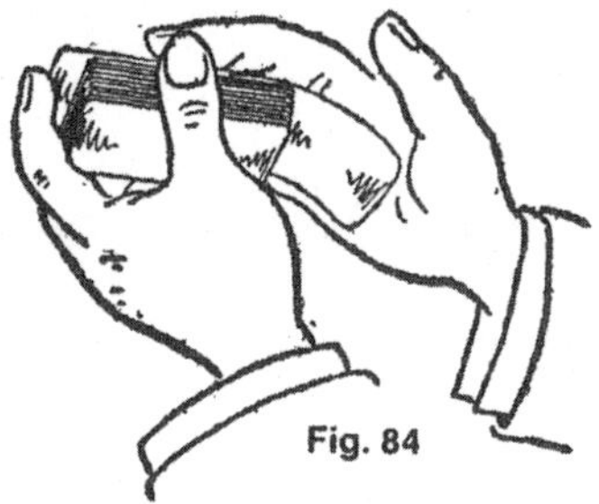
Fig. 84

Bei sauberer Ausführung handelt es sich hierbei um einen sehr effektiven Trick, den man sich ohne größere Schwierigkeiten aneignen kann. Je nach Wunsch kann er sehr schnell, aber auch langsam vorgeführt werden.

Zweite Methode: Nehmen Sie das Kartenspiel an den Längsseiten zwischen Daumen und Mittel-, Ring- und kleinem Finger in die linke Hand, die Spitze des linken Zeigefingers berührt in der Nähe der Schmalseite die ausgewählte Karte auf der Rückseite. Die falsche Karte befindet sich auf der Unterseite oder wird dorthin gelegt und ist vollständig sichtbar. Um die Verwandlung auszuführen, bringen Sie die rechte Hand so über das Kartenspiel, dass die vier Fingerspitzen die vordere Schmalseite berühren. Schieben oder drücken Sie die ausgewählte Karte mit der Spitze des Zeigefingers zu den Fingerspitzen der rechten Hand und ziehen Sie das Kartenspiel in Richtung Handgelenk, bis es die untere Schmalseite der ausgewählten Karte, die mit dem linken Zeigfinger in die rechte Handfläche gedrückt wird, passiert (siehe Abbildung 85). Schieben Sie das Kartenspiel anschließend wieder in seine Ausgangsposition. Dieser Trick kann sehr schnell ausgeführt werden, und die einzelnen Aktionen sind nicht zu erkennen.

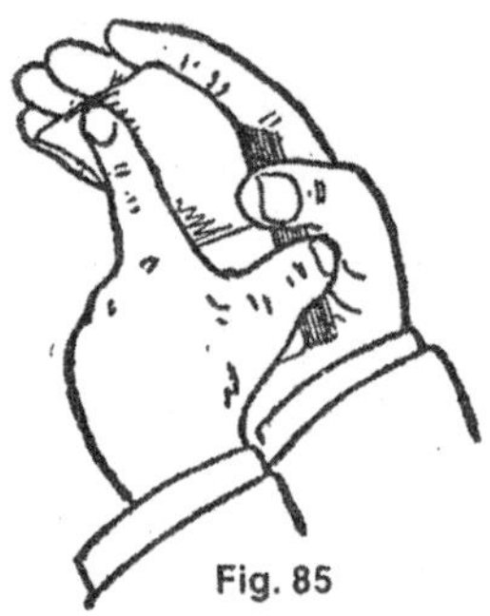
Fig. 85

Dritte Methode: Nehmen Sie das Kartenspiel in die linke Hand, die Längsseite liegt auf dem dritten Glied der vier Finger und die Daumenspitze befindet sich oben. Die Bildseite zeigt zum Publikum. Verdecken Sie die Bildseite mit Ihrer recht flach gehaltenen rechten Hand. Kippen Sie die obere Längsseite des Kartenspiels leicht in Richtung der rechten Hand, senken Sie den linken Daumen auf die Rückseite und schieben Sie die oberste Karte nach oben. Wenn diese hochkommt, bewegen Sie die rechte Hand über den linken Daumen nach oben und palmieren die nach oben geschobene Karte, wobei der linke Daumen diesen Vorgang unterstützt. Im Anschluss bringen Sie den linken Daumen sofort wieder in seine Ausgangsposition auf der Längsseite des Kartenspiels. Die rechte Hand bewegen Sie augenscheinlich deshalb nach oben, um dem Publikum die unterste Karte zu zeigen. Nun verdecken Sie mit der rechten Hand wieder einen Moment lang das Kartenspiel und legen die palmierte Karte ab. Dieser Trick kann sehr schnell ausgeführt werden, zufriedenstellend ist aber auch eine langsame Bewegung.

Vierte Methode: Der Ablauf ist bei dieser Verwandlung identisch wie bei der dritten Methode, doch der Zeige- und kleine Finger werden in der Nähe der unteren Ecken an die Schmalseite gelegt, während sich Daumen und Mittel- und Ringfinger wie bisher an der oberen bzw. Schmalseite befinden. In dieser Position kann das Kartenspiel deutlich fester gehalten werden, und es fällt einem mit dem linken Daumen leichter, eine Karte nach der anderen nach oben zu schieben, wenn die Finger an den Schmalseiten die anderen Karten unter Kontrolle halten. Der rechten Hand kommt dabei die gleiche Rolle zu wie bei der dritten Methode. Die Verbesserung stammt von uns (siehe Abbildung 86).

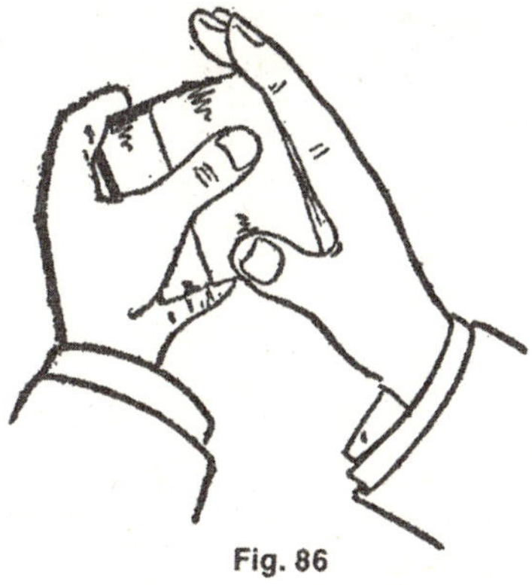

Fig. 86

Fünfte Methode: Halten Sie das Kartenspiel in der linken Hand, Daumen bzw. Mittel-, Ring- und kleiner Finger liegen an den gegenüberliegenden Längsseiten, der Zeigefinger an der Schmalseite. Verdecken Sie das Kartenspiel mit der rechten Hand, schieben Sie den rechten Daumen aber darunter. Ziehen Sie die unterste Karte mit dem Daumen heraus, palmieren Sie und verdecken Sie wieder das Kartenspiel, um die palmierte Karte nach oben zu befördern.

Sechste Methode: Auch diese Methode wurde von uns selbst entwickelt und war daher bislang völlig unbekannt. Wir finden sie ziemlich gut.

Halten Sie das Kartenspiel an den Längsseiten zwischen der Daumenspitze und den Spitzen von Mittel- und Ringfinger in der linken Hand, der Zeigefinger liegt an der Längsseite und die Spitze des kleinen Fingers befindet sich in der Nähe der Ecke unten. Zeigen Sie dem Publikum die Bildseite, die Schmalseite mit den Fingern ist unten. Bringen Sie die rechte Hand so nach vorn, dass die Spitzen der kleinen Finger sich an der Ecke berühren und das Publikum sieht, dass die rechte Hand leer ist, die Handgelenke sind dabei etwa fünfzehn Zentimeter voneinander entfernt. Schieben Sie nun mit der Spitze des linken kleinen Fingers die Ecke der unteren Karte leicht zur Seite und klemmen Sie sie mit der Spitze des rechten kleinen Fingers so ein, dass sie stabil gehalten wird (siehe Abbildung 87). Drücken Sie die Karte gegen den linken

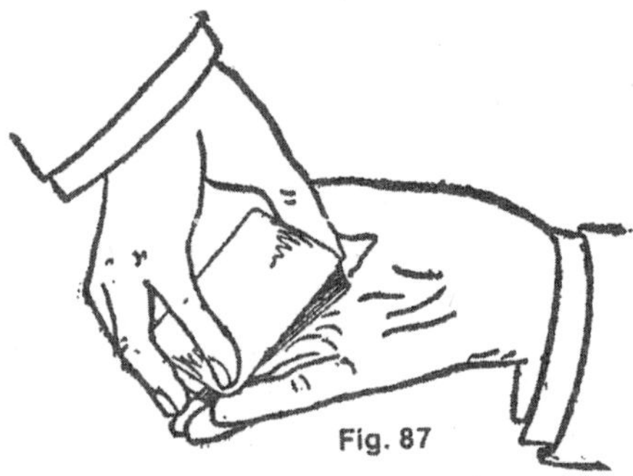

Fig. 87

Ringfinger, während Sie gleichzeitig die rechte Hand umdrehen und die obere Schmalseite des Kartenspiels nach rechts bewegen. Durch diesen Vorgang wird die untere Karte nach außen bewegt und kann mit der rechten Hand palmiert werden. Bei der Drehung wird der linke kleine Finger ausgestreckt und die Karte fest gegen die rechte Hand gedrückt (siehe Abbildung 88).

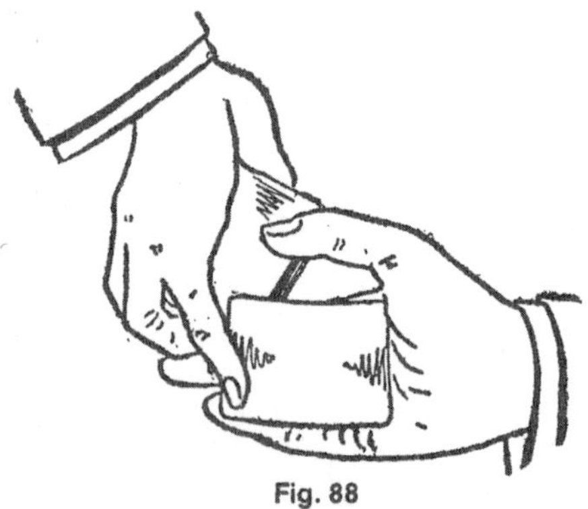

Fig. 88

Direkt danach ergreifen Sie mit der rechten Hand in der Nähe der unteren Ecken das Kartenspiel und zeigen dem Publikum die leere linke Hand, die zuvor losgelassen hat. Danach nehmen Sie das Kartenspiel wieder mit der linken Hand, dieses Mal aber an den Längsseiten, und legen den kleinen Finger an die vordere Schmalseite. Anschließend lassen Sie mit der rechten Hand los und führen diese über die Bildseite des Kartenspiels schnell nach unten, wobei die palmierte Karte obenauf gelegt wird und die leere rechte Hand gezeigt wird. Der linke kleine Finger unterstützt den Austausch, indem er nach der palmierten Karte greift, wenn die rechte Hand nach unten gezogen wird.

Natürlich sind die Bewegungen des Vorführenden, bei denen er das Spiel von einer Hand in die andere übergibt und seine leeren Hände zeigt, als Beweis gedacht, dass nicht palmiert wird. Das Palmieren an sich ist bei sauberer Ausführung nicht erkennbar. Die rechte Hand wird genau im richtigen Moment gedreht, um die herausgeschobene Karte zu verdecken, ohne dabei den Blick auf die Bildseite zu verwehren. Das Palmieren kann so schnell wie gewünscht und ohne jedes Geräusch durchgeführt werden. Obwohl es einige Zeit dauert, diese „Verwandlung" perfekt auszuführen, empfehlen wir unseren Lesern stark, sie einzustudieren.

Einhändige Verwandlungen

Erste Methode: Halten Sie das Kartenspiel in der linken Hand, der Daumen liegt ausgestreckt auf der Bildseite, der Zeigefinger an der vorderen Schmalseite, Mittel- sowie kleiner Finger liegen an der Längsseite und der Ringfinger möglichst stark gekrümmt unter dem Kartenspiel. Ziehen Sie die oberste Karte mit dem Daumen zurück und kippen Sie dabei gleichzeitig mit dem Ringfinger das Kartenspiel nach oben, bis die oberste Karte die Längsseite passiert hat (siehe Abbildung 89). Anschließend schieben Sie die Karte zwischen dem gekrümmten Ringfinger und dem Kartenspiel nach unten, indem Sie den Daumen wieder an seine ur-

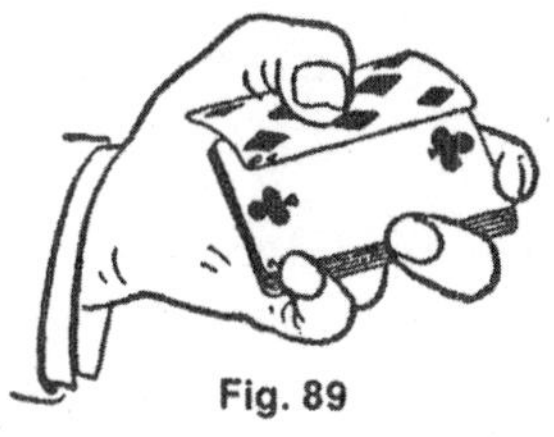

Fig. 89

sprüngliche Position nach oben bringen (siehe Abbildung 90). Die Spitzen von Ring- und kleinem Finger stabilisieren das Kartenspiel, während es nach oben gekippt wird, aber der Zeigefinger bleibt inaktiv. Die oberste Karte muss gut in der Daumenwurzel liegen und möglichst weit nach hinten gezogen werden, wenn das

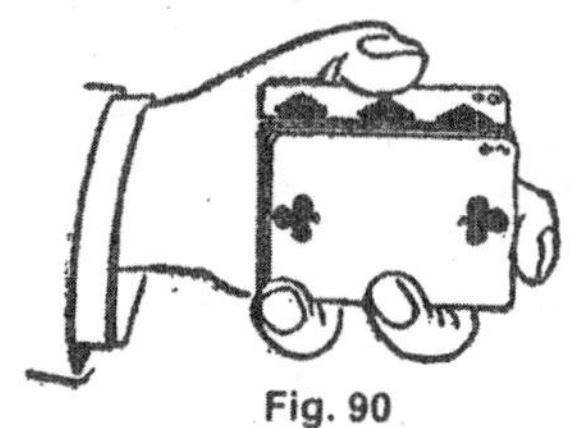

Fig. 90

Kartenspiel nach oben gekippt wird. Der ganze Vorgang sollte mit einem Schwung kaschiert werden. Da es extrem schwer ist, den Trick geräuschlos durchzuführen, sollte man das Publikum vorher darüber informieren, dass es die „Verwandlung" zwar nicht sehen, dafür aber hören wird. Das Tempo der Ausführung hängt stark vom Können des Vorführenden ab, die Position der Hand ist beliebig.

Zweite Methode: Der folgende Ablauf ist eine weitere Innovation von uns. Der Trick geht einfach, extrem schnell und absolut geräuschlos über die Bühne – eine seltene Kombination bei einhändigen Verfahren.

Halten Sie das Kartenspiel in der linken Hand, eine Längsseite liegt auf dem zweiten Glied von Mittel- und Ringfinger, die Daumenspitze ruht obenauf, Zeige- und kleiner Finger befinden sich an entgegensetzten Schmalseiten. Lassen Sie den Daumen so über die Längsseite gleiten, dass seine Spitze auf der untersten Karte liegt, und schieben Sie diese nach oben. Währenddessen drehen Sie sie so um, dass die Bildseite oben ist, wenn sie zuvor unten war, bzw. umgekehrt (siehe Abbildung 91 und 92). Mit

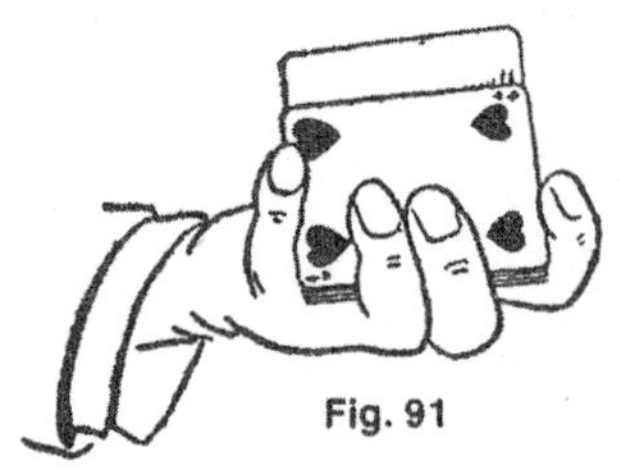

Fig. 91

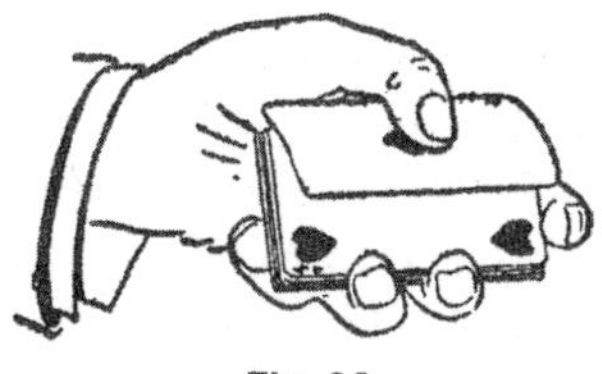

Fig. 92

den Spitzen von Mittel-, Ring- und kleinem Finger halten Sie das Kartenspiel in Position, und mit allen vier Fingerspitzen sorgen Sie dafür, dass es obenauf glatt gestrichen wird.

Der ganze Vorgang sollte mit einer kurzen Armbewegung kaschiert werden. Heben Sie die Hand leicht an und verschieben Sie den Daumen, wenn Sie dabei sind, die Abwärtsbewegung der Hand nach außen auszuführen. Ist eine Karte sichtbar, wirkt es so, als würde das Kartenspiel mit der Bildseite nach oben gehalten werden, und es können so viele Karten wie gewünscht von unten nach oben transportiert werden. Der Ablauf ist zwar sehr einfach und kann in einem derart hohen Tempo ausgeführt werden, dass nichts erkennbar ist, doch braucht es einige Übung, bis man den Dreh heraushat, wie man die untere Karte herausbekommt.

Beide einhändige Verwandlungen sind deutlich einfacher, wenn nur zwei Drittel der Karten verwendet werden.

Falschmischen, bei dem die Reihenfolge der Karten komplett erhalten bleibt

Im ersten Teil unseres Buchs haben wir Arten des Falschmischens beschrieben, bei denen entweder der obere oder der untere Teil des Kartenspiels in derselben Reihenfolge blieb, obwohl es so aussah, als würde der gesamte Stapel gemischt. Am Kartentisch kommt es fast nie vor, dass das komplette Kartenspiel in einer vorgefertigten Reihenfolge bleiben soll – dies wird weder versucht noch ist es erwünscht. Der Zauberer jedoch kann unter diesen Umständen viele interessante Tricks vorführen, weshalb er eine Methode zum Falschmischen braucht, bei der die Reihenfolge des gesamten Kartenspiels erhalten bleibt. Die folgenden Methoden zum Erhalt der Reihenfolge aller Karten sind zwar allesamt täuschend echt genug, sehen aber nie so perfekt aus wie die bereits beschriebenen.

Erste Methode: Halten Sie das Kartenspiel quer in der linken Hand wie bei der Vorbereitung zum normalen Shuffle. Heben Sie von unten etwa drei Viertel ab und legen die Karten wie beim normalen Mischen auf das linke Päckchen, indem Sie ein kleines Päckchen aus der rechten Hand fallen lassen. Wenn Sie die rechte Hand in der normalen Art und Weise wieder nach oben bewegen, nehmen Sie das untere Päckchen, das zuerst in der linken Hand gelandet ist, zwischen den rechten Daumen und Ringfinger und führen es mit den restlichen Karten nach oben, wobei das Päckchen, das von oben herunter fallen gelassen wurde, auf die Finger der linken Hand fällt und so verschleiert wird, dass das untere Päckchen weggezogen wurde (siehe Abbildung 93). Kippen Sie

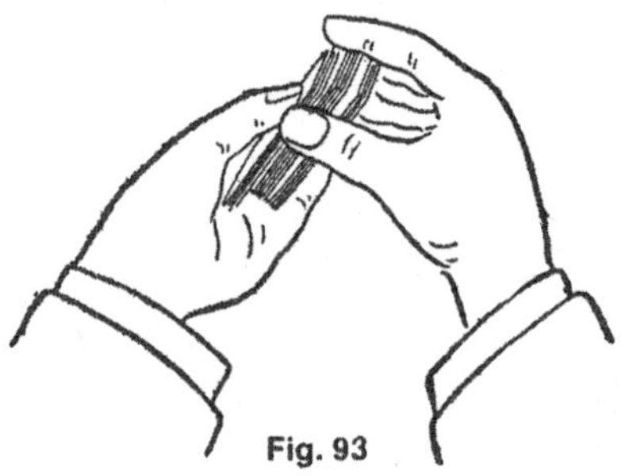

Fig. 93

nun das Päckchen mit den Fingern der linken Hand auf den linken Daumen und lassen Sie – wieder mit einer normalen Mischbewegung – mit der rechten Hand ein weiteres kleines Päckchen von der Oberseite in die linke Hand zwischen deren Päckchen und Finger fallen. Mit dem linken Daumen kippen Sie das Päckchen anschließend auf das andere, und mit der rechten Hand machen Sie wieder die normale Bewegung nach unten, doch dieses Mal lassen Sie das untere Päckchen, das sich zwischen Daumen und Ringfinger befindet, fallen, indem Sie einfach den Druck des Ringfingers verringern. Anschließend wird das Päckchen in der linken Hand wieder gegen den Daumen gekippt, die rechte Hand lässt ein weiteres Päckchen von oben fallen, das Päckchen in der linken Hand wird zurückgekippt und die rechte Hand wirft die restlichen Karten obenauf. Bei diesem Verfahren wird das Kartenspiel einmal abgehoben, die Reihenfolge der Karten bleibt aber identisch.

Wie beim normalen Mischen machen Sie fünf Auf- und Abwärtsbewegungen mit der rechten Hand und zögern dabei keinen Moment. Mit dem linken Daumen und den Fingern der linken Hand kippen Sie die Karten hin und her, damit Sie die Päckchen in der rechten Hand darauf und darunter fallen lassen können. Die Tatsache, dass Sie mit der rechten Hand bei der ersten Aufwärtsbewegung das erste Päckchen aus der linken Hand mitnehmen und dieses bei der dritten Abwärtsbewegung wieder loslassen (anstatt ein Päckchen von oben fallen zu lassen), ist für den Zuschauer nicht zu erkennen, wenn das Mischen schnell und sauber ausgeführt wird. Der Trick ist überhaupt nicht schwierig, erfordert aber ein wenig Übung.

Das Verfahren, Karten über und unter die Karten in der linken Hand zu mischen, wird oft angewandt und erregt daher kein Aufsehen. Das Mischen kann mehrmals wiederholt werden und sollte mit gelegentlichem Abheben kombiniert werden.

Zweite Methode: Dieses Falschmischen, oder besser gesagt, dieser falsche Riffle, erfordert einige Übung, die sich aber lohnt.

Nehmen Sie das Kartenspiel mit der Bildseite nach unten in beide Hände. Mittel- und Ringfinger liegen auf der einen Längsseite, die Daumen auf der anderen, die kleinen Finger an den Schmalseiten unter dem Spiel und die Zeigefinger gekrümmt obenauf. Die beiden Mittelfinger berühren sich an der Mitte der Längsseite, die beiden Daumen an der gegenüberliegenden Seite. Beide Hände nehmen die identische Haltung ein. Teilen Sie das Spiel mit den Daumen und heben Sie mit der rechten Hand etwa die obere Hälfte ab. Winkeln Sie die beiden Päckchen so an, dass sich die inneren Ecken der äußeren Schmalseiten berühren, wobei das rechte Päckchen etwa einen Zentimeter weiter vorn liegt. Lassen Sie nun die Ecken des linken Päckchens in das rechte schnellen, indem Sie mit beiden Daumen die Karten nach unten springen lassen, fangen Sie dabei aber mit dem linken Daumen an und hören Sie mit dem rechten Daumen auf, damit in der linken Hand unten einige ungemischte Karten liegen und etwa zwölf ungemischte Karten obenauf in der rechten Hand sind (siehe Abbildung 94). Verlagern Sie nun die linke Hand so, dass die vier Finger quer über die Unterseite verteilt sind, und schieben mit dem rechten Daumen die obersten Karten gefächert über das linke

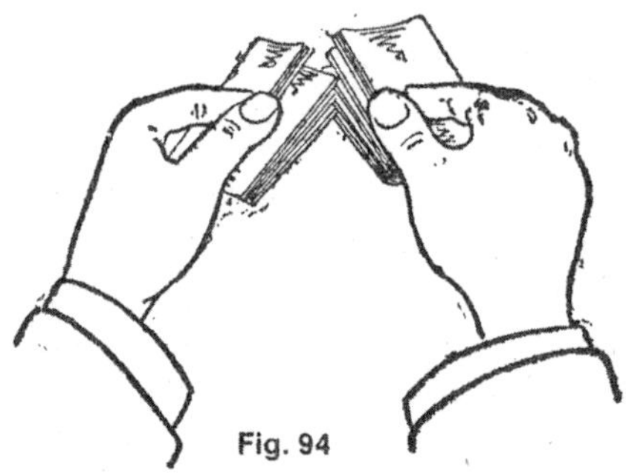
Fig. 94

Päckchen, während Sie gleichzeitig die Schmalseiten der beiden Päckchen zusammenbringen, die miteinander verzahnten oberen Ecken trennen und das rechte Päckchen auf das linke schieben.

In dem Moment, in dem die beiden Päckchen an den Schmalseiten zusammengeführt werden, werden sie etwas aufgefächert, und mit dem rechten Ringfinger und kleinen Finger wird erst die unterste Karte herausgedreht und etwas früher als die restlichen Karten auf das Päckchen in der linken Hand befördert. Dadurch wird verhindert, dass etwas schiefläuft. Je mehr die Päckchen während des Ablaufs aufgefächert sind, desto besser die Ausführung. Das Kartenspiel sollte recht langsam glatt gestrichen werden, wobei Sie es mit dem linken Daumen und den anderen Fingern der linken Hand in seiner ungewohnten Position halten und mit der rechten Hand loslassen, um die Karten zu begradigen. Achten Sie darauf, dass die Ecken der beiden Päckchen nicht zu weit ineinander gemischt werden. Es reicht aus, wenn sie einfach nur miteinander verzahnt sind. Um die beiden Päckchen vollständig kontrollieren zu können, müssten sie sogar überhaupt nicht verzahnt sein, wodurch das Herausdrehen vermieden würde. Werden die beiden Päckchen beim Mischen einfach nur leicht gespreizt, sieht es immer so aus, als wären sie verzahnt.

Dieser Trick kann sehr schnell und mit perfekter Kontrolle über die Karten ausgeführt werden. Er eignet sich zudem hervorragend für Zauberer, die nie auf dem Tisch die Karten riffeln. Wie erwähnt, ist er aber schwierig, und wenn der Vorführende kein versierter Kartenexperte ist, wird es ihm schon schwerfallen, die beiden Päckchen ineinander springen zu lassen, was noch der leichteste Teil der Übung ist.

Wird dieser Riffle abwechselnd mit dem vorher beschriebenen Mischen durchgeführt, kann nur ein sehr aufmerksamer und bewanderter Beobachter erkennen, dass es sich um einen Trick handelt.

Dritte Methode: Dies ist eine Variante der zweiten Methode. Nehmen Sie das Kartenspiel mit den Daumen und Fingern dieses Mal nicht an den Längsseiten, sondern an den Schmalseiten. Die kleinen Finger werden unter die Längsseiten gelegt, ansonsten ist die Haltung dieselbe wie bei den anderen Methoden.

Nachdem das Kartenspiel in zwei Päckchen aufgeteilt wurde, lassen Sie die Karten an den inneren Ecken mit den Daumen ineinander springen. Danach werden die Finger der linken Hand nach unten gebracht, die obersten Karten mit dem rechten Daumen über dem Päckchen in der linken Hand aufgefächert und mit der rechten Hand die äußeren Schmalseiten der beiden Päckchen zusammengeschoben, indem die verzahnten Ecken getrennt werden und das Päckchen in der rechten Hand wieder auf dieselbe Weise nach oben gelegt.

Bei dieser Methode hat man die Päckchen besser unter Kontrolle, daher ist es schwer zu sagen, welche besser ist. Aus unserer Sicht steigt die Wahrscheinlichkeit, das Publikum davon zu überzeugen, dass die Karten richtig gemischt sind, aber umso mehr an, je mehr verschiedene Methoden des Falschmischens verwendet werden. Dies gilt natürlich nur, wenn die angewandten Methoden einen alltäglichen Charakter haben und nicht künstlich wirken.

Vierte Methode: Hierbei handelt es sich um einen schamlosen Trick, der extrem einfach ist und überraschend echt wirkt, wenn er sauber ausgeführt wird.

Halten Sie das Kartenspiel in der üblichen Position an der Längsseite in der linken Hand, der Zeigefinger befindet sich aber an der vorderen Schmalseite. Heben Sie nun mit rechten Hand etwa die Hälfte der Karten ab – der Zeigefinger liegt dabei oben – und machen Sie dabei die normale Bewegung, mit der Sie die Karten in der rechten Hand mit denen in der linken Hand verzahnen würden, indem Sie die beiden Längsseiten zusammenführen. Lassen Sie einige von den oberen Karten des Päckchens in der rechten Hand auf das andere Päckchen fallen, verhindern Sie dabei aber mit dem rechten Daumen, dass die Karten komplett in der linken Handfläche landen. Schieben Sie das Päckchen in der rechten Hand längsseitig etwa einen Zentimeter hin und her, als ob Sie die beiden Päckchen miteinander verzahnen wollten. In Wirklichkeit lassen Sie die Karten aber auf das Päckchen in der linken Hand fallen, indem Sie das Päckchen in der rechten Hand so leicht diagonal darüber halten, dass dessen innere Ecke knapp über der Längsseite des unteren Päckchens (in der linken Hand) zu liegen kommt. Lassen Sie die oberen Karten so lange auf diese Weise fallen, bis scheinbar alle Karten zur Hälfte ineinander geschoben sind, worauf Sie mit den gestreckten Fingern auf die obere Längsseite klopfen, die Karten zusammenschieben und das Kartenspiel glatt streichen.

Der Zeigefinger an der Längsseite und die obersten Karten des rechten Päckchens, die beim Zusammenbringen der Längsseiten sofort obenauf landen, kaschieren den Trick perfekt. Sobald Sie versuchen, die Karten auf diese Weise ineinander zu schieben, werden Sie sehen, wie gut sich dieser Vorgang imitieren lässt. Durch gelegentliches Abheben wirkt der Trick sogar noch echter.

Fünfte Methode: Dieser Ablauf wird von vielen geschickten Kartenkünstlern verwendet, die es eigentlich besser wissen müssten, und wir nehmen ihn nur auf, weil er so häufig verwendet wird und wir von ihm abraten wollen. Die Methode besteht darin, von oben nach unten bzw. von unten nach oben abwechselnd kleine Päckchen aus der einen Hand in die andere Hand zu werfen.

Das Kartenspiel wird in der linken Hand gehalten, und mit dem linken Daumen werden mehrere Karten in die rechte Hand geschoben. Anschließend schieben Sie mit den Fingern der linken Hand mehrere Karten von unten auf die Karten in der rechten Hand. Danach schieben Sie mit dem linken Daumen wieder einige Karten von oben hinüber, doch dieses Mal landen sie unter dem Päckchen in der rechten Hand. Nun schieben Sie mit den Fingern der linken Hand wieder einige Karten von unten auf die Karten in der rechten Hand, und so geht es weiter, bis die linke Hand leer ist.

Diese unbeholfene Art des Jonglierens mag ausreichend sein, wenn ein ungeschickter Anfänger dies vor einer Gruppe von Schülern vorführt, doch bei einem Kartenkünstler, der hoffentlich wissen dürfte, wie man ein Kartenspiel üblicherweise mischt, und dies zumindest so geschickt hinbekommen sollte wie jeder normale Mensch, ist sie einfach lächerlich.

Methoden zum Herausfinden einer (vermeintlich) vom Publikum ausgesuchten Karte

Bei drei der im Folgenden beschriebenen Methoden hat der Zuschauer keine Wahl, da er dazu gebracht wird, sich eine Karte auszusuchen, während der Vorführende ihm scheinbar unabsichtlich nur eine zeigt. Beim vierten Szenario wird ein genialer Trick angewandt, bei dem der Zuschauer zwar die volle Auswahl hat, die Karte aber fast genauso sicher herausgefunden wird.

Erste Methode: Halten Sie das Kartenspiel in der linken Hand, der Daumen liegt in der Nähe der vorderen Schmalseite obenauf, Zeige- und Mittelfinger an der Längsseite. Führen Sie die rechte Hand über das Kartenspiel und nehmen Sie es an der inneren Schmalseite mit dem Daumen und an der äußeren Schmalseite mit den Fingern. Halten Sie das Kartenspiel mit der Bildseite so zum Publikum, dass Sie die äußeren Schmalseiten springen lassen und die Karten „durchblättern" können. Fordern Sie einen Zuschauer auf, sich eine Karte auszusuchen, und lassen die Karten zügig schnellen, wobei Sie an einer Stelle kurz innehalten und dann den Vorgang abschließen (siehe Abbildung 95). Die Karten

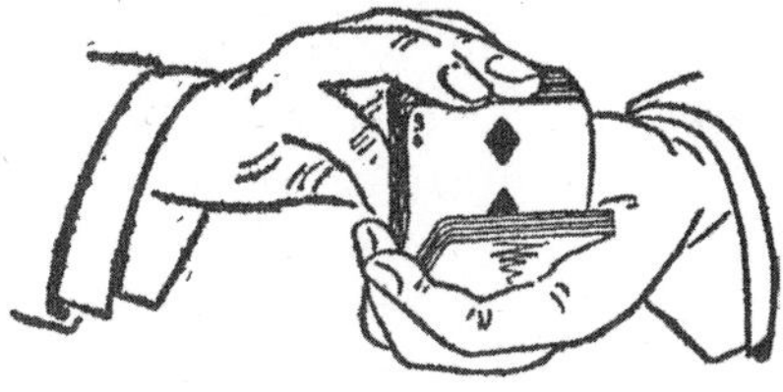

Fig. 95

werden so schnell durchgeblättert, dass der Zuschauer nur eine Karte erkennen kann – und zwar die, die bei der kurzen Unterbrechung vom Durchblättern gezeigt wird. An dieser Stelle bildet der Vorführende mit der Spitze des linken Mittelfingers einen Spalt. Fragen Sie nach dem Durchblättern den Zuschauer, ob er sich die Karte gemerkt hat, und wenn er verneint, wiederholen sie den gesamten Vorgang und unterbrechen bei einer anderen Stelle.

Zweite Methode: Halten Sie das Kartenspiel der Länge nach mit der Bildseite nach innen in der rechten Hand zwischen zweitem Daumenglied und den Fingerspitzen. Biegen Sie das Kartenspiel mit den Fingern so nach unten durch, dass die Karten in der üblichen Weise schnell in die linke Hand springen. Zögern Sie oder halten Sie einen Moment inne, sodass die einzige Karte, die sich der Zuschauer merken kann, vermutlich die ist, die auch der Vorführende erkennen konnte (siehe Abbildung 96). Natürlich kaschiert der Vorführende sein Wissen so gut wie möglich.

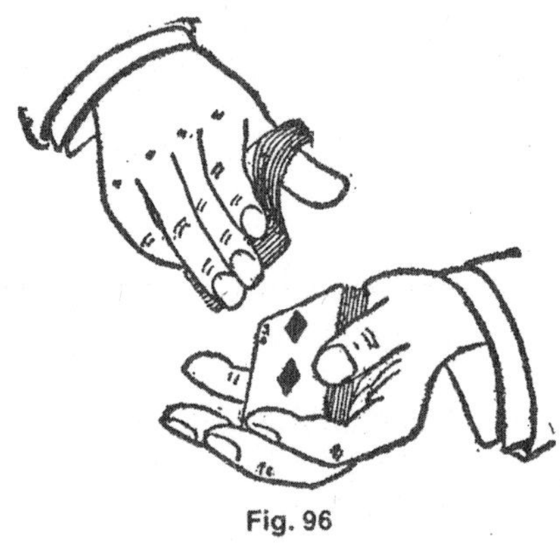

Fig. 96

Dritte Methode: Nehmen Sie das Kartenspiel mit der Bildseite nach innen in die linke Handfläche, halten Sie es einem Zuschauer hin und bitten Sie ihn, sich eine Karte zu merken. Da er keine Karte sehen kann, wird er versuchen, das Kartenspiel in die Hand zu nehmen oder einen Teil abzuheben. Lassen Sie ihn nur abheben, und in dem Moment, in dem er die unterste Karte gesehen hat, danken Sie ihm, nehmen die Karten und bilden einen Spalt.

Vierte Methode: Dieser raffinierte und undurchschaubare Trick muss von einer Person mit wahrhaft machiavellistischem Scharfsinn erfunden worden sein. Das Kartenspiel wird in der linken Hand mit der Bildseite nach unten gehalten, und die Karten werden mit der rechten Hand genommen und mit der Bildseite nach vorne dem Zuschauer gezeigt. Bei jeder Karte wird leise mitgezählt, wenn sie vom Stapel genommen wird, und das Päckchen in der rechten Hand wird so gleichmäßig gehalten, dass nur eine Karte sichtbar ist. Beim Vorzeigen der Karten werden die Hände ein Stück auseinandergehalten, und das Abziehen der Karten geschieht gleichmäßig und in mittlerem Tempo. Während des Vorgangs schaut der Vorführende dem Zuschauer in die Augen und stellt dabei überrascht fest, wie fügsam diese den Bewegungen der rechten Hand folgen, während mit ihr Karten abgezogen und gezeigt werden. In dem Moment, in dem die Augen sich nicht mehr bewegen oder der Blick an Eindringlichkeit verliert, merkt sich der Vorführende, die wievielte Karte es ist, und zieht die restlichen Karten ab. Wenig später fragt er, ob sich der Zuschauer eine Karte gemerkt hat, legt das Kartenspiel verdeckt auf den Tisch, zählt leise bis zur richtigen Karte und dreht diese um. Natürlich könnte man an der fraglichen Karte auch einen Spalt bilden, aber durch das Mitzählen muss man im Ablauf der rechten Hand nicht das Geringste verändern.

Wie man einen heimlichen Blick auf die vom Zuschauer ausgewählte Karte wirft

Eine einfache Methode, einen Blick auf die vom Zuschauer ausgewählte Karte zu werfen, besteht darin, sie vom Zuschauer an der Schmalseite in den Stapel stecken zu lassen und durch Zusammendrücken der Karten zu verhindern, dass sie vollständig hineingeschoben wird. Wenn die Karte etwa einen halben Zentimeter herauslugt, kann man das Kartenspiel bei der Übergabe an die andere Hand heimlich leicht umdrehen und einen Blick auf die Ecke mit dem Symbol werfen.

Eine bessere Methode besteht darin, die ausgewählte Karte diagonal durchzuschieben und das Spiel so glatt zu streichen, dass sie an der inneren Schmalseite herauslugt. In diesem Fall befindet sich das Symbol an der gegenüberliegenden Ecke und kann leichter erkannt werden, während die hervorstehende Karte komplett verdeckt werden kann.

Eine weitere Methode ist, den linken kleinen Finger unter die Karte zu bringen, die zurückgesteckt wird, und die innere linke Ecke leicht hochzubiegen, um das Kartensymbol zu erkennen.

Glissieren

Halten Sie das Kartenspiel mit der Bildseite nach außen in der linken Hand, Finger und Daumen befinden sich an gegenüberliegenden Seiten. Zeigen Sie dem Publikum die Bildseite und drehen

Sie anschließend die Handfläche um. Währenddessen schieben Sie mit den Spitzen von Ring- und kleinem Finger die unterste Karte etwa einen Zentimeter in Richtung Handgelenk (siehe Abbildung 97). Nun ziehen Sie mit den Fingern der rechten Hand

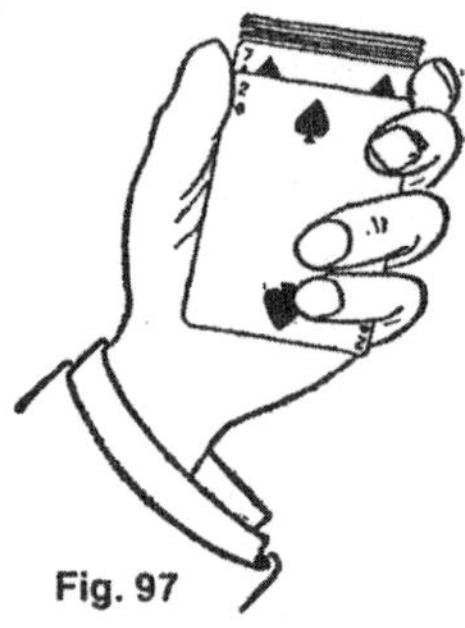
Fig. 97

die nächste Karte heraus, womit es für den Zuschauer so aussieht, als würden Sie die Karte abziehen, die Sie gerade gezeigt haben. Diese Art von Austausch kann gelegentlich angewendet werden.

Beliebte Handgriffe zum Beenden eines Tricks

Zwei Karten mit den Fingerspitzen halten: Eine beliebte Methode, um einen Trick zu beenden, bei dem zwei ausgewählte Karten zum Vorschein gebracht werden, besteht darin, zunächst eine Karte auf und die andere unter das Kartenspiel zu bringen. Bevor das Kartenspiel anschließend in die Luft geworfen wird, werden die unterste und oberste Karte vom Daumen und den Fingern zurückgehalten. Wenn das Kartenspiel wieder herunterkommt, greift die Hand zu und erwischt scheinbar zufällig die ausgewählten Karten.

Die ausgewählte Karte bleibt beim Zuschauer: Eine Methode, um eine einzelne Karte als letzte einer Serie zum Vorschein zu bringen, besteht darin, sie mit der Bildseite nach vorn unter das Spiel zu befördern. Anschließend wird ein Zuschauer gebeten, das Kartenspiel mit dem Daumen oben an einer Ecke gut festzuhalten. Schlagen Sie nun fest von oben auf den Stapel, werden außer der ausgewählten Karte alle herunterfallen – diese bleibt wegen der Reibung der Finger gut sichtbar in seiner Hand zurück.

Die Revolution: Dies ist eine sehr beliebte und auffällige Methode, um bestimmte Tricks zu beenden. Wird die oberste Karte etwa einen Zentimeter über die Schmalseite hinausgeschoben und das Kartenspiel wird aus einer Höhe von etwa 30 bis 40 Zentimeter flach auf den Tisch fallen gelassen, dreht sich die oberste Karte im Flug automatisch um und landet mit der Bildseite nach oben ziemlich genau auf dem Stapel. Die Drehung in der Luft kommt vom Luftwiderstand der hervorstehenden Karte. Dem Zuschauer bleibt dabei verborgen, dass die ausgewählte Karte nach oben gebracht wurde und zur Seite geschoben wird.

Karten aus der Hand steigen lassen: Die ausgewählten Karten befinden sich oben auf dem Stapel, der in der linken Hand gehalten wird. Der Daumen liegt mit der Spitze in der Nähe der Schmalseite ausgestreckt auf der Längsseite, Mittel- Ring- und kleiner Finger liegen auf der gegenüberliegenden Längsseite, während sich der Zeigefinger auf der Rückseite befindet. Die ausgewählten Karten werden nun mit dem Zeigefinger hochgeschoben, wobei der Daumen und die anderen Finger so viel nachgeben, dass sie beweglich sind, aber in Position bleiben (siehe Abbildung 98).

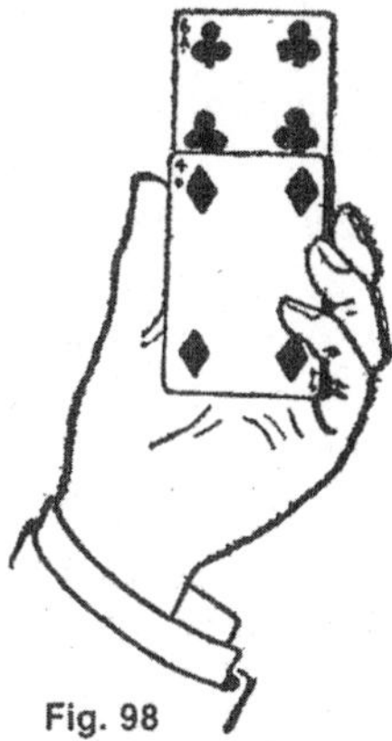

Fig. 98

Sobald die Karten fast vollständig aus dem Stapel herausschauen, werden Sie mit der rechten Hand weggenommen. Ein wenig Geschick ist erforderlich, um die Karte mit einem Finger hochzuschieben, doch mit ein wenig Übung und vor allem der richtigen Haltung des Kartenspiels, bei der die Karten einerseits in Position gehalten und gleichzeitig nicht in ihrer Aufwärtsbewegung behindert werden, hat man sich den Trick recht schnell angeeignet. Mit

Zeige- und Mittelfinger auf der Rückseite ist der Trick deutlich einfacher, aber natürlich ist auch seine Wirkung entsprechend geringer.

Kartentricks

Erklärung vorab: Wir haben nicht vor, die verschiedenen Apparate bzw. präparierten oder mechanischen Karten zu beschreiben, die bei den Vorführungen professioneller Zauberkünstler eine derart große Rolle spielen. Allein die Aufzählung dieser Geräte würde zwei Bücher dieses Umfangs füllen und würde dem Amateur bei dessen Vorstellungen nur wenig weiterhelfen. Wir werden aber einige Tricks erklären, die mit einem normalen Kartenspiel zu jeder Zeit und an jedem Ort vorgeführt werden können, sofern der Künstler sich das notwendige Können angeeignet hat. Wer aber eine gewisse Meisterschaft bei den in diesem Buch erläuterten Tricks erlangt hat, kann sich mit ein bisschen Nachdenken unzählige eigene Tricks ausdenken. Diese haben zudem den Vorteil, dass sie überhaupt nicht angestaubt sind.

Schon aus der einfachsten Zauberei kann ein verblüffender und ausgeklügelter Kartentrick werden, wenn er entweder mit einem glaubhaften oder unsinnigen Vortrag begleitet wird. Dagegen lohnt sich die Zeit und der Aufwand, um sich einen Trick anzueignen, fast nie, wenn er einfach nur so gezeigt wird. Verbergen Sie so weit wie möglich ihre Fingerfertigkeit und lassen Sie das Publikum im Unklaren, wie die Tricks funktionieren.

Einigen der folgenden Tricks haben wir Namen gegeben und sie mit ein wenig Drumherum garniert, um noch einmal zu verdeutlichen, wie wichtig Sprüche und ein unterhaltsamer Vortrag bei der Vorführung von Kartentricks sind. Beim Üben der Tricks sollte jeder Leser gleichzeitig die Präsentation entwickeln, die zu seiner Persönlichkeit und seinem Stil passt.

Effekt: Die vier Damen werden nebeneinander mit der Bildseite nach unten auf den Tisch gelegt. Auf jede Dame werden drei zufällige Karten gelegt. Das Publikum wählt eines der vier Päckchen aus, und beim Umdrehen stellt sich heraus, dass dort die vier Damen liegen.

Tricks: Palmieren und Volte.

Präsentation und Ausführung: „Meine Damen und Herren, ich werde mithilfe dieses Kartenspiels zu zeigen versuchen, wie vergeblich die Versuche der gemeinen Leute sind, in die erlauchten Kreise der Upperclass vorzudringen, und vor allem, wie der Zugang zu dieser exklusiven Schicht von ihren hochnäsigen Mitgliedern verhindert wird.

Nehmen wir an, es findet ein öffentlicher Empfang statt, bei dem unser Tisch der Eingangsbereich und unser Kartenspiel das gemeine Volk ist. Dabei stellen die vier Damen die weibliche Vertretung der Schickeria dar.“ (Legen Sie die vier Damen mit der Bildseite nach unten auf den Tisch.) „Ist bitte jemand so freundlich und sieht nach, dass keine Dame mehr im Spiel ist?“ (Geben Sie einem Zuschauer das Kartenspiel zur Überprüfung.) „Keine Damen mehr drin, richtig? Danke schön.“ (Nehmen Sie das Kartenspiel wieder zurück.) „Sind Sie aber auch alle sicher, dass die vier Karten auf dem Tisch die Damen sind? Bitte überprüfen Sie es!“ (Geben Sie die vier Damen einem Zuschauer und palmieren Sie währenddessen heimlich drei Karten in der rechten Hand.) „Sind es die vier Damen? Dann legen Sie sie bitte auf das Kartenspiel.“ (Strecken Sie dem Zuschauer das Kartenspiel mit der linken Hand entgegen, und wenn die vier Damen abgelegt wurden, legen Sie die palmierten Karten obenauf. „Da unser Tisch der Schauplatz unserer großen Feier ist, wollen wir diese vier besonders exklusiven Damen an verschiedenen Stellen im Raum verteilen.“ (Legen Sie die ersten drei Karten mit der Bildseite nach unten hin.) "Und Ihrer Majestät, der …-Dame –" (Unterbrechen Sie den Vorgang und drehen Sie die Dame um, damit Sie ihre Farbe erkennen können und lassen Sie das Publikum ebenfalls einen Blick darauf werfen und nennen Sie dann die Farbe)" – gestatten, den Ehrenplatz in der Nähe des Eingangs einzunehmen.“ (Legen Sie die erste Dame auf den Tisch, führen Sie eine Volte aus und bilden Sie bei den anderen drei Damen einen Spalt.) „Nun werden wir, wie es im normalen Leben der Fall ist, diese zartbesaiteten Damen mit der Aufmerksamkeit der niedrigen Stände behelligen, die von den restlichen Karten repräsentiert werden. Zu diesem Zweck werden wir zuerst Ihre Majestät zur Rechten mit drei Karten von oben behelligen." (Legen Sie drei Karten auf die erste Karte auf dem Tisch.) „Damit niemand bevorteilt wird, heben wir an einer zufälligen Stelle ab und quälen unsere zweite Dame mit den ersten drei dreisten Gesellen, die wir finden." (Heben Sie ein kleines Päckchen von oben ab und legen Sie drei Karten auf die zweite Karte auf dem Tisch.) "Und obwohl die Nähe bzw. schon die Anwesenheit solcher Individuen für unsere edlen Damen eine absolute Abscheulichkeit ist, werden wir sie wie Ebenbürtige behandeln und Ihrer Majestät am Eingang drei weitere Sonderlinge zumuten." (Dieses Mal heben Sie alle Karten über dem Spalt ab und legen die drei anderen Damen auf die Dame auf dem Tisch.) „Und schließlich erlauben wir drei weiteren Schmarotzern von ganz unten, die sich zumindest bisher zurückgehalten haben und daher den Zutritt halbwegs verdient haben, die Gesellschaft dieser erlauchten Dame." (Nehmen Sie drei Karten von unten und legen Sie sie auf die letzte Karte auf dem Tisch.)

„Nun, meine Damen und Herren, wie Sie gesehen haben, habe ich diese schutzlosen und zartbesaiteten Geschöpfe brutal benutzt und sie in eine Lage gebracht, die für ihr aristokratisches Empfinden extrem unangenehm sein muss. Werden sie diesen Zustand aushalten? Da ich einiges über ihre Geschicklichkeit und weiblichen Fähigkeiten weiß, bin ich sicher, dass sie sich mit viel Taktgefühl und Diskretion aus ihrer unangenehmen Lage befreien und in einem angemesseneren Kreis wieder treffen können. Würde sich jemand bitte zwei von diesen Päckchen aussuchen?" (Legen Sie unabhängig davon, welche ausgesucht werden, zwei Päckchen nebeneinander hinten auf den Tisch.) „Danke. Seien Sie nun bitte so freundlich und sagen mir, welches der beiden verbliebenen Päckchen ich nehmen soll?" (Nehmen Sie unabhängig von der Antwort die beiden Päckchen und legen Sie dasjenige mit den Damen vorn auf den Tisch, während das andere zwischen die beiden anderen gelegt wird. Die Frage ist absichtlich unklar.)

„Nun müssen wir nachschauen, ob ich vielleicht allzu optimistisch war, dass die Damen ihre gegenseitige Gesellschaft suchen. Befinden sie sich alle vier in einem Päckchen, habe ich richtig gelegen. In welchem Päckchen halten sie sich wohl am wahrscheinlichsten auf? Da Sie sich für das Päckchen entschieden haben, das hier vorne liegt, und dieses an der prominentesten Stelle liegt, gehe ich davon aus, dass die Eitelkeit der vier Damen sie dorthin getrieben hat. Wir werden sehen." (Drehen Sie die vier Damen um und zeigen Sie anschließend die drei anderen Päckchen, damit das Publikum sieht, dass sich dort keine Dame befindet.)

Diese Beschreibung zeigt, dass die Präsentation eines Kartentricks aus deutlich mehr Gerede als Aktionen bestehen kann, und natürlich ist es auch möglich, den eben gezeigten Trick mit vielen weiteren Geschichten zu verlängern. Bei allen Kunststücken mit Karten steigt das Zuschauerinteresse umso eher, je mehr Geschichten erzählt werden. Dabei spielt das erzählerische Können des Vorführenden eine mindestens ebenso große Rolle wie seine Fingerfertigkeit.

Die Wünschelrute

Effekt: Das Publikum kann sich eine Karte aussuchen und diese ins Kartenspiel zurückstecken, danach wird gründlich gemischt. Der Vorführende lässt sich die Augen verbinden, mischt blind die Karten und fächert diese mit der Bildseite nach unten auf dem Tisch aus. Anschließend lässt er ein Taschenmesser über den Karten kreisen und spießt schließlich die ausgewählte mit der Spitze auf.

Tricks: Volte, Palmieren und Falschmischen.

Präsentation und Ausführung: „Meine Damen und Herren. Nicht nur jeder Archäologe weiß, dass viele wunderbare Künste unserer Vorfahren im Laufe der Jahrhunderte verloren gegangen sind und der modernen Zivilisation nicht mehr zur Verfügung stehen. Eine der bekanntesten Fähigkeiten unserer Vorfahren war die mysteriöse Gabe, Vorkommen von Wasser oder Metall zu entdecken, die sich tief unter der Erdoberfläche befinden. Ich bin sicher, dass die Behauptung, mit der ich Sie gleich konfrontieren werde, bei Ihnen auf absolute Ungläubigkeit stoßen wird. Tatsächlich hatte ich jedoch das große Glück, zufällig auf das grundlegende Prinzip dieser verlorenen Kunst zu stoßen. Dadurch bin ich nun in der Lage, Ihnen anhand eines Experiments zu zeigen, wie ich sämtliche Vorkommen von Gold, Silber und Kupfer, die es auf der Welt gibt, ganz einfach ermitteln kann. Dafür brauche ich nur eine Weidenrute, die ich wie einen Zauberstab über zu untersuchende Stelle halte.

Ich selbst kann das vollständige Ausmaß der Kräfte, auf die ich zufälligerweise gestoßen bin, noch nicht ermessen, aber ich weiß, dass es sich dabei um eine Form magnetischer Anziehung handelt. Ich werde Ihnen das Prinzip anhand eines Experiments mit Spielkarten demonstrieren. Würde bitte jemand eine Karte auswählen? Danke. Merken Sie sich bitte, welche Karte Sie gezogen haben, und stecken die Karte bitte in den Stapel zurück." (Führen Sie eine Volte aus und palmieren Sie die Karte.) „Würden Sie die Karten bitte gut mischen?" (Nehmen Sie die Karten wieder in Empfang, legen Sie die palmierte Karte oben auf den Stapel und ziehen Sie ein großes Taschentuch hervor.) „Nun, meine Damen und Herren, obwohl keine normale Macht der Welt die ausgewählte Karte finden kann, werde ich allen Anwesenden demonstrieren, dass tatsächlich außergewöhnliche Kräfte existieren, mit denen ich diese ermitteln kann. Diese Kräfte haben nichts mit meinen eigenen Fähigkeiten zu tun, das Kunststück wird vielmehr allein durch die mysteriösen Eigenschaften dieses kleinen Taschenmessers ermöglicht. Als definitiven Beweis dafür, dass ich überhaupt nichts mit den weiteren Geschehnissen zu tun habe, bitte ich einen Zuschauer, mir mit diesem Taschentuch die Augen zu verbinden." (Falten Sie das Taschentuch auf und geben Sie es einem Zuschauer. Sobald es von ihm verknotet wurde, schieben Sie es so über Augen und Nase, dass Sie geradeaus nach unten auf den Tisch schauen können.) „Nun, da ich definitiv überhaupt nichts mehr sehen kann, werde ich die Karten noch einmal gründlich mischen ..." (Führen Sie ein Falschmischen durch und legen Sie eine zusätzliche Karte nach oben.) „... und auf dem Tisch ausbreiten." (Breiten Sie die Karten mit kreisenden Bewegungen auf dem Tisch aus, wobei Sie die oberste Karte langsam wegschieben und die zweite Karte mit einem Finger oder dem Daumen zurückhalten. Benutzen Sie beide Hände, um die ausgewählte Karte fast komplett zu verdecken. Behalten Sie die Karte immer im Blick, während Sie die anderen Karten weiter über den Tisch verteilen. Dann nehmen Sie das aufgeklappte Taschenmesser in die Hand.) „Bitte achten Sie darauf, dass ich die Karten nicht mehr berühre." (Halten Sie das Messer locker zwischen Daumen und den Fingern, lassen Sie es über den Karten kreisen und stoßen Sie die Klinge in den sichtbaren Teil der ausgewählten Karte. Entfernen Sie das

Taschentuch, fragen Sie, welche Karte zuvor ausgewählt wurde, und drehen Sie die aufgespießte Karte langsam zum Publikum.)

Aus unserer Sicht ist dieser Trick bei sauberer Ausführung ein absoluter Volltreffer. Natürlich sind die Sprüche Geschmackssache, und jede Erweiterung oder Erfindung ist erlaubt. Dass man den Tisch mit verbundenen Augen womöglich sehen kann, wird von Uneingeweihten nicht vermutet, ist Zauberkünstlern aber bestens bekannt. Der kleinste Schlitz genügt, da der Kopf sich frei bewegen kann und so die gesamte Tischplatte eingesehen werden. Es ist auf jeden Fall sehr schwierig, die Augen mit einem Taschentuch so zu verbinden, dass von unten kein Licht eindringt.

Der Trick funktioniert sogar, wenn man die Karte nicht sehen kann. Dann wird die ausgewählte Karte unter den Fingern zurückgehalten und erst nach dem vollständigen Ausbreiten der Karten offen vollständig freigelegt. Danach wird abgeschätzt, wo sie sich befindet, und die Karte aufgespießt.

Der unsichtbare Flug

Effekt: Das Publikum wählt eine Karte aus. Der Vorführende legt sie rechts mit der Bildseite nach unten auf den Tisch. Eine weitere Karte wird ausgewählt, dieses Mal wird sie links hingelegt. Nun wird die zuerst ausgewählte Karte oben auf das Kartenspiel gelegt, das zuvor auf dem Tisch lag, und die beiden Karten wechseln auf Kommando des Vorführenden ihre Plätze.

Tricks: Austausch der obersten Karte und Austausch durch Palmieren

Ausführung: Stellen Sie sich hinter einem Tisch vor die Zuschauer. Lassen Sie einen Zuschauer zu Ihrer Rechten eine Karte auswählen. Halten Sie das Kartenspiel in der linken Hand und nehmen Sie die gezogene Karte in die rechte Hand. Zeigen Sie die Karte zunächst dem rechten Teil des Publikums und dann dem linken Teil. Führen Sie auf der Hälfte des Weges einen Austausch der obersten Karte durch, wenn Sie sich wieder nach rechts drehen und legen Sie die Karte mit derselben Bewegung rechts auf den Tisch. Lassen Sie nun einen Zuschauer zu Ihrer Linken die zweite Karte auswählen und palmieren Sie die oberste Karte beim Glattstreichen in der rechten Hand. Das Kartenspiel wird an den Schmalseiten mit der Bildseite nach unten gehalten. Nehmen Sie die zweite gezogene Karte wieder in die linke Hand und zeigen

Sie dem Publikum zur Linken. Lassen Sie nun das Kartenspiel auf die Mitte des Tischs fallen und übergeben Sie die zweite gezogene Karte aus der linken Hand in die rechte, indem Sie das Kartenspiel an den Schmalseiten halten und die palmierte Karte auf die andere legen. Halten Sie die Karten eng beisammen und tun Sie so, als würden Sie dem Publikum zur Rechten eine Karte zeigen. In der rechten Hand befinden sich nun beide Karten, die vom Publikum ausgewählt wurden. Führen Sie den Austausch durch Palmieren durch, nehmen Sie die zuerst ausgewählte Karte in die linke Hand und legen Sie sie links auf den Tisch. Nehmen Sie sofort danach die Karte auf der rechten Seite des Tischs an den Schmalseiten mit der rechten Hand auf und lassen Sie sie aus mehreren Zentimetern Höhe auf das Kartenspiel fallen. Ergreifen Sie das Kartenspiel, indem Sie es mit einer Gleitbewegung zur Tischkante ziehen, legen Sie die palmierte Karte darauf ab und platzieren das Kartenspiel rechts auf dem Tisch. Da der Austausch bereits erfolgt ist, können Sie das Kunststück nach Belieben beenden.

Die erste Karte wird mit dem „Austausch der obersten Karte" verschoben, und der unausgesprochene Grund, die Hände einen Moment zusammenzuführen, ergibt sich daraus, dass die Karte erst der rechten Seite des Publikums, dann der linken Seite des Publikums gezeigt und schließlich auf der rechten Seite des Tisches abgelegt wird. Der zweite Austausch wird sehr langsam durchgeführt, zumindest aber in der Zeit, die man normalerweise benötigt, um eine Karte aus der einen Hand in die andere zu übergeben. Das gesamte Publikum sollte die Karte zu sehen bekommen, die palmiert wird. Die Hand wird dabei ganz natürlich nach unten gedreht, wenn die gerade gezeigte Karte scheinbar von den Fingern der linken Hand nach links transportiert wird. Wenn die Karte, die auf dem Tisch gelegen hat, auf das Päckchen fallen gelassen wird, kann sie ruhig ungleichmäßig darauf zum Liegen kommen. Damit hat man schon einen Grund, das Kartenspiel in die Hand zu nehmen und glatt zu streichen. Der Transport des Kartenspiels von der Mitte des Tisches nach rechts ist der zweite unausgesprochene Grund.

Dieser Trick wird in der Regel mit einer doppelt vorhandenen Karte durchgeführt, die forciert wird. In diesem Fall muss das Kartenspiel beim dritten Austausch nicht beansprucht werden. Da wir uns aber auf Tricks beschränken wollen, die mit einem normalen Kartenspiel durchführbar sind, ist die beschriebene Methode durchaus zufriedenstellend.

Tricks mit vorsortiertem Spiel

In der Regel werden die Karten nach dem folgenden amerikanischen Merksatz sortiert:

„Eight Kings threatened to save
Ninety-five Queens from one sick Knave."

Dahinter verbergen sich die Kartensymbole in dieser Reihenfolge: Eight (Acht), King (König), Three (Drei), Ten (Zehn), Two (Zwei), Seven (Sieben), Nine (Neun), Five (Fünf), Queen (Dame), Four (Vier), One = Ace (Ass), Six (Sechs), Knave = Jack (Bube). Die Farben werden normalerweise in dieser Reihenfolge verwendet: Karo, Kreuz, Herz, Pik. Um das Spiel zu sortieren, legen Sie zunächst die Herz Acht mit der Bildseite nach oben auf den Tisch, darauf kommt der Kreuz König, darauf die Herz Drei, dann Pik Zehn, Karo Zwei, Kreuz Sieben, Herz Neun, Pik Fünf, Karo Dame, usw. bis alle 52 Karten inklusive dem Pik Buben als oberste Karte ausgelegt sind.

Genauso gut wäre jede andere Reihenfolge, sofern die Karten nicht auf- oder absteigend sortiert werden, etwa Ass, Zwei, Drei, Vier, Fünf usw. Obwohl diese Sortierung ziemlich bekannt ist, spielt dies bei der Vorführung so gut wie keine Rolle. Nur jemand, der sich wirklich gut mit Kartentricks auskennt, würde die Reihenfolge erkennen, und solche Leute lassen sich ohnehin nicht täuschen. Die Gedächtnisleistung ist sehr gering, da man sich nur die Abfolge der dreizehn Karten merken muss. Schon nach einer halben Stunde sollte man sie auswendig können. Wenn das Spiel so sortiert wurde, hat jede dreizehnte Karte denselben Wert, und das in der jeweils nächsten Farbe. Jede vierte Karte hat dieselbe Farbe und jede zweite Karte ist rot bzw. schwarz.

Durch Abheben wird die Reihenfolge nicht durcheinandergebracht, und die oberste Karte folgt in diesem System immer auf die unterste. Sobald der Vorführende heimlich einen Blick auf die unterste Karte werfen kann, weiß er, wie er mit der Situation umzugehen hat. Wir werden mehrere verblüffende Kunststücke erklären, die durch ein vorsortiertes Kartenspiel in den Händen eines geschickten Kartenkünstlers möglich werden.

Natürlich muss das Vorsortieren den Zuschauern verborgen bleiben. Der Vorführende beginnt mit einem Falschmischen und bittet dann einen Zuschauer abzuheben. Anschließend fächert er das Kartenspiel mit beiden Händen auf und bittet den Zuschauer, sich eine bestimmte Anzahl von Karten auszusuchen. Der Vorführende lässt dabei nicht zu, dass der Zuschauer an verschiedenen Stellen Karten herauszieht, indem er das Kartenspiel sofort zurückzieht, wenn die Karten herausgenommen wurden. Nun teilt der Vorführende das Kartenspiel an der Stelle, an der die Karten herausgezogen wurden, in zwei Teile auf, wobei die Karten, die darüber lagen, mit der rechten Hand scheinbar gedankenlos unter die Karten in der linken Hand gelegt werden. An dieser Stelle merkt er sich die unterste Karte, indem er heimlich einen Blick auf das Symbol am linken Daumen wirft. Anschließend hebt er mit dem linken Daumen leicht die innere Ecke der obersten Karten an, um auch von ihrem Symbol in der Ecke einen Blick zu erhaschen. Man muss sich dabei keine Sorgen machen, dass diese Aktionen bemerkt werden, da das Publikum den Trick und dessen Charakteristik nicht kennt und sich die Aufmerksamkeit hauptsächlich auf die ausgewählten Karten richtet. Der Vorführende kann den Trick nun nach Belieben beenden. Er kennt die Anzahl der gezogenen Karten und weiß, welche es sind, wenn er das Sortiersystem von der untersten bis zur obersten Karte durchgeht, die er sich beide gemerkt hat. Er kann zunächst so tun, als würde er die Anzahl der Karten ermitteln, indem er das Gewicht der restlichen Karten abschätzt, und dann die ausgewählten Karten eine nach der anderen zurücknehmen und frech behaupten, dass alle Karten leicht abweichende Gewichte hätten. Und auf diese Weise könne er herausfinden, um welche Karte es sich jeweils handele. Oder er kann vorgeben, Gedanken lesen zu können und dabei erst die Farbe und dann den Wert jeder Karte bestimmen. Oder er beendet den Trick einfach, indem er die Karten der Reihe nach nennt. Es gibt unzählige Varianten, den Trick aufzulösen, aber der Vorführende muss darauf achten, dass die Reihenfolge nicht durcheinanderkommt, da er sonst keine weiteren Tricks mit dem vorsortierten Kartenspiel durchführen kann. Es gibt keinen Grund, warum er bei der Rückgabe der Karten keinen Blick darauf werfen sollte. Allerdings muss man sich nur wenig Sorgen machen, dass ihre Reihenfolge verändert wurde.

Der Vorführende kann nun das Publikum bitten, irgendeine Karte zu nennen, und diese aufgrund der Kenntnis der untersten Karte fast sofort ausfindig machen. Am Ende macht er eine doppelte Volte und bringt sie zum Vorschein. Er kann das Kartenspiel entweder mit der Bildseite nach oben in der linken Hand halten und leicht die äußeren Ecken im Schutz der rechten Hand herunterschnellen lassen, um einen Blick auf das Symbol zu werfen; oder er hält die Bildseiten nach unten und riffelt die inneren Ecken. In beiden Fällen muss er maximal dreizehn Karten durchgehen, bis er bei einer Karte mit demselben Wert gelandet ist, und wenn die Farbe nicht stimmt, weiß er sofort, dass es die dreizehnte oder sechsundzwanzigste Karte nach dieser ist.

Natürlich kann der Vorführende jede Karte im Stapel benennen, indem er eine nach der anderen abzieht und Farbe und Wert ausruft, bevor er die Karte mit der Bildseite nach oben auf den Tisch wirft. Anstatt den Trick auf diese Weise übermäßig in die Länge zu ziehen und diesen Vorgang permanent zu wiederholen, ist es aber besser, etwa sechs Karten zu benennen, ein Falschmischen durchzuführen, erneut abzuheben und noch einmal von vorn zu beginnen. So zu tun, als könnte man den Kartenwert und ihre Farbe mit dem Geruchssinn oder auf eine andere Art erkennen, führt die Zuschauer aber noch mehr in die Irre und erhöht den Effekt.

Die tollsten Tricks, die man mit einem vorsortierten Spiel vorführen kann, fehlen aber noch. Hier kommen sie! Der Vorführende führt ein ausgiebiges Falschmischen durch, bittet einen Zuschauer abzuheben und legt den Stapel mit den Bildseiten nach unten auf den Tisch. Nun wird jemand aus dem Publikum darum gebeten, eine Zahl zwischen 1 und 52 zu sagen, worauf der Vorführende sofort die Karte nennt, die sich an dieser Stelle befindet. Nachdem dies nachgeprüft wurde, wird erneut falsch gemischt und abgehoben, doch dieses Mal bittet der Vorführende das Publikum nach dem Ablegen der Karten auf dem Tisch, ihm eine beliebige Karte zu nennen. Sofort nennt der Vorführende die Karte, die sich dort befindet, und zählt dann zum Beweis langsam und offen bis zur entsprechenden Karte vor. Natürlich hat sich der Vorführende in beiden Fällen nach dem Abheben die unterste Karte gemerkt, bevor er den Stapel auf den Tisch gelegt hat. Wir haben folgende Regeln ausgearbeitet, um die richtige Karte nach der Nennung einer bestimmten Zahl herauszufinden bzw. die richtige Stelle (oder Zahl) nach der Nennung einer Karte.

Um die Karte zu bestimmen, die sich an einer bestimmten Stelle befindet, wird zuerst die Farbe ermittelt. Teilen Sie die genannte Zahl durch vier, und wenn kein Rest übrig bleibt, hat die Karte dieselbe Farbe wie die unterste Karte. Bleibt als Rest eins übrig, ist die nächste Farbe in der Abfolge Karo, Kreuz, Herz, Pik richtig. Bleibt als Rest zwei übrig, ist die übernächste Farbe richtig. Und bei einem Rest von drei ist die drittnächste oder davor liegende Farbe richtig. Ausgangspunkt ist dabei immer die Farbe der untersten Karte.

Nachdem wir die Farbe der Karte wissen, ermitteln wir nun ihren Wert. Teilen Sie zunächst die genannte Zahl durch dreizehn. Bleibt kein Rest übrig, hat die Karte denselben Wert wie die unterste Karte, aber das ist sehr unwahrscheinlich. Bleibt dagegen ein Rest übrig, gehen Sie im Geist genau so viele Karten durch, wobei Sie bei der obersten Karte (die in der Reihenfolge nach der untersten Karte kommt) beginnen. Die letzte Karte hat dann denselben Wert wie die Karte an der genannten Stelle (bzw. die Zahl, die vom Zuschauer genannt wurde). Anschließend wird die Karte samt Wert und Farbe verkündet und bewiesen, dass die Vorhersage gestimmt hat.

Zur Bestimmung einer Zahl, an deren Stelle sich eine bestimmte Karte befindet, ermitteln wir zunächst, wo sich die erste Karte mit diesem Wert aufhält und welche Farbe sie hat. Um die Stelle zu finden, an der die erste Karte mit diesem Wert positioniert ist, zählen Sie im Geist die vorsortierte Reihenfolge durch und beginnen dabei mit der obersten Karte (die in der Reihenfolge nach der untersten Karte kommt), bis Sie beim richtigen Kartenwert angekommen sind. Natürlich beträgt die Zahl maximal zwölf. Dann finden Sie die Farbe heraus, indem Sie die Zahl wie oben beschrieben durch vier teilen. Entspricht die Zahl zufälligerweise der richtigen Farbe, ist die Aufgabe gelöst, doch die Wahrscheinlichkeit beträgt lediglich 25 Prozent, dass dies der Fall ist. Ist die gewünschte Farbe die nächste in der Reihenfolge, addieren Sie 13 zu der ersten Zahl hinzu. Ist die gewünschte Farbe jedoch erst die übernächste in der Reihenfolge, addieren Sie 26 zu der ersten Zahl hinzu. Und wenn es sich um die drittnächste oder davor liegende Farbe handelt, zählen sie 39 dazu. Auf diese Weise erhalten sie immer die Zahl, an deren Stelle die gewünschte Karte aufzufinden ist.

Schauen wir uns zunächst ein konkretes Beispiel an, wie man eine Karte an einer bestimmten Stelle herausfindet. Nehmen wir an, das Publikum nennt die Zahl 35 und die unterste Karte ist der Pik König. Gemäß unserer Regel teilen wir 35 durch vier und erhalten einen Rest von drei. Damit wissen wir, dass die Farbe die drittnächste nach Pik bzw. die davor liegende ist, also Herz. Nun bestimmen wir den Wert der 35. Karte. Die Regel lautet, die Zahl durch 13 zu teilen, womit wir einen Rest von neun erhalten (26:13, Rest ist neun). Nun gehen wir im Geist die Karten in ihrer Reihenfolge durch und beginnen beim König, der sich unten befindet: Drei, Zehn, Zwei, Sieben, Neun, Fünf, Dame, Vier, Ass. Da sich an der neunten Stelle ein Ass befindet, ist auch unsere gesuchte Karte ein Ass. Richtig ist also das Ass Herz.

Zahlen unter 52 durch 13 zu teilen, ist sehr einfach; wenn man daran denkt, dass 13, 26 und 39 die möglichen exakten Produkte sind, kann man den Rest sofort ausrechnen. Geht man im Kopf die Reihenfolge durch, muss man nur die Kartenwerte durchgehen und spart daher eine Menge Zeit. Die Farben wurden schließlich bereits bei der ersten Division durch vier ermittelt. Ein geübter Zauberer kann die Karte fast sofort benennen.

Als Beispiel, wie man die Stelle ermittelt, an der sich eine bestimmte Karte befindet, nehmen wir an, dass das Publikum die Karo Zehn nennt und die unterste Karte die Kreuz Sechs ist. Die Regel lautet, „zunächst zu ermitteln, wo sich die erste Karte mit diesem Wert aufhält und welche Farbe sie hat". Im Kopf gehen wir nun die Reihenfolge der Karten ab der Sechs durch, bis wir bei der Zehn angekommen sind: Bube, Acht, König, Drei, Zehn, das heißt, die Zehn ist die fünfte Karte. Nun müssen wir noch die Farbe ermitteln, und dafür teilen wir fünf durch vier, womit ein Rest von eins übrig bleibt. Da die unterste Karte ein Kreuz ist, ist die erste Zehn in der Reihenfolge diejenige in Herz. Genannt wurde die Karo Zehn, und da Karo die übernächste Farbe von Herz ist, addieren wir gemäß Regel 26 zu ersten Zahl (5) und erhalten die Zahl 31. An dieser Stelle befindet sich die Karo Zehn.

Das Repertoire des Kartenkünstlers ist erst vollständig, wenn er bis zu einem gewissen Grad auch Tricks mit vorsortierten Kartenspielen beherrscht. Soweit wir wissen, wurden diese Regeln, mit denen man die Stelle, an der sich eine bestimmte Karte befindet, bzw. die Karte, die sich an einer bestimmten Stelle befindet, ermitteln kann, hier zum ersten Mal detailliert für ein Blatt mit 52 Karten ausgearbeitet.

Die wandernden Karten

Effekt: Eine Karte wird ausgewählt und in den Stapel zurückgesteckt, anschließend wird gründlich gemischt. Der Vorführende lässt die Karten danach einzeln, paarweise oder zu mehreren nacheinander den Ärmel hinaufwandern und bringt sie an der Schulter zum Vorschein. Das Publikum darf entscheiden, wann die ausgewählte Karte den Stapel verlassen soll. Die Vorführung dauert so lange, bis auch die letzten Karten, die sich die Zuschauer gemerkt haben, aus der Hand des Zauberers verschwunden sind und an der Schulter auftauchen.

Tricks: Meisterhaftes Palmieren und absolute Dreistigkeit.

Präsentation und Ausführung: „Meine Damen und Herren. Ich werde von äußerst neugierigen und keineswegs scharfsinnigen Zuschauern immer wieder gedrängt, zu erklären, wie meine Tricks funktionieren. Ich halte derartige Enthüllungen zwar für unprofessionell, gebe dem allgemeinen Wunsch aber immerhin insoweit nach, als ich Sie heute Abend ins Vertrauen ziehe und eines der größten Geheimnisse der Zauberkunst überhaupt enthülle. Obwohl viele Meister der Kartenkunst dies abstreiten, ist der Ärmel für den Zauberer so etwas wie seine Allzweckwaffe. Woher nimmt er seine Rosensträuße, Eierkartons und Goldfischgläser? Aus seinem Ärmel! Wie verschwinden seine Kaninchen, Vogelkäfige und Kanonenkugeln? In seinem Ärmel! Dieser Spruch ist nicht nur alt, sondern auch wahr, und ich werde Ihnen dies mit einer kleinen Vorführung beweisen. Mögen Sie auch an meiner Aufrichtigkeit zweifeln, Ihren Augen werden Sie sicher trauen.

Zu Beginn möchte ich, dass jemand so freundlich ist, eine Karte aus dem Stapel zu ziehen. Sie haben die freie Wahl. Merken Sie sich die Karte bitte und stecken Sie sie ins Spiel zurück." (Die Karte wird zurückgesteckt, nach oben gebracht und palmiert.) „Wären Sie bitte so freundlich, für mich zu mischen?" (Das Kartenspiel wird von einem Zuschauer gemischt und zurückgegeben. Legen Sie die palmierte Karte auf das Spiel und palmieren Sie in der rechten Hand acht bis zehn weitere Karten. Das Kartenspiel halten Sie in der linken Hand.) „Zum Beweis meiner Behauptung werde ich nun diese Karte in meinem Ärmel hinaufwandern und hier oben wieder herauskommen lassen." (Zeigen Sie auf die betreffende Stelle, indem Sie die rechte Hand unter Ihr Hemd in die linke Achselhöhle stecken und dort die palmierten Karten unterbringen.) „Wenn Sie nun genau aufpassen, können Sie die Karten wandern sehen oder zumindest hören. Erste Karte – auf geht's!" (Lassen Sie das Kartenspiel an der Ecke mit dem linken kleinen Finger abspringen, um ein Geräusch zu erzeugen, und zeigen Sie lässig Ihre leere rechte Hand. Führen Sie diese anschließend recht schnell unter dem Hemd zur Achsel und bringen die unterste Karte zum Vorschein. Zeigen Sie sie dem Publikum und lassen Sie sie auf den Tisch fallen.) „Sehen Sie, die erste Karte hat mir gehorcht. Zweite Karte – auf geht's!" (Bringen Sie die nächste untere Karte zum Vorschein.) „Und die dritte Karte!" (Holen Sie die dritte Karte hervor; machen Sie dabei jeweils ein Schnappgeräusch, um das Wandern der Karte zu simulieren, und bringen Sie anschließend die Karte zum Vorschein.) „Es gibt aber noch die von Ihnen ausgewählte Karte, die sich im Stapel befindet. Ich habe zwar keine Ahnung, wo sie sich befindet, werde sie aber meinen Ärmel hinaufwandern lassen, wann immer Sie wollen. Als wievielte Karte soll sie nach oben kommen? Als vierte, fünfte, sechste oder siebte? Als Nummer sechs? Sehr gut. Da bereits drei Karten nach oben gewandert sind, ist die gesuchte Karte die dritte! Auf geht's, nächste Karte." (Bringen Sie die vierte Karte zum Vorschein.) „Auf geht's, nächste Karte." (Bringen Sie die fünfte Karte zum Vorschein.) „Welche Karte haben Sie sich denn ausgesucht? Etwa den Herz Buben? Jawohl, lieber Herz Bube, jetzt sind Sie an der Reihe. Würden Sie bitte dem Publikum die Freude machen, meinen Ärmel hinaufzuwandern?" (Bringen Sie die oberste Karte zum Vorschein und zeigen Sie dem Publikum, dass sie die richtige ist.) „Um Ihnen zu zeigen, wie leicht sich die Karten bewegen lassen, werde ich nun gleich mehrere hinaufwandern lassen." (Palmieren Sie etwa acht bis zehn Karten in der linken Hand.) „Ich muss nur ein wenig lauter reden. Auf geht's!" (Nehmen Sie den Stapel in die rechte Hand und schieben Sie die linke Hand in die rechte Achselhöhle. Ziehen Sie dabei zwei oder drei der palmierten Karten heraus und lassen Sie den Rest dort.) „Wie Sie sehen, habe ich dieses Mal drei Karten. Sie wandern wie die Karten zuvor den anderen Ärmel hinauf. Auf geht's! Vier Karten sind oben. Auf geht's! Drei Karten. Vermutlich glauben Sie, dass ich in meiner Achselhöhle Dubletten habe, aber diesen Verdacht kann ich mühelos entkräften. Sehen Sie, hier sind keine Karten." (Öffnen Sie Ihren Mantel auf der rechten Seite, wo alle Karten verschwunden sind, vollständig und zeigen von der linken Seite nur einen Teil.) „Wenn Sie sich übrigens den Kartenstapel ansehen, stellen Sie fest, dass er immer weniger Karten enthält. Um Zeit zu sparen, werde ich das Ganze etwas beschleunigen. Auf geht's!" (Nehmen Sie das Kartenspiel wieder in die linke Hand und bringen Sie die restlichen Karten aus der linken Schulter zum Vorschein. Anschließend palmieren Sie wieder einige Karten in der linken Hand.) „Dieses Mal sind es drei Karten. Auf geht's!" (Stecken Sie die palmierten Karten in die rechte Achselhöhle und bringen Sie etwa die Hälfte davon zum Vorschein. Palmieren Sie danach mit der rechten Hand einige Karten von oben.) „Dieses Mal sind es fünf Karten. Auf geht's!" (Bringen Sie mit der rechten Hand die Hälfte der Karten zum Vorschein und lassen Sie den Rest zurück.) „Dieses Mal sind es vier Karten. Auf geht's!" (Holen Sie die restlichen Karten aus der linken Achselhöhle hervor.) „Und dieses Mal sind es fünf Karten. Auf geht's!" (Übergeben Sie das Kartenspiel in die linke Hand und holen aus der rechten Achselhöhle die restlichen Karten hervor.) „Wie viele Karten sind noch übrig? Eine, zwei, drei, vier, fünf, sechs. Nur sechs. Bitte merken Sie sich, welche Karten es sind. Ein König, eine Drei, eine Sieben, eine Zehn, ein Ass und eine weitere Sieben. Soll ich sie einzeln oder alle gleichzeitig wandern lassen? Alle zusammen? Sehr gut. Achtung, auf geht's!" (Führen Sie die linke Hand unter die rechte und drücken Sie die Karten mit dem linken Zeigefinger mit einer schnellen Bewegung nach außen und einem Schnappgeräusch in die rechte Handfläche. Deuten Sie mit dem rechten Zeigefinger einen kurzen Moment auf die leere linke Hand und führen Sie dann die rechte Hand zur linken Achsel und bringen Sie von dort die zuvor gemerkten Karten zum Vorschein.)

Obwohl dieser Trick zu den ältesten zählt, ist er immer noch einer der schönsten; und in den Händen eines geschickten Zauberers verfehlt er beim Publikum nie seine überragende Wirkung. Einige Künstler holen die Karten aus der Weste hervor, wir halten die Achsel aber für besser. Die Karten können dabei teilweise im Bereich der Achsel im Ärmel untergebracht und dort sicher verstaut werden, während gleichzeitig die Arme frei bewegt werden können. Wenn die Karten „auf den Weg geschickt werden", sollte die Hand, in der sich das Kartenspiel befindet, ausgestreckt werden. Indem beide Ärmel benutzt werden, bekommt man einen plausiblen Grund, warum das Kartenspiel von einer Hand in die andere übergeben wird, und gleichzeitig günstige Gelegenheiten für das Palmieren. Zudem sorgt man dafür, dass der Zuschauer nicht rechtzeitig antizipieren kann, in welcher Hand die Karten letztlich zum Vorschein kommen.

Zehn Karten in einer Reihe

Effekt: Der Vorführende mischt die Karten und legt zehn Karten mit der Bildseite nach unten nebeneinander auf den Tisch. Anschließend dreht er sich um und lässt die Zuschauer beliebig viele Karten von einem Ende zum anderen verschieben. Danach dreht der Vorführende sofort eine Karte um, deren Wert der Anzahl der verschobenen Karten entspricht, ohne irgendetwas gesehen oder sonstige Hilfe erhalten zu haben. Diesen Vorgang lässt der Vorführende so oft wie gewünscht wiederholen und ermittelt dabei jedes Mal die richtige Anzahl.

Ausführung: Sortieren Sie zehn Karten in ihrer korrekten Reihenfolge von Ass bis Zehn und legen sie die Zehn als oberste Karte auf das Kartenspiel. Führen Sie ein Falschmischen durch und legen Sie die zehn Karten in einer Reihe auf den Tisch, wobei Sie links beginnen, damit die Zehn die Karte ganz links ist. Erklären Sie dem Publikum, dass beliebig viele Karten von rechts nach links verschoben werden können. Damit die Reihenfolge erhalten bleibt, müssen Sie darauf bestehen, dass jede Karte einzeln verschoben wird. Auf diese Weise bleibt die Reihenfolge dieselbe, aber das Publikum schöpft keinen Verdacht, dass die Karten im Voraus sortiert wurden.

Die Regeln, um die Anzahl der von rechts nach links verschobenen Karten zu bestimmen, lauten: Die Karte ganz links zeigt immer die Anzahl der Karten an, die beim ersten Umlegen verschoben wurden – ist es also eine Vier, wurden vier Karten verschoben. Indem der Vorführende die Karte ganz links nach dem ersten Verschieben umdreht, kann er die richtige Anzahl nennen. Beim zweiten und jedem weiteren Mal addiert man den Wert der zuletzt umgedrehten Karte zu der Stelle, an der sie sich in der Reihe befindet.

Dazu ein Beispiel, wenn die Karten das erste Mal ausgelegt werden: **Zehn, Neun, Acht, Sieben, Sechs, Fünf, Vier, Drei, Zwei, Eins.**

Nehmen wir an, das Publikum verschiebt vier Karten, dann ist die neue Reihenfolge: **Vier, Drei, Zwei, Eins, Zehn, Neun, Acht, Sieben, Sechs, Fünf.**

Wendet man die Regel zur Bestimmung der Anzahl der beim ersten Umlegen verschobenen Karten an und dreht die linke Karte um, zeigt diese die richtige Lösung vier an.

Nach dem Umdrehen der Karte kann man sofort mit der zweiten Regel die Berechnung für das zweite Verschieben durchführen, indem man „den Wert der zuletzt umgedrehten Karte zu der Stelle addiert, an der sie sich in der Reihe befindet". Das ist in diesem Fall vier (Wert der zuletzt umgedrehten Karte) plus eins (Stelle, an der sie sich in der Reihe befindet) gleich fünf. Beim nächsten Verschieben wird die fünfte Karte umgedreht, die wieder die Anzahl der verschobenen Karten anzeigt. Beweisen wir dies für den Fall, dass zwei Karten umgedreht wurden. Die neue Reihenfolge ist nun: **Sechs, Fünf, Vier, Drei, Zwei, Eins, Zehn, Neun, Acht, Sieben.**

Von links zählen wir nun zur fünften Karte und drehen dort die Zwei um, die die Anzahl der umgedrehten Karten angibt. Addieren Sie wieder den Wert der zuletzt umgedrehten Karte (Zwei) zu der Stelle, an der sie sich in der Reihe befindet (Fünf), erhalten Sie die Zahl sieben. Diese gibt an, welche Karte nach dem nächsten Verschieben umgedreht werden muss.

Natürlich ist die Zahl bald größer als zehn, wenn dieser Vorgang mehrmals wiederholt wird. In diesem Fall wird von der errechneten Zahl einfach zehn abgezogen, und die ermittelte Zahl ergibt die Stelle der Karte an, die umgedreht wird.

Versucht das Publikum das Können des Vorführenden auf die Probe zu stellen, indem es keine oder alle zehn Karten verschiebt, wird immer die Zehn umgedreht. Der Vorführende sagt dann sofort, dass es nicht erlaubt war, keine oder alle Karten zu verschieben, und kaschiert so die Tatsache, dass er nicht sagen kann, ob alle verschoben wurden oder keine.

Die ersten Karten sollten vom Vorführenden verschoben werden, wenn er den Zuschauern den Ablauf erklärt, denn auf diese Weise wird vermieden, dass die Karte ganz links umgedreht wird. Beim ersten Verschieben addiert er einfach eins zu der Anzahl der verschobenen Karten (eins ist die Stelle, an der die Karte normal umgedreht worden wäre), und er weiß die Stelle, an der er nach dem ersten Umlegen des Publikums die Karte umdrehen muss.

Mit der richtigen Präsentation und der entsprechenden Begleitmusik kann man mit diesem Trick großen Eindruck hinterlassen. Zum Beispiel kann der Vorführende behaupten, er könne Gedanken lesen, und das Interesse noch steigern, indem es ihm scheinbar misslingt, das Geheimnis einer Dame zu entlocken, während ihm dasselbe bei einem Herrn keinerlei Mühe bereitet. Oder indem man so tut, als hätte man die Anzahl der verschobenen Karten schon gewusst, bevor die Karte umgedreht wurde, und dies übersinnlichen Fähigkeiten zuschreibt.

Dieser ist einer der besten Tricks, für die man keine Fingerfertigkeit braucht.

Die akrobatischen Buben

Effekt: Das Publikum platziert die Buben auf, unter oder mitten im Stapel, und diese verändern in bemerkenswerter Weise ihre Positionen.

Tricks: Ein- und beidhändige Volten.

Präsentation und Ausführung: „Meine Damen und Herren, Sie alle haben zweifellos schon einmal das Vergnügen gehabt, sich von einer Vorführung mit dressierten Tieren unterhalten zu lassen. Hunde, Pferde, Elefanten und sogar Schweine wurden schon so behutsam abgerichtet, dass sie jedem Wort ihres Meisters gehorchten. Ist Ihnen aber schon jemals eine Vorführung mit einem dressierten Kartenspiel untergekommen? Sie wussten gar nicht, dass Karten dressiert werden können? Ich versichere Ihnen, dass dies durchaus möglich ist, und werde Ihnen gleich zeigen, dass meine Worte zutreffend sind. Vielmehr habe ich bei meinen Bemühungen, diese 52 Schüler zu dressieren, festgestellt, dass sie wie die Mitglieder anderer Familien über individuelle Eigenschaften und Temperamente verfügen. Mein Ziel war es daher, die speziellen Talente jedes Einzelnen seinen individuellen Anlagen entsprechend zu fördern.

Anhand der vier Buben werde ich nun zeigen, wie sich eine angeborene sportliche Veranlagung, die sich schon früh zeigte, durch systematisches Training so weiterentwickeln lässt, dass sie nun über beachtliche akrobatische Fähigkeiten verfügen. Ich bitte zwei Damen oder Herren aus dem Publikum, mir zu assistieren und je zwei Buben zu halten." (Geben Sie dem Zuschauer, den wir ab sofort als A bezeichnen, die beiden roten Buben, und dem Zuschauer, den wir ab sofort als B bezeichnen, die beiden schwarzen Buben. Dann sagen Sie zu A:) „Würden Sie, mein Herr, bitte einen der beiden roten Buben auf das Kartenspiel legen? Danke. Und würden Sie, mein Herr (zu B), einen der beiden schwarzen Buben in der Mitte unterbringen?" (Öffnen Sie das Kartenspiel mit dem linken Daumen wie ein Buch in der Mitte, damit Sie eine Charlier-Volte durchführen können, nachdem der Bube hineingelegt wurde.)

„Nun, meine Damen und Herren, liegt ein roter Bube oben und ein schwarzer Bube in der Mitte. Und um Ihnen ein erstes Bild von ihrer Intelligenz und ihrem Können zu vermitteln, werde ich ihnen befehlen, die Plätze zu tauschen. Auf die Plätze, fertig, los!" (Lassen Sie das Kartenspiel mit dem linken kleinen Finger abspringen und zeigen Sie dem Publikum, dass die beiden Buben ihre Plätze getauscht haben. Händigen Sie A und B wieder die beiden Buben aus.) „Wie Sie sehen, sind die beiden ziemlich aktiv und sehr folgsam. Bei unserem nächsten Versuch wollen wir sie ein wenig weiter auseinander platzieren. (Zu A:) „Legen Sie Ihren roten Buben bitte nach unten." (Und zu B:) „Legen Sie Ihren schwarzen Buben bitte oben hin. Bitte beachten Sie, dass ich die Karten nicht berühre ..." (Gestikulieren Sie mit der rechten Hand, um zu zeigen, dass sie auf jeden Fall gebraucht würde, und wenn die Aufmerksamkeit sich komplett auf sie richtet, führen Sie mit der linken Hand eine Volte durch.) „... sondern die Buben nur anweise, einen Salto nach oben bzw. unten zu schlagen und sich in der Mitte zu treffen. Auf die Plätze, fertig, los!" (Lassen Sie die Karten schnappen, zeigen Sie die oberste und unterste Karte und anschließend die Buben in der Mitte. Legen Sie das Kartenspiel zusammen und dabei den kleinen Finger zwischen die Buben. Danach führen Sie eine beidhändige Volte durch.) „Das war ein Vorwärtssalto, meine Damen und Herren, den Rückwärtssalto können die beiden aber genauso gut. Ich werde es Ihnen zeigen. Auf die Plätze, fertig, los!" (Lassen Sie das Kartenspiel schnappen und zeigen Sie, dass die Buben wieder oben bzw. unten liegen.)

„Ich gehe davon aus, dass ich Sie mit der Intelligenz und Gewandtheit der Buben bereits ein wenig beeindrucken konnte. Da ich aber befürchte, dass Sie vielleicht meinen, ich hätte etwas mit ihrer Vorführung zu tun, werde ich nun alle vier Buben auffordern, ihre akrobatischen Kunststücke gleichzeitig auszuführen. Ich glaube, meine Damen und Herren, ich muss Ihnen nicht sagen, dass ich, auch wenn ich noch so geschickt wäre, nicht in der Lage sein könnte, die vier Buben augenblicklich ihre vier Stellen, an denen sie sich befinden, tauschen zu lassen.“ (Geben Sie A und B die Buben zurück, und lassen Sie A seine Buben oben und unten platzieren, während B seine Buben in die Mitte steckt. Schieben Sie den kleinen Finger zwischen die beiden Buben in der Mitte und führen Sie eine beidhändige Volte aus.) „Merken Sie sich bitte die Reihenfolge. Die beiden roten Buben befinden sich oben und unten, und die beiden schwarzen Buben in der Mitte. Dieses Mal werde ich die vier auffordern, Bockspringen zu spielen und jeweils den Platz des anderen einzunehmen. Auf die Plätze, fertig, los!“ (Lassen Sie die Karten schnappen und zeigen Sie dem Publikum, dass die Plätze getauscht wurden.)

„Ich habe keinen Zweifel, dass Sie nach dieser Demonstration von der guten Ausbildung der Buben überzeugt sind. Nun werde ich dafür sorgen, dass sie ihr akrobatisches Kunststück sehr langsam ausführen, damit Sie alle sehen können, wie es funktioniert." (Geben Sie A und B die Buben zurück und sagen Sie zu A:) „Legen Sie Ihre Buben bitte wieder nach oben und unten.“ (Dann sagen Sie zu B:) „Und jetzt kommen Ihre Buben wieder in die Mitte. Doch halt. Damit Sie auch wirklich sehen können, wie es funktioniert, lasse ich die Buben die Salti ausführen, während Sie die Karten in Ihren eigenen Händen haben. Ich bin sicher, die Buben werden das Kunststück genauso gut ausführen, daher bitte ich Sie, das Kartenspiel in dem Moment zu übernehmen, in dem Sie Ihre Karten in die Mitte stecken." (Tun Sie so, als würden Sie in der Mitte abheben, führen Sie stattdessen aber eine beidhändige Volte aus, ohne dabei die beiden Päckchen zusammenzubringen, indem Sie das Päckchen in der rechten Hand während der Volte ein paar Zentimeter über dem in der linken halten. Nachdem B seine Buben abgelegt hat, klappen Sie das Kartenspiel sofort zusammen und reichen es ihm.) „Bitte, mein Herr, halten Sie die Karten nicht zu fest und schauen Sie zu. Ich lasse jetzt alle vier in der Mitte zusammenkommen. Auf die Plätze, fertig, los! Haben Sie es gesehen? Oder wenigstens gespürt, wie sich bewegt haben? Das ist merkwürdig, denn sie haben mir sicher gehorcht. Schauen Sie auf die obere und untere Karte! Sie sind weg! Und nun schauen Sie in die Mitte. Dort sind sie wie befohlen alle zusammengekommen."

Gedankenlesen

Trick: Mischen des Stocks

Präsentation und Ausführung: „Meine Damen und Herren, als Nächstes werde ich Ihnen ein Experiment vorführen, bei dem ich Gedanken lese. Zwar behaupte ich nicht, in dieser Kunst ein Meister zu sein, aber ich habe mir ihre grundlegenden Prinzipien angeeignet. Ich werde daher zeigen, dass ich unter günstigen Voraussetzungen in der Lage bin, die zentralsten Gedanken einer geneigten Person zu lesen. Ich bitte einen Herrn im Publikum, der meine Fähigkeiten einer fairen und unvoreingenommenen Prüfung unterziehen möchte, dieses Kartenspiel in seine Hände zu nehmen und sich zum Zweck dieses Experiments vier beliebige Karten auszusuchen." (Geben Sie dem Zuschauer das Kartenspiel und nehmen Sie es wieder an sich, wenn er sich vier Karten ausgesucht hat.) „Nun, mein Herr, merken Sie sich bitte eine der vier Karten und suchen Sie sich dabei bitte diejenige aus, die Sie sich am leichtesten einprägen können. Können Sie sie mit einem wichtigen Datum oder einem besonderen Ereignis in Ihrem Leben in Verbindung bringen, ist dies umso besser; und wenn möglich löschen Sie die drei anderen Karten komplett aus Ihrem Gedächtnis. Sind Sie so weit? Danke. Schieben Sie die vier Karten nun bitte an einer beliebigen Stelle zurück in den Stapel." (Lassen Sie den Zuschauer die Karten zurückstecken, bilden Sie darüber mit dem rechten Daumen an der vorderen Schmalseite einen Spalt und bringen Sie das Kartenspiel in der linken Hand zum Falschmischen in Position. Lassen Sie etwa die Hälfte der Karten über dem Spalt in die linke Hand fallen, mischen Sie bis zum Spalt, ziehen zwei Karten ab, mischen Sie zum Beispiel siebzehn Karten ab, wobei Sie bei der ersten Karte einen Injog ausführen, führen Sie danach einen Outjog aus und mischen Sie den Rest obenauf. Heben Sie unter dem Injog ab und werfen Sie die Karten nach oben. Heben Sie unter dem Outjog ab, mischen Sie sieben Karten ab und werfen Sie den Rest obenauf. Auf diese Weise gelangen zwei der ausgesuchten Karten an die neunte und zehnte Stelle von oben, während die anderen beiden sich an achtzehnter und neunzehnter Stelle befinden.) „Nun, meine Damen und Herren, habe ich Sie und vermutlich auch mich sicher davon überzeugt, dass sich die vier Karten – und vor allem die eine, die Sie sich gemerkt haben – verstreut im Stapel befinden. Bevor ich jedoch versuche, die Gedanken dieses Herren zu lesen, der mich so freundlich bei meinem Experiment unterstützt hat, möchte ich mich noch einmal versichern, dass er sich die Karte auch gut gemerkt hat. Achten Sie bitte auf diese Karten, wenn ich sie umdrehe. Ich werde nicht versuchen, die Karte durch eine äußerliche Reaktion von Ihnen zu ermitteln, sondern werde vielmehr weder Sie noch die Karten anschauen." (Zeigen Sie siebzehn Karten, indem Sie eine nach der anderen achtlos mit der Bildseite nach oben auf den Tisch werfen. Merken Sie sich die neunte und zehnte, wenn sie auf den Tisch fallen.) „Haben Sie die Karten, die sich ausgesucht haben, schon gesehen?" (Wenn ja, ist es eine der beiden, die Sie sich eben gemerkt haben. Wenn nicht, ist es einer der beiden nächsten Karten, die sich nun oben auf dem Stapel befinden. In beiden Fällen sagen Sie:) „Nun, ich merke, Sie können sich auf Ihr Gedächtnis verlassen." (Nehmen wir an, die fragliche Karte befindet sich auf dem Tisch. Ist die eine rot und die andere schwarz, können Sie die richtige Karte ermitteln, indem Sie die Farbe herausfinden. Sind beide rot bzw. schwarz, fragen Sie nach Karo oder Herz bzw. Pik oder Kreuz. Sind die beiden Farben identisch, muss der Wert anders sein und die erste Frage bezieht sich auf deren Unterschied. Worin sie sich auch unterscheiden, Sie schauen dem anderen immer tief in die Augen. „Welche Farbe hatte Ihre Karte? War sie rot?" (Wenn das stimmt, wird das Publikum davon ausgehen, dass Sie es schon gewusst haben. Antwortet der Zuschauer mit „Nein", gehen Sie zu ihm und nehmen seine Hand.) „Bitte erlauben Sie mir, direkten Kontakt mit Ihnen aufzunehmen, damit ich einen genauen Eindruck von Ihren Gedanken bekomme." (Die Antwort auf die erste Frage enthüllt auf jeden Fall die Identität der Karte, die sich der Zuschauer gemerkt hat.) „Aha, nun bekomme ich einen klareren Eindruck, ob sie rot oder schwarz ist. Sie ist rot und Karo. (Oder was sonst zutrifft.) „Denken Sie nun bitte nur noch an den Wert der Karte." (Anschließend gedankenversunken.) „War es eine Bild- oder eine Zahlenkarte? Wenn ich meine Augen schließe, damit mein Blick nicht von äußeren Objekten beeinflusst wird, sehe ich, dass die Karte mit Symbolen übersät ist. Eins, zwei, drei, vier, fünf, sechs, sieben. Ja, genau, es ist die Karo Sieben." (Oder was sonst zutrifft.)

Falls sich die vom Zuschauer ausgesuchte Karte nicht unter den Karten befindet, die auf dem Tisch liegen – und die Wahrscheinlichkeit dafür beträgt 50 Prozent – werfen Sie einen kurzen Blick auf die beiden obersten Karten, wenn Sie die Karten auf dem Tisch wieder in den Stapel zurücklegen. Oder Sie bringen sie mit einer Volte unter den Stapel und verfahren dann wie beschrieben weiter, um herauszufinden, welche der beiden die richtige ist.

Die Kraft der Konzentration

Effekt: Ein Zuschauer wird gebeten, sich eine Karte zu merken. Der Vorführende legt sein Kartenspiel auf den Tisch und bittet einen anderen Zuschauer, sich eine Zahl zu merken. Anschließend werden die beiden Zuschauer aufgefordert, sich gegenseitig die Karte bzw. die Zahl zuzuflüstern und in Gedanken die ausgewählte Karte an die Stelle im Stapel zu befördern, die der gemerkten Zahl entspricht. Der Vorführende, der sich in der Zwischenzeit nicht in der Nähe des Kartenspiels aufgehalten hat, fragt nun nach der Karte und der Zahl und erlaubt einem Zuschauer, für das Publikum zu überprüfen, ob der stille Austausch stattgefunden hat.

Vorführung: Während man den ersten Zuschauer bittet, sich eine Karte zu merken, wird eine der „Methoden zum Herausfinden einer (vermeintlich) vom Publikum ausgesuchten Karte" angewendet. Bringen Sie diese Karte nach oben. Zählen Sie heimlich sieben Karten von oben ab und bringen Sie diese mit einer Volte nach oben. Legen Sie den Stapel auf den Tisch und bitten Sie den zweiten Zuschauer, sich eine Zahl zwischen 1 und 10 auszusuchen. Der Trick beruht auf der sehr großen Wahrscheinlichkeit, dass er sich für die Sieben entscheidet. Danach reden Sie eine Menge Unsinn über die Kraft, die konzentrierte Gedanken selbst auf tote Gegenstände ausüben können, bitten die beiden Zuschauer sich die Karte bzw. die Zahl zuzuflüstern und die Anweisungen in Gedanken wie gewünscht auszuführen. Fragen Sie dann nach der Karte und der Zahl. Ist die Zahl tatsächlich die Sieben, lassen Sie den Zuschauer genau so viele Karten abzählen und die nächste aufdecken. Ist die Zahl die Acht, sagen Sie dem Zuschauer, er soll genau diese Karte von oben umdrehen. Ist die Zahl aber größer oder kleiner als sieben oder acht, muss der Vorführende das Kartenspiel selbst in die Hand nehmen und bei einer

Neun mit einer Volte eine Karte nach oben bringen oder bei einer niedrigeren Zahl als sieben die entsprechende Anzahl nach unten befördern. Die Chancen, dass der Zuschauer sich die Sieben aussucht, betragen aber 10 zu 1.

Maximale Kontrolle

Effekt: Ein Zuschauer sucht sich zwei Karten aus. Dann nimmt er das Kartenspiel in die Hände, steckt die Karten selbst hinein, mischt so lange er möchte, und gibt dem Vorführenden den Stapel zurück. Dieser bringt die ausgewählten Karten direkt zum Vorschein.

Trick: Forcieren und Palmieren

Präsentation und Ausführung: Legen Sie heimlich die Karo Fünf und die Herz Vier nach oben oder unten und stecken die Karo Vier und die Herz Fünf in die Mitte. Forcieren Sie die beiden Karten aus der Mitte, palmieren Sie die beiden anderen, während Sie die Karten übereinanderlegen, und geben Sie danach direkt dem Zuschauer den Stapel und bitten Sie ihn, die ausgesuchten Karten ins Spiel zu stecken und zu mischen. Geben Sie ihm so wenig Zeit wie möglich, um über seine Wahl nachzudenken, da der Trick auf der Ähnlichkeit der forcierten und der palmierten Karten basiert. Nachdem Sie den Stapel zurückerhalten haben, bringen Sie den Trick nach Wunsch zu Ende. Wenn Sie die beiden palmierten Karten zum Vorschein bringen, behaupten Sie einfach frech, dass es sich um die vom Zuschauer ausgesuchten Karten handelt. Wird der Trick sauber ausgeführt, wird von 50 Zuschauern kein einziger den Betrug bemerken. Wenn es doch einer merkt, wird er es für sich behalten. Der Unterschied zwischen den forcierten und den palmierten Karten ist so gering, dass er selten oder nie auffällt. Sie Siebenen und Achten, die Zweien und Dreien oder alle Paare von Zahlenkarten in derselben Farbe würden ihren Zweck genauso gut erfüllen.

Der Vorführende kann die ausgesuchten Karten je nach Wunsch der Zuschauer oben, unten oder in der Mitte auftauchen lassen, indem er die palmierten Karten mit einer Volte an die gewünschte Stelle bringt. Er könnte sie aber auch unter einen Gegenstand auf dem Tisch oder in die Tasche eines Zuschauers „wandern" lassen. In den zuletzt genannten Fällen werden die

Karten anstatt auf oder unter den Stapel heimlich dorthin gebracht.

Die Karte und das Taschentuch

Effekt: Ein Zuschauer sucht sich eine Karte aus, die ins Spiel zurückgelegt wird. Danach wird gründlich gemischt. Nun wird das Kartenspiel in ein beim Publikum ausgeliehenes Taschentuch gewickelt, das an den Ecken festgehalten wird. Auf Kommando taucht die ausgesuchte Karte langsam aus dem Taschentuch auf und fällt auf den Boden.

Ausführung: Leihen Sie sich zunächst ein recht großes Taschentuch aus. Stecken Sie es gut sichtbar in die Weste oder legen es auf den Tisch. Danach lassen Sie einen Zuschauer eine Karte auswählen und wieder zurücklegen. Bringen Sie sie mit einer Volte nach oben, palmieren Sie sie in der rechten Hand und geben dem Zuschauer noch einmal den Stapel zum Mischen. Halten Sie anschließend das Taschentuch mit den Händen an den Ecken fest, zeigen Sie dessen beide Seiten, indem Sie Ihre Hände wenden, die rechte Handfläche aber immer zum Körper zeigt. Breiten Sie das Taschentuch über der rechten Handfläche aus, wobei eine Ecke des Tuchs auf dem rechten Arm zu liegen kommt und die diametral gegenüberliegende Ecke über den Fingern der rechten Hand herunterhängt. Die Hand befindet sich etwa in der Mitte.

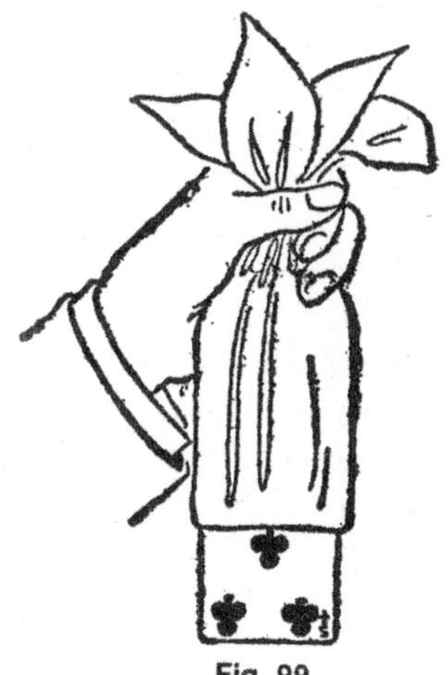

Fig. 99

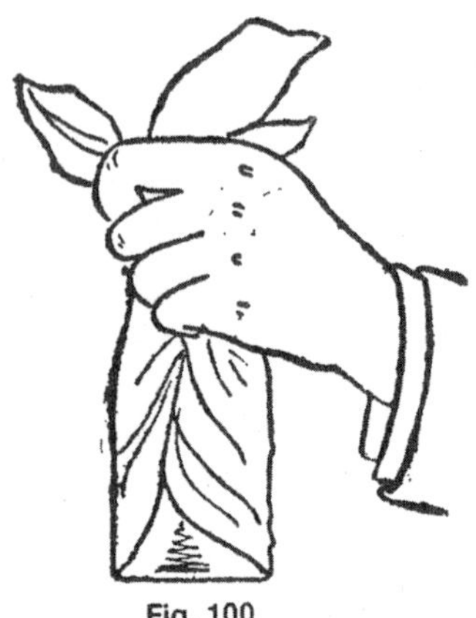

Fig. 100

Nehmen Sie nun das Kartenspiel wieder in Empfang und legen Sie es der Länge nach in die rechte Hand, mit der Sie es an den Schmalseiten festhalten. Nun bringen Sie die palmierte Karte ins Spiel zurück und drücken auf sie, um den durch das Palmieren verursachten Knick zu glätten. Anschließend heben Sie mit der linken Hand die Ecke des Taschentuchs an, die das Kartenspiel verdeckt, und lassen die Finger der rechten Hand zum Vorschein kommen; dann nehmen Sie mit der linken Hand die Längsseiten des Kartenspiels und straffen mit der rechten Hand so die Falten des Taschentuchs, dass die ausgesuchte Karte dadurch an der inneren Schmalseite festgehalten wird, während alles herunterhängt (siehe Abbildung 99 und 100). Lassen Sie die ausgesuchte Karte nun auf Kommando zum Vorschein kommen, indem Sie erst nach der Karte fragen und dann das Tuch leicht nach oben und unten schütteln. Auf diese Weise kommt die Karte langsam nach unten und es sieht so aus, als würde sie das Taschentuch am unteren Ende verlassen.

Karten oben und unten zum Vorschein bringen

Effekt: Vier Personen suchen sich jeweils zwei Karten aus. Alle kommen in den Stapel zurück, danach wird gründlich gemischt. Der Vorführende zeigt dem Publikum, dass weder die oberste noch die unterste Karte eine der Karten ist, die ausgesucht wurden. Anschließend bringt er die diversen Paare je nach Wunsch oben oder unten zum Vorschein.

Tricks: Beidhändige Volte, Palmieren und Falschmischen

Präsentation und Ausführung: „Meine Damen und Herren, für dieses Experiment bitte ich vier Personen aus dem Publikum, sich jeweils zwei Karten auszusuchen. Bitte merken Sie sich die gezogenen Karten gut, damit Sie sich später daran erinnern können. (Lassen Sie vier Personen, die wir als A, B, C und D bezeichnen, je zwei Karten aussuchen. Anschließend nehmen Sie die Karten in umgekehrter Reihenfolge zurück und sagen zu D:) „Wären Sie bitte so freundlich, Ihre beiden Karten wieder auf den Stapel zu legen?" (Sobald dies geschehen ist, führen Sie eine Volte aus, palmieren die Karten und legen dem Zuschauer den Stapel zum Mischen vor. Lassen Sie sich das Kartenspiel wieder geben, legen Sie die palmierten Karten darauf und wenden Sie sich C zu:) „Würden Sie Ihre Karten bitte in die Mitte stecken?" (Führen Sie eine beidhändige Volte aus, ohne die beiden Päckchen zusammenzubringen, indem Sie ein Abheben vortäuschen, und bringen Sie damit die Karten C auf die von D. Führen Sie erneut eine Volte aus, führen ein Falschmischen durch, bei dem Sie mit der ersten Karte einen Injog ausführen und die von den Zuschauern ausgesuchten Karten in der Mitte bleiben. Heben Sie nun alle Karten inklusive der Injog-Karte ab und lassen Sie B seine Karten auf die beiden ersten Paare legen. Diesen Vorgang wiederholen Sie noch einmal und lassen A seine Karten genauso zurücklegen. Dann führen Sie eine Volte und ein Falschmischen aus und mischen drei zusätzliche Karten auf die vier Paare, die sich oben befinden.)

„Nun, meine Damen und Herren, haben vier von Ihnen acht Karten ausgesucht, die anschließend wieder gründlich untergemischt wurden. Es ist überflüssig zu erwähnen, dass ich nicht weiß, welche Karten ausgesucht wurden, und auch keine Idee habe, wo sie sich befinden. Wir können aber einmal oben und unten nachschauen, ob sich eine von ihnen dort befindet." (Drehen Sie das Kartenspiel um und zeigen Sie zwei oder drei Karten, danach drehen Sie den Stapel wieder um und zeigen die obersten drei Karten. Beim Zurücklegen dieser Karten schieben Sie die nächste Karte mit dem linken Daumen so zur Seite, dass Sie den linken kleinen Finger darunter hineinstecken können. Anschließend bringen Sie die vier Karten mit einer Volte nach unten; eine der Karten von A liegt nun oben, die andere unten.)

„Befand sich eine der von Ihnen ausgesuchten Karten unter den eben gezeigten? Nein? Nun, dann werde ich jetzt einen Trick vorführen, der unter normalen Umständen extrem schwierig wäre, aber mit diesem gut trainierten Kartenspiel eine einfache Übung ist. Ich lasse die Karten nun in der von Ihnen gewünschten Reihenfolge oben und unten auftauchen." (Zu A:) „Wenn Sie mir sagen, mein Herr, welche Karten Sie gezogen haben, lasse ich sie sofort zum Vorschein kommen. Sie sagten Karo Sieben und Pik Bube, richtig? Auf, Sieben und Bube, kommt hervor!" (Halten Sie das Kartenspiel in der linken Hand, lassen Sie es vom linken kleinen Finger abspringen und zeigen Sie die unterste Karte, dann nehmen Sie mit der rechten Hand die oberste Karte, zeigen sie, schieben die nächste Karte beim Zurücklegen zur Seite und bringen die beiden Karten mit einer Volte nach unten. Nun sind die Karten von B oben und unten.) „Sie sehen, wie gut mir die Karten gehorchen. Nun, mein Herr, sagen Sie mir, welche Karten Sie ausgesucht haben, und wir werden sehen, ob diese auch so dynamisch sind. (Sobald er sie genannt hat, bringen Sie sie wie eben beschrieben zum Vorschein. Führen Sie ein weiteres Falschmischen durch und mischen Sie dabei drei zusätzliche Karten nach oben. Zeigen Sie wieder einige Karten von unten und die drei von oben, doch dieses Mal schieben Sie mit dem linken Daumen zwei Karten zur Seite, wenn Sie die obersten Karten zurücklegen und bringen mit einer Volte fünf Karten nach unten. Damit sind die Karten von B bereit.) „Wir müssen noch ein weiteres Paar finden, und obwohl sie sich äußerst bescheiden von oben und unten fernhalten, bin ich sicher, dass sie sich nach der entsprechenden Aufforderung zeigen werden. Welche beiden Karten haben Sie gezogen, mein Herr?" (zu C.; sobald er sie genannt hat, bringen Sie mit einer Volte zwei Karten nach unten, womit die Karten von D oben bzw. unten sind. Tun Sie nun so, als hätten Sie die Karten von D vergessen, und lassen Sie den Stapel auf den Tisch fallen, als wäre der Trick beendet. Zeigen Sie sich ein wenig peinlich berührt, wenn Sie vom Publikum darin erinnert werden, dass die Karten von D noch nicht zum Vorschein kamen.) „Ja, das stimmt. Ich habe vergessen, dass noch nicht alle Karten wieder zum Vorschein kamen, und da ich die Karten aus der Hand gegeben habe, kann ich nicht denselben Gehorsam von ihnen verlangen. Wenn Sie mir die beiden Karten nennen, werde ich aber versuchen, sie selbst zu finden." (Nachdem die Karten genannt wurden, nehmen Sie den Stapel mit der rechten Hand, werfen ihn etwa einen halben Meter in die Luft, wobei Sie die oberste und unterste Karte zurückhalten. Dann schieben Sie Ihre Hand in das herunterfallende Kartenspiel und fördern scheinbar die beiden fehlenden Karten daraus zutage.

Drei Asse

Effekt: Karo Ass, Kreuz Ass und Pik Ass werden dem Publikum gezeigt und mit der Bildseite nach unten auf den Tisch gelegt. Anschließend wird eine Karte genommen und in der Mitte in den Stapel gesteckt, die nächste wird nach unten gelegt und die dritte nach oben. Danach wird einmal abgehoben, worauf die drei Asse beisammen liegen.

Tricks: Vorsortieren der Karten

Ausführung: Platzieren Sie das Karo Ass heimlich oben auf dem Kartenspiel. Halten Sie die anderen drei Asse aufgefächert und mit den Bildseiten zum Publikum in der linken Hand, das Herz Ass liegt dabei unter den beiden anderen Karten. Vom Herz Ass ragt nur so viel zwischen den beiden anderen Karten heraus, dass es wie ein Karo aussieht. Das Herz-Symbol in der Ecke ist verdeckt und nur das Ass-Symbol bleibt erkennbar (siehe Abbildung 101). Diese Anordnung lässt sich sekundenschnell herbeiführen, sieht völlig unverdächtig aus und wirkt täuschend echt.

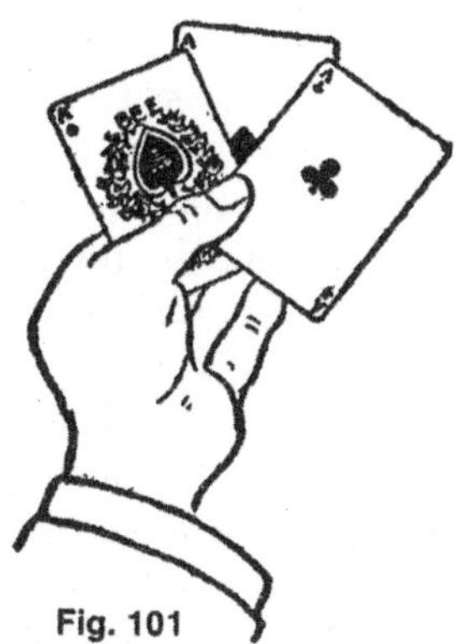
Fig. 101

Zeigen Sie dem Publikum die Bildseiten und legen Sie anschließend die drei Karten mit der Bildseite nach unten auf den Tisch. Dabei sind sie immer noch aufgefächert, und Sie benutzen immer noch die linke Hand. Nehmen Sie das Kartenspiel und führen Sie auf Wunsch ein Falschmischen aus, sodass das Karo Ass die oberste Karte bleibt. Nehmen Sie den Stapel in die linke Hand, ziehen Sie die oberste Karte aus dem Fächer heraus – also das Herz Ass – und stecken Sie es in der Mitte in den Stapel. Dann nehmen Sie das nächste Ass, zeigen es unauffällig dem Publikum und legen es nach unten. Zeigen Sie nun das dritte Ass und legen Sie es nach oben. Legen Sie das Kartenspiel auf den Tisch und bitten Sie einen Zuschauer, die Karten abzuheben; und da die drei Asse – also die beiden schwarzen Asse und das Karo Ass – oben bzw. unten im Stapel lagen, liegen sie anschließend beisammen.

Karte und Hut

Effekt: Ein vom Publikum ausgeliehener Hut wird auf den Tisch gelegt. Ein Zuschauer kann sich eine Karte aussuchen, die von einem zweiten Zuschauer gehalten wird. Nun wird die Aufmerksamkeit auf den Hut gelenkt, der leer vorgezeigt und anschließend wieder auf den Tisch gelegt wird, dieses Mal aber mit der offenen Seite nach unten. Jetzt wird die Karte vom Zuschauer wieder in den Stapel zurückgelegt, dabei darf er ihn selbst in die Hand nehmen und behalten. Danach demonstriert der Vorführende seine außerordentlichen Fähigkeiten, indem er erst die vom Zuschauer ausgesuchte Karte benennt und sie dann in einem unsichtbaren Flug unter den Hut auf dem Tisch wandern lässt. Dort wird sie vom Zuschauer zum Vorschein gebracht.

Tricks: Austausch der obersten Karten und Palmieren

Ausführung: Leihen Sie sich zunächst einen Hut aus und legen Sie ihn mit der offenen Seite nach oben auf den Tisch. Lassen Sie einen Zuschauer zu Ihrer Linken eine Karte auswählen. Nehmen Sie ihm die Karte mit der rechten Hand ab, und während Sie sich zum Zuschauer zur Rechten wenden, führen Sie einen Austausch der obersten Karte durch. Bitten Sie den zweiten Zuschauer, die Karte zwischen seine beiden Handflächen zu klemmen, da er sie so nicht sehen kann. Nun palmieren Sie die oberste Karte und geben dem ersten Zuschauer das Kartenspiel. Treten Sie zum Tisch, werfen Sie einen Blick auf die palmierte Karte und nehmen Sie den Hut mit der rechten Hand hoch. Die Finger befinden sich im Hut und der Daumen an der Krempe, wenn der leere Hut vorgezeigt wird. Nun legen Sie den Hut mit der Öffnung nach unten auf den Tisch, wobei Sie die palmierte Karte an der Innenseite entlangschieben und sie beim Ablegen des Huts loslassen. Achten Sie darauf, dass die Karte nicht verbogen ist.

Nehmen Sie nun das Kartenspiel vom ersten Zuschauer entgegen und bitten Sie den zweiten Zuschauer, es in seine obere Hand zu nehmen. Anschließend nehmen Sie die Karte aus seiner anderen Hand, schieben sie in den Stapel und lassen den Zuschauer gründlich mischen.

Nachdem der Trick vollendet ist, können Sie beim „Erraten" der Karte eine hübsche Geschichte erzählen. Etwa, dass Sie sie erkennen konnten, weil sie einen schwachen Abdruck auf der Hand des Zuschauers hinterlassen hat, und sie dann aus dem Stapel unter den Hut beförderten. Nachdem Sie Überraschung vorgaukeln, dass niemand den Vorgang mit eigenen Augen gesehen hat, lassen Sie einen Zuschauer den Hut hochheben, damit alle sehen, dass das Ganze kein Hokuspokus war.